上帝，笑了

—— 一个经济学人的随笔

胡海鸥  著

北京大学出版社
PEKING UNIVERSITY PRESS

图书在版编目(CIP)数据

上帝,笑了:一个经济学人的随笔/胡海鸥著.—北京:北京大学出版社,2013.1
ISBN 978-7-301-21870-9

Ⅰ.①上… Ⅱ.①胡… Ⅲ.①社会科学-文集 Ⅳ.①C53

中国版本图书馆 CIP 数据核字(2013)第 000138 号

书　　名:	上帝,笑了——一个经济学人的随笔
著作责任者:	胡海鸥　著
责任编辑:	朱梅全　王业龙
标准书号:	ISBN 978-7-301-21870-9/F·3459
出版发行:	北京大学出版社
地　　址:	北京市海淀区成府路 205 号　100871
网　　址:	http://www.pup.cn
新浪微博:	@北京大学出版社
电子信箱:	law@pup.pku.edu.cn
电　　话:	邮购部 62752015　发行部 62750672　编辑部 62752027
	出版部 62754962
印　刷　者:	北京大学印刷厂
经　销　者:	新华书店
	880 毫米×1230 毫米　A5　10.25 印张　228 千字
	2013 年 1 月第 1 版　2013 年 1 月第 1 次印刷
定　　价:	30.00 元

未经许可,不得以任何方式复制或抄袭本书之部分或全部内容。
版权所有,侵权必究
举报电话:010-62752024　电子信箱:fd@pup.pku.edu.cn

在旅途中,
每个人都会看见自己的彩虹

前　言

我有位后来学中文的发小,曾经调侃我说:自然界没有黑色的花朵,但是,你们搞经济学的人写出来的文字却像是披上了黑色的外衣,永远是那么的呆板和一本正经。为了赢回在发小面前的自尊,更为了证明搞经济学的人的文字也可以"五颜六色",我就写下了这些不是经济学,却又与经济学非常相关的文字。

原本想起个书名叫《登山临水凭栏意》,因为本书既讲的是游山玩水的经历,更是表达一些感慨,且"登山临水"出自战国楚宋玉的《九辩》,而"凭栏意"则引自柳永的词:"无言谁会凭栏意"。尽管它原本说的是男女的缠绵之意,借来表达慷慨激昂也未尝不可。岳飞的《满江红》中就有"怒发冲冠凭栏处",所以起这样的书名可以显摆文化底蕴。但最终还是选择了《上帝,笑了》。因为米兰·昆德拉在1986年拿诺贝尔文学奖演讲时曾提及:"人类一思考,上帝就发笑。"我不想揣测和追随他的原意,所以回到经济学的思考上来。小孩子追求短期效用最大化,玩游戏会玩得不亦乐乎,玩得忘记了考试,忘记了作业,这在追求长期甚至一生效用最大化的我们看来是非常可笑的。上帝在无限的时空中注视着我们,所以无论我们怎样思考,他也会像我们看小孩子那样,觉得非常可笑。

正因为在徜徉山水风景之余,本书中还有很多的个人思考,所以上帝应该会被逗笑了吧。

是以取《上帝,笑了》为名,以示哪怕是非常幼稚的思想也比文字的漂亮更有价值。

胡海鸥
2012 年 9 月

目　录

异域风情，精美在自然 …………………………… 1
得天独厚的温哥华 ………………………………… 3
全球眼光和必要的胆气 …………………………… 7
引人思辨的温哥华公交 …………………………… 11
小鸟、绿地、松鼠和人 …………………………… 15
故国神游，多情应笑我 …………………………… 20
访问学者生活不可承受之轻 ……………………… 24
UBC教学与交大比较的启示 ……………………… 28
圣乐中的沉思 ……………………………………… 33
西斯廷教堂冒出的烟 ……………………………… 38
在温哥华小便不要钱 ……………………………… 42
又贵又便宜的温哥华物价 ………………………… 46
欢快友好的加拿大人 ……………………………… 50
班佛国家森林公园之行 …………………………… 54
无限生命对有限生命的告诫与讽喻 ……………… 60
UBC老师教学方法一瞥 …………………………… 64
可爱的中国留学生 ………………………………… 68
培养兴趣的学习效果更好 ………………………… 72
眼中有色，心中无色 ……………………………… 76

缴税换福利	80
不敢恭维的工作效率	84
我的房东唐太太	88
聪明反被聪明误	92
渥太华的国会山	97
不变甚至比多变重要得多	101
魁北克的圣父大教堂	105
尼亚加拉大瀑布的感慨	109
巍峨冠盖今安在，革履西装满眼帘	113
颇有灵气的毕业典礼	117
改革需要价值层面的突破	122
需要并接受管理的EMBA学生	128
罪恶之城，希望之城？	133
独立不羁，与尘世保持距离的大学	137
游荡在闹市墓地的幽灵	144
芝加哥印象的颠覆	148
芝加哥大学的灵气	156
新加坡印象记	160
新加坡的绿色	165

中国山水，泼洒有章法　169

连接历史与现实的都江堰	171
风味独特的蜀地文化	175
晶莹透彻天水来	178
丞相祠堂何处寻，刘备墓后柏树中	182

空前旺盛的寺庙香火	187
奔走寄情山道弯弯间	191
雷锋夕照的重现	195
仓促的灵隐寺之行	199
兴旺鼎盛的雪窦寺	203
平和公允看历史	207
敦厚淳朴的台湾民风	213
飞流激越虎跳峡	216
深沉厚重的石佛寺	220
巍然千年悬空寺	223
香火缭绕五台山	226
遗了孤立平遥城	231
未得其时票号业	234
匆匆走在黄土高原上	238
东方明珠一瞥	242
对农耕文明辉煌的凭吊	247
"中学为体,西学为用"依然灿烂	251
大陆最东边的海	255
新疆是个好地方	259

心中沟壑,跌宕见清澈 … 265

民主实践与民主管理	267
白毛女与鲍西娅比较的思考	272
我越来越怀念的工友	277
从明嘉靖的"改稻为桑"看政府干预的必要	282

对MBA学生的告诫与讽喻 ……………………………… 286
道德选择需要无限生命的框架 ……………………………… 290

时光如梭,春水碧于天 ……………………………… 297
从铁匠到博导
——看不见的手的推动 ……………………………… 299

异域风情,精美在自然

得天独厚的温哥华

一下飞机,温哥华的自然条件与环境气候首先给我留下了深刻的印象。

这里的天气很好,清澈的大气使得天空特别蔚蓝,阳光格外耀眼。尽管我们把瞳孔缩得很小,但是,这里的阳光却没有把人晒得发烫。太阳直射之处与背阴之处,温差比较有限,大概因为这里空气中的漂浮物较少,热量的传递比较顺畅,晒着的地方温度不易上升,晒不着的地方却很能吸收晒着地方的温度。所以,不像国内背阴处寒风袭人,向阳处却使人昏昏欲睡。"月亮都是国外的圆",这曾经是崇洋媚外者说的话,今天却要被清醒认识国情的人接过来,沙尘暴中的月亮还能和人家一样圆吗?!

离开飞机场,一路上,四周绿意盎然,好一派"暮春三月,江南草长,杂花生树,群莺乱飞"的景象。可按照中国的节气推算,此时应该是三九严寒的时候,与温哥华纬度差不多的哈尔滨,正处于"北国风光,千里冰封,万里雪飘"之中。这不能不让人感叹造物主对温哥华的偏爱。温哥华北面的落基山脉如天然屏风,挡住了北极的寒流;西面却有着从太平洋过来的墨西哥暖流,它既带来了充沛的降水,又使得地处高纬度的温哥华,四季气候宜人,人们的生活舒适便捷,既可在冰天雪地中登山、滑雪,又可在差不多时间进行冲浪、游泳、日光浴。而在上海,四月份是乍暖还寒的时候,五六月份则阴雨绵绵,七八九月份更是老百姓在大街上热得直喘粗气,政府为调度电力也忙得脚不着地,而温哥华却始终不仅艳阳高照,而且最高气温竟然不超过28度。

车子开了一个多小时,我们住的社区到了。这是温哥华的西部,据说是别墅区,但是,与我们一路来的房子差不多,都是两层的建筑,错落有致,各具特色,每家每户都有着很大的庭院,庭院里种满了各种各样的花。据说到了五月份,花开时节,那美和香的程度简直没的说了。这里,在每一块可以造三四幢别墅的土地上,只是坐落着一座别墅,全然不像上海到处都是高楼鳞次栉比,阳光成了稀有的,甚至可能会引起争端的资源。走在上海的街道上,虽不至于坐井观天,但是观天所需脖子的倾斜度越来越大也是事实,因为上海还在"长高"。

别墅房间的温度在20度,据说几乎所有家庭的室内都保持这个温度。厨房非常宽大,水龙头打开,水流湍急,热水量也非常大,全然不像上海水管,特别是通过热水器后的涓涓细流。烧饭用电炉,洗衣服都烘干。所有玻璃窗玻璃门都直接临街,都在路人可以非常方便触及的范围内,但是却没有国内常见的铁栅栏,更没有保安和监控系统。后来去过几个朋友的家,他们的设施也基本相同。

温哥华的得天独厚不仅在于阳光气候,其他资源也很丰富。它也为一条大河所环绕,颇像我们的黄浦江,与北美的五大湖水系相距也不是很远。它的面积与上海差不多,人口只有200万,而我们却有2000万。相比而言,我们的人均资源太短缺了,如此,上海的用电怎么能不紧张?上海怎么能造得起那么多仅二层楼且绿化很好的别墅?上海怎么能不拼命向空中发展?上海人怎么能不摩肩接踵,呵气成云,挥汗成雨?上海怎么会不喧嚣嘈杂?当然,上海也肯定比温哥华更充满生机和活力,这是很多上海人移民,把家小放在温哥华,自己却留在上海发展的重要原因。

自然条件严酷和资源短缺甚至决定了中国历史发展的轨迹,上海还是自然条件很不错的地方,如果考虑大西北和黄土高原,温哥华的得天独厚就更加突出了。据黄仁宇研究,在中国两千多年有记载的历史中,发生严重洪涝蝗灾的有三千多次,小国寡民在严酷的自然和短缺的资源面前非常的可怜和无助,他们非集中尽可能多的力量,则不足以与自然抗衡,秦王汉武承天景命,挥斥方猷;统一和集权成了中国人挥之不去的情结,也是中国人在外在条件制约下唯一可行的选择。不管我们设定怎样民主的目标函数,只要放上这样的约束条件,解出来的结果难免是与目标函数期望相去很远的集权。就像晋哀帝对吃观音土的饥民说,"何不食肉糜",他没有资源约束,他可以吃肉糜,但是在同样的目标函数中,放进去只有观音土的约束条件,就不可能解出吃肉糜的目标值来。换句话说,期望民主的目标方程在严酷的自然和短缺资源的约束下,也只能解出集权。不考虑历史和现实约束的随意批评,实际上与那位亡国的晋哀帝相去不远。

当然,集权的结果难免是"普天之下莫非王土,率土之滨莫非王臣",公众与政府之间失去制衡,公众所有的一切都属于政府,没有政府的赐予,他们面对严酷的自然和有限的资源将一无所有,公众除了感激政府外,很难制约政府。反过来,对于资源条件特别优厚的国家来说,公众不依附政府也能独立生存,政府要公众让渡一部分权力,就必须给公众相应的补偿,政府与公众的关系就成了交换关系,公众因此可以有效地制衡政府,民主就从这里自然而然地生长了出来。

资源匮乏,灾害频仍,从发展的源头和基因上制约了中国社会的体制选择。面对温哥华得天独厚的条件,我不能不喟然叹息。

2005年3月5日

全球眼光和必要的胆气

踏在祖国的土地上和加拿大的土地上,脚的感觉相同,心的感觉却很可能相去甚远。心的感觉要尽快赶上脚的感觉,才能帮助我们在自己的国家,乃至全世界走得矫健、扎实、迅疾。这是我到达温哥华第一个月的强烈感觉。

当我好不容易从入境报关窗口的人群挤出来,推上自己的行李,走到候机楼门口,我的大学同窗夫妇已经驾着他们漂亮的轿车,在那里恭候多时了。我们顾不上叙说久别之情,介绍各自的现状和成就,就一个劲地往车上搬行李。在同机来的许多中国人还在那里为住宿、交通和接待等问题冲着电话大喊大叫,手忙脚乱时,我已经优哉游哉地坐在朋友的车里,欣赏起北美的风情和温哥华的阳光来了。

出国之前,朋友已经为我租好了房子,所以,同学的任务是将我送到住处。一路上他们给我介绍温哥华的城市风貌,近处别墅的特色,远处雪山的气派;10—3月份的雨季,4—9月份的阳光;白人的循规蹈矩,悠然自得,华人的灵活善变,勤奋努力……安顿好行李后,同学又带我去哥伦比亚大学(UBC)欣赏校园的美丽和宁静,去人迹稀少的海滩感受大海的宽阔和蔚蓝,在大街上小楼前远眺落基山脉顶上终年不化的白雪……晚上,他们又带我去带有美国西部酒吧特色的地方,品尝与中国菜味道相去甚远的中国菜。

回到住处,这一天的见闻像万花筒一样在脑海中翻转,其印象之新,感触之多,感慨之深,绝非一个"丰富"所能描绘和形容得了。但是,我的心却前所未有的空旷和失落。我到过很多国家,从来没有这样的感受,因为每次出去都有领导带队,大家同进同出,脚虽踏在外国的土地上,但人实际上还是生活在国内。现在我是一个人生活在陌生的土地上,没有领导在那里护着罩着,免不了四顾茫然。尽管,在国内时也时有对领导的牢骚和烦言,但在外面就想唱那句,"看到你们总感到格外亲"。所以,我赶紧与我们学校先期到达的代表团联络,果然,参加他们的活动后,我的心踏实了许多。尽管他们的一些会议与我的研究方向无关,但是,我还是在寻找比他乡遇故人强得多的感受。一个星期后,他们回国了,我又变成落单的孤雁,那种惴惴不安又回来了,而且挥之不去。值得庆幸的是,我很快与访问学者的团体联系上了,我的心又找到了锚地,然后工作、学习、研究按部就班地进行。

比较老一代的移民,我的条件优越得多了,不仅有人接陪,安排住宿,口袋了还揣着一万多块加币,但是,我的心态却没有他们的坚定和沉着。他们提着箱子,举目无亲,两眼一抹黑,不知住到哪里去,口袋里也没几块美元,但是,他们却像蒲公英的种子那样,飘到哪里,就在哪里生根开花结果,甚至长成参天大树。尽管如此,我们还是很有些相似之处,那就是人灵魂深处的植物属性。我们的灵魂与原来的土地千丝万缕地长在一起,一旦离开原来的土地,就浑身不自在起来。他们到了一个新地方,造好房子,安顿好自己身体后的第一件事就是修庙宇,安置自己的灵魂。庙宇中供奉的关云长、玉皇大帝、观音娘娘等等,都代表着移民对故土难舍的情结,宣泄着灵魂对家乡的魂牵梦绕。正是带着对故土的眷恋和对未来的憧憬,中国人走向了世界,满世界都可以看到中国人,温哥华有15%的中国人,有些区域甚至超过30%。在UBC的教室里,一眼扫过去,总是可以看到好些我们黑头发黄皮肤的学生,甚至他们金融系的主任也是我们改革开放后的毕业生。

在一次与UBC教师的交流中,他们的一位负责老师强调我们要培养具有全球眼光(global perspective)的学生,他们要能够在全球范围内和世界层面上解决一个部门、一个地区的问题。温哥华华人商会的会长请我们吃饭时说:邓伯伯的改革开放就是全球眼光,"改革开放"的英语解释就是change,abolish,let in and let out,就是合理的东西也要与时俱进,不合理的要废除,外面的人要走进来,里面的人要走出去,这就是用全球眼光解决中国的发展问题。还有,苏联解体之后,美国人一度将中国当做他们的假想敌,"911"事件之后,他们终于意识到恐怖分子才是他们真正的敌人,我们则顺理成章地将反恐的旗子接过来,较好地处理"藏独"、"疆独"问题。这也是以全球眼光解决国内问题的成功案例。

什么是全球眼光?就是要在更高的层面上,在有更多的变量和最佳的时机中寻找解决低层面、小范围的问题的方案。就好像一个农村姑娘,如果她一直待在农村,那么村里有限的小伙子中的最佳选择是村长或队长的儿子。一旦进了城,她将遇到更多层次更高的小伙子,她可以做出更好的选择,农村眼光提升至城市眼光。如果她走出国门,她可能有更高层次和更大空间的选择,城市眼光就能提升至全球眼光。当然,这里还有时机的把握问题,该出手时就出手,不到这个时间,"食果未及其时,其味必苦",过了这个时间,则可能是"黄花菜凉了"。同样道理,对企业来说,就是要按照国际惯例运作,在最佳的时机,把国外的人才引进来,把产品卖到全世界去。对学校来说,就是把自己的教师、学生派到全世界,吸引他们的师生也到我们学校来,比较两种知识结构和体系的差别,取其所长,弃其所短。当然,全球眼光还要有全球魄力和胆识作支撑,否则,在机会和挑战面前,逡巡徘徊,裹足不前,不敢进城,不敢走向世界,那就只剩下书生意气,坐而论道,再好的方案也无法实施,全球眼光的优势也就白白地浪费掉了。

在这个意义上,我们不仅要走向世界,更要胆气十足,带着马克思所说的"我是世界公民"的气概,绝不四顾茫然地走向世界,我们才能将全球眼光的优势发挥得淋漓尽致。

2005 年 3 月 12 日

引人思辨的温哥华公交

温哥华的私车非常普及,但是,它的公交系统仍然相当发达,你可以通过公交车便捷地到达城市的任何一个地方。它的公交系统既反映西方人的宽厚和大度,却也有着不及东方人细腻和周到的地方。

温哥华的公交车不设售票员,驾驶员旁边有个投币箱,它也是在车票上打印的机器,上车买票要付2.25元,不找零。如果凭票上车,就只要付面值2元的车票,但是,这2元车票是以1.8元的价格买来的。请不要以为这是从票贩子那里买来的,它完全是通过正规的途径销售,18元购买10张2元的车票。如果买一张区内的月票,则需要69元,以一个月20天,每天出行一次,每次来回4元计算,其支出比买零票便宜得多了。

有趣的是,车票的有效时间至少是一个半小时,也就是说,你把票塞进驾驶员前面的售票箱,该箱子还将这个票子吐出来还给你,并在票子上打上了你上车时间,以及这票几点钟之前有效的字样。如果你1:00上车,这张票将在2:30过期,只要你不下车,凭这张票你坐到5点、10点都没有关系。如果你在2:30之前下车,并在这个时间之前乘上别的车,也都不必买票,并且不管你坐多少时间。如果你过了这个时间,再坐车,就要另外买票了。初来加拿大的人不知道这种规则,他们往往像在国内一样,坐一次车买一次票,等到哪天明白的时候,往往已经损失惨重,大呼冤枉也来不及。

　　他们的月票也只是一张薄薄的纸,不贴照片,你完全可以将这张月票转借给你的朋友。周末,凭月票还可以带一个大人、四个小孩,不管坐多远,他们都可以借你的光,不必买票。这里讲的车票和月票都是指一个区的,如果是跨区交通,即便比区内交通路程要短,你的月票和车票也不能用,必须另外买票。但是,在晚上6:30后和周末都不受这个规则的限制,也就是可以跨区坐车。所以,我们的留学生、访问学者都在周末到唐人街和其他贸易中心去补给日用品,坐车45分钟,买东西40分钟,然后上车,来回只要2块钱。当然,也有失算的时候,于是不得不多付2块钱,尽管2块钱已经是小到可以认为是无所谓的单位,但是,在将多买票而又没有买票之际赶上车,其带来的快乐远远超过省下2块钱所能给予的。

　　温哥华的公交车不拥挤,这使我深感困惑,而上海公交车的拥挤程度恐怕也是温哥华人所无法想象的,我们最拥挤的时候是一个平米只能放11双鞋,但却要站12个人。我们的车票,相对于收入价格比,而不是汇率,也要比温哥华贵得多,但是,我们的公交车是亏的,而且亏得地方财政不堪其负。当然,温哥华的公交也不太可能赢利,财政肯定要给予比较充分的补贴。倒是温哥华的商场的运行奥秘着实难解。它们的客流远没有我们的商场那样摩肩接踵,如过江之鲫,物价也不见得比我们高,而财政也不可能给予补贴,那么它们是怎么运作良好的呢?

　　温哥华对老年人和残疾人非常关照,有老年人要上下车时,整个车头可以明显下降。还有便利残疾人的轮椅上车的装置,前面两排座位是老弱病残者的专座,它们可以翻起后用安全带专门固定轮椅。我见过一个像海伦那样三重残疾人,他牵着一条导盲犬上车,原来在这个专座上的人就站了起来。他坐下来以后,那条狗一声不吭地站在他的脚边,扑闪的眼睛望着我们大家,这个残疾人拍拍它,这条狗又一声不吭地钻进了他的椅子底下,好像知道这也是它的专座。我们平时见惯了张牙舞爪,见人就吠的狗,看到如此温顺乖巧的生灵,禁不住有种心也要融化成水的温情。公交车的车头上有个挂自行车的地方,骑自行车的人可以骑上一段自行车,再乘公交车,然后再换自行车,不需要多买车票。我们的公交车肯定不能学习他们的先进经验,否则我们的公交车加长一倍还不够,而且交通会完全被堵塞。他们的座位前有条绳子,拉一下,表示有人要下车,比我们大声地说"要下车"合理得多。乘客招呼也很有意思,他们不像我们那样,直接大叫"开开门",而是大声说"Please"。显然,这样的招呼要比我们的婉转和礼貌得多,有一天我也这样大声地招呼,自己的心理感受果然很好。

他们的站台设计是绝对不及我们,终点站的牌子上写着1、2、3、4……港(bay),港号和车号没有关系,譬如,我常坐的41路车就停在第9港,我觉得不可思议,直接立一块41路的牌子不就结了,干吗还要有个港?后来我终于有所领悟,可能当初从海上登陆这块土地的英格兰人、苏格兰人,以及还有什么人的移民祖先,把命名海港和船只的习惯搬到了陆地上,后代只管沿袭下来,既不问它的起源,也不求与时俱进。

他们所有的站牌,不管是哪一站都写着终点站的名字,没有路线图,你没法知道你现在在哪一站,你从哪一站过来,你的下一站是在哪里。如此一来,站在站台上的人则要陷入哲学和宗教最深刻的思辨之中,虽然还不至于搞不清楚"我是谁",但是,肯定不知道"我从哪里来"、"我到哪里去"。

他们的公交网站设计得很有特色,你可以找到任何一个站点、任何一个车次时间,甚至帮你做好车次衔接的出行计划,但是,初来乍到的人未必都知道这个网站,所以还是我们的站点线路图比他们的合理。

他们的驾驶员基本不报站,更不用说像我们这样的双语报站了,所以外国人很容易下错站,我就有两次这样的"不幸经历"。尽管他们的驾驶员很热情,也很愿意指点你站点,但是,因为站台没有站台名,这种指点的误差很大,虽不至于南辕北辙,但确实会让你多走好多冤枉路。有一次,朋友叫我到商业区(downtown)下车,驾驶员说到站了,我与朋友却接不上头,因为这车子要在商业区行驶4—5站。而在我们这里,只要你的站名没错,你就不会下错车,因为这站名是明确的,也是唯一的。

我的国内朋友建议我将中国公交站名设计的优点告诉温哥华市政当局,我却陡然升起一股保卫"国粹"的豪情,因为就我走过的国家而言,其站台设计都没有比我们更合理的。

2005 年 3 月 19 日

小鸟、绿地、松鼠和人

温哥华的环境很美,我们到后不久,温哥华就被评为世界第三个最适宜人类居住的城市(你可以对我们的到达和它的得奖作回归分析,但是它们之间肯定没有因果关系)。排名世界第三,这足以证明温哥华的漂亮,但这种排名只是个抽象的概念,如果不是亲临其境,你还是无法想象温哥华的漂亮。

我住的温哥华西区[①],房子大多不超过两层楼,都是尖顶的那种,大门有5—6级台阶,上面也有尖顶,很能凸现房子的气派。房子的底座是水泥的,其余部位,包括很有百叶窗层次的外墙也是木头的。墙面什么颜色都有,但以浅色为主。窗门对着街道,什么朝向都有。窗口玻璃很大很气派,但没有杀风景的铁栅栏。这里的房子以舒适、漂亮为主,不像我们注重象征意义,以至于故宫中有很大一块砖地,寸草不长;皇帝的龙椅也非常威严庄重,但舒适性远比不上外国舶来的破椅子。这里的每幢房子都有2—3个烟囱,连着客厅的壁炉。尽管,随着取暖设备的升级,人们早就不用壁炉取暖了,但是,新房子还在造烟囱,大概是为了给圣诞老人留下给孩子们送礼物的通道吧。

温哥华的房子大都隐约在大树、鲜花之中,几乎每幢房子旁边

[①] 温西的环境比温东好,但是北温和西温的环境比温西好,高楼主要集中在商业区。

都有很多大树,有的高大挺拔参天,有的矮壮枝叶繁茂。房前屋后都一大片绿地,因为阳光充足,草地四季常青。我来的那天下了一夜雪珠,第二天白雪皑皑的一片也没盖住草地的葱翠碧绿。这些草地还长得非常厚实,踩在上面,就像踩在羊毛地毯上一样。草地上还有各种小花,淡紫色的像草莓,深紫色的像蝴蝶,黄色的像被小精灵用来吹醒整座城市的喇叭……院子的围墙各色各样,有的是半人高的木栅栏,院内的绿地、秋千和玩具一览无余,给社区平添许多魅力。有的栅栏上爬满了爬山虎,变成了一道绿色的墙,还有的墙体本身就被修剪得整整齐齐,厚达一米,密不透风,这绿色的挂毯别有风情,魅力无限。

早晨我出去散步,街道上几乎没有人,空气非常清新,一眼望出去,除了漂亮的房子、美丽的绿色,就是许多不知名的花。有的行道树没有一片叶子,全部是那种似云若烟的淡紫色,远远望过去,活脱脱就是个虞美人;有的长满了一朵朵很大很像我们的白玉兰花那样的花,只不过它的颜色偏红发紫;也有的在一片片绿叶之中冒出点点红豆,还有那些矮壮、枝干覆盖面很广的树,它们的花在整个街道上开得"漫天飞舞"……请不要以为这只是社区某个角落的景象,整个社区此情此景俯拾皆是,甚至车子开几小时后还是这番景象。走在这样小区的路上,你感觉到的不仅是环境的美,还有非常难得的恬静。或许我们也可以将我们的高级别墅区装点得这样美丽,但是,我们很难有这样美的宁静和宁静的美,因为我们的人太多,声音太嘈杂了。

清晨的社区中,除了我的脚步声和两条裤腿摩擦的声音外,就是叽叽喳喳的鸟叫声,那些红嘴黄肚灰背的小鸟会飞到离我一两步的地方,在我伸手向它们表示"哈罗"的时候,它们就张开翅膀,悠悠地飞走了。间或也可以听见黑老鸦飞过时谙哑的呱呱声,但是,因为我漫步在花团锦簇之中,所以觉得这种声音不但没有透露出一些忧郁和苍凉,反而感受到几分轻松和愉悦。那些黑灰色松鼠,从树上爬下来,在我身边一跳一跳的,它们后肢站立,前肢放在胸前,尾巴高耸着,歪着脑袋,很有绅士风度地瞧着你,当你几乎可以触摸到它的时候,它们却轻巧地跳开了,尾巴在空中划出美丽的弧线。

有一天,我在早晨薄雾中走到一个地方,两边都是漂亮的房子,厚厚的绿地,各种颜色的鲜花,还有大片密集得像是中世纪城堡的围墙一样的树林。突然我看到了城堡的入口,也就是在密集的树林中有一个可容一辆轿车通过的地方,往里望去,居然另有一片天地。里面有更美的花草树木,还有隐约的小楼,有着红墙黄瓦和烟囱,窗前洒落着淡黄轻柔的灯光。如果这时烟囱中再能冒出缕缕炊烟,我一定会进去寻找白雪公主和七个小矮人。

站在半腰高的木栅栏面前,望着院中的宁静,你很能理解为什么那位美丽优雅的林务官女儿冬妮娅会爱上家境贫寒、头发蓬乱、神情倔强的保尔[①]。一定是在这样绿意盎然的花园和只剩下蜜蜂嗡嗡的宁静中,坐在秋千上读书的冬妮娅,抬起头来向站在栅栏旁的保尔投去不经意的一瞥,这一瞥穿透世俗的一切,直接抵达他们各自的灵魂深处,把他们还原成没有任何教育、地位和阶级烙印差别的男孩和女孩,也就是在这个瞬间,他们超越时空,进入了上帝的伊甸园。可一旦回到喧嚣、嘈杂和纷争的现实世界,他们一定会将已经拥有并且曾经认为比生命还要宝贵的东西踩在冰凉的雪地里,然后快步离去,生怕掉下一点点留恋。呵,绿色和宁静对人的

---

① 这是《钢铁是怎样炼成的》中的两位主人公,本文后面的情节也引自保尔在西伯利亚修路时与冬妮亚见面的情形。

发展和社会稳定的功效竟远远超过生态和美学的意义。

就像有阳光的地方一定有阴影一样,这个城市也有乞讨的人,也有人拿个睡袋,躺在商店的门口。有一天下午,我在车站等朋友,一个年轻人走到我身边,问我讨钱,我装着没听懂。他就走到另一个老人身边,我就听见那个老人在大声地说,年纪轻轻的,为什么不去找一份像样的工作。还有一个晚上,我经过商业区(downtown),在昏暗的灯光下,时不时会飘荡出一些颧骨高突、骨瘦如柴的人,他们喋喋不休地跟着你乞讨。据说他们是吸毒者,为了避免他们猴儿急起来,掏出有毒的针头,我也只能胆怯地付出一点小钱。

有位记者问我们,你们对温哥华的环境有什么不满的地方吗?我们说,烟蒂太多。尽管烟蒂总量不见得比我们多,但是,他们扔烟蒂的习惯与我们相去不远,乘上我们的人数,他们环境美的优势也就剩下不多了。

2005 年 3 月 26 日

小鸟、绿地、松鼠和人 | 19

故国神游,多情应笑我

尽管,从卫星拍下来的照片上看,中国的土地上有太多令人焦虑的黄色;尽管,在国内旅游时,我也没有觉得风景有什么特别优美,但是,两次在温哥华邻近地区旅游,我终于理解中国历史上烽火连绵、征战不断的一个重要原因,就是江山实在多娇,引无数英雄无法不为之折腰。

站在UBC大学图书馆门前宽阔的大道上面北坐南,你可以感觉在两边郁郁葱葱的绿色中,隐约有着很大却并不高的教学楼和图书馆,正上方高高的旗杆上飘扬着白底红边和红色枫叶的国旗,往下是一大片蔚蓝的海,远处层峦叠翠的大山顶上一片雪白,这就是为温哥华挡住北面寒流的落基山脉,它的顶处积雪据说经年不化。在海上升起的薄雾的笼罩下,这雪山像是披上了纱巾,更加显得神秘诱人。

在中国访问学者团体的组织安排下,我们一路倒车换船,越山跨海来到雪山脚下,上山的通道被封住了,只有缆车可以到达山顶,老外大多是来滑雪的,我们没有必要的器具(包括能力),只能是爬山。终于在当地爬山爱好者的带领下,我们绕过铁丝网,走上了崎岖陡峭的小路。这小路乱石横亘,没有台阶,没有护栏,只有一些不规则的木桩。两边除了松树就是柏树,虽然高大挺拔,却没有中国的五大夫松,梦笔生花;没有人字瀑布,叮咚山泉;没有云山雾海,烘云托月;没有怪石嶙峋,猴子观月,仙人下棋;没有龙飞凤舞的书法笔墨,先人的壁葬悬棺,逶迤的十里栈道;没有香火缭绕的庙宇道庵,也没有崖壁上的猴踪和猿啼……总之,什么都没有,只剩下高大挺拔的大树。没有人文景观就没有中国山岳的俊秀伟岸、雄视睥睨、唯我独尊,也就失去了大山的"精、气、神"。当然,在老外眼里,没有人工雕饰的自然,才是他们所要回归的精神家园。

漫长的两个多小时过去了,我们一行人汗流浃背,狼狈不堪地爬到了山顶,因为一路上,我们除了爬还是爬,谁也不想"指点江山,激扬文字"。山顶的风景还算不错,向南望去,远处的雪山据说坐落在美利坚共和国的境内。往北的下方,是 UBC 大学的校园,它坐落在小小的半岛上,被蔚蓝的大海包围着,岛上的建筑都笼罩在深深的绿色之中。只可惜原本宽阔湛蓝的天空被缆车的缆绳切割成令人扫兴的小块。我们的脚下是厚厚的、每走一步都吱吱作响的雪地,尽管到了化雪的时节,我们只穿一件毛衣,却一点没有上海那种下雪不冷、化雪冷的彻骨,那些老外们居然还只穿一件短袖衫。我们的所在之处离最高点还有两百米,那是滑雪者的去处,他们从高处俯冲下来,又从山的另一端盖满大雪的地方滑行下去,雪地上留下了一道道优美而又自信的弧线。

第二次旅游,我们到了当地颇有名气的温泉,在那里泡了一个小时,也没有找到我在海南泡温泉时的感觉,那次我泡完后一个星期,皮肤都滴光溜滑,充满弹性。这里的温泉从头到尾没有给我感觉到皮肤有什么异样,不过它的价钱,即便转换成人民币也是很便宜的。

温泉边上的湖泊倒是给我留下了深刻的印象,当然,它也没有我们的西湖那种清波荡漾、杨柳拂岸、晓风残月、画栋列陈的精细雅致,但是,远处大山横陈,近处湖面如镜,除一两个水鸟在空中掠过以外,居然渺无人迹,这也是一种非常难得的美。爬过一道山冈,突然看到有父子仨在湖边钓鱼,男孩和女孩不超过3—4岁,他们敛气摒神,静静垂钓的本身竟使这渺无人迹更显空旷,更有了"千山鸟飞绝,万径人踪灭"那种空灵和寂静。湖边停着许多漂亮的私人游艇和一辆辆房车,草地上有可供烧烤的烤炉、支架,就是看不到人。当然,我们一行人的到来,打破了这里的宁静,山谷和草地上荡漾着我们的笑声。我们走后,这里的一切又都恢复到原来的宁静。

组织这次旅游的是中国留学生学生会,具体操办的是一些从国内出来不久的大一大二的学生,他们非常欢快、专注和投入地组织这些活动,没有领导的关怀、同学们的信任、老师的好印象、将来就业的加分,却有不尽的烦神和操心,这种完全没有功利的工作态度本身就比任何景点都美。为了调节气氛,一个组织者在大家的要求下,唱起了广告歌"我们是害虫,我们是害虫",大家接着唱"杀死它,杀死它"。突然,他停顿了下来,满腹委屈地说:"我冤不冤啊,你们都要杀死我,我还要分礼物给你们。"大家哄然大笑。你能说他的歌声中有什么深邃的思想,有什么独到的见地?没有,什么都没有,但是,你一定会感觉到他们的语言、神态和一举手、一投足之间的美。这种美本身就足以让人感动、认同,甚至推崇,压倒功利主义的考虑。我们常常不小心就掉在苏秦、张仪之类说客的做派之中,语不惊人死不休;我们的评价体系也常常过于强调表达思想性。其实,在很多情况下,什么都没有表达甚至比表达什么更强。不信,你看,谁都喜欢松鼠,讨厌老鼠,就是因为松鼠的憨态优雅、老鼠的鬼鬼祟祟,至于它们的有害或有益,则是第二位的,甚至是可以忽略不计的。

我们还没有走遍加拿大所有的地方,所以不能贸然断言他们的山水不及我们,或者即便我们走遍了他们的所有地方,我们也不能作这样的断言。但是,我们可以肯定地说,我们在国外的时间呆得越长,祖国山山水水在我们的梦回牵绕中就会变得越来越美。

2005 年 4 月 2 日

访问学者生活不可承受之轻

现在人们对于出国已经不像20世纪八九十年代那样狂热了,但是,出国仍然是件让人羡慕的事,特别是作为享有学校或国家津贴的访问学者,他们只需做做学术研究,而不必为生计和开支操心。实际上,看起来舒适潇洒的访问学者别有一份生活不可承受之轻,其程度甚至超过旁观者最富活力的想象。

访问学者面对的第一个不可承受之轻是日常生活的料理。一般来说,能够进步成访问学者的人大多已经从家务劳动中离退下来多年,现在重操旧业本身就有一份不易。同时,国外的购物条件与国内不同,我们不能想什么时候买就什么时候买,因为路很远,所以必须事先计划好,买一次吃一个星期,计划不当就是吃了上顿没下顿,或者坏了扔掉。每天的伙食也只能尽可能从简,尽管我们不缺钱,但是缺时间和耐心,早饭中饭中西合璧,泡饭加牛奶,泡面加面包,不是因为面包好吃,而是为了好歹对得起吃洋面包的经历。晚上从每星期煮一大锅骨头汤里舀一点出来,放进青菜萝卜里,这就可以省去烧炒的过程。当然,这样吃上半年,嘴巴里肯定会淡出一个鸟来。另外,这里的洗衣机、烘干机和微波炉都与国内不一样,熟悉这些用具也有个过程,特别是房东不在时,这些机器的调节横竖不到位,其中也很有一份不小的尴尬。

访问学者生活最大的不可承受之轻是孤独和寂寞,许多在这里待了很久的移民也没有这种境况。出来时我的领导就提醒过我,有的访问学者坚持不到半年,就提前打道回府了。但是,我还是没有想到问题的严重性。孤独和寂寞首先来自于这里的人很少,早晨散步时的宁静几乎是这里最大的美,但如果淅淅沥沥的雨下上一个星期,你已经够"一怀愁绪"的了,还见不到人,没人说话,美的宁静就变得难以忍受了。最恐怖的还是在晚上下错了站,又冷又饿,你不知道你住的地方在哪里,也不知道还有没有下一辆车,你想打听一下路,可是放眼望去,昏暗的路灯下居然没有一个人,这时所有宁静的美都转化成了"无可往矣,无所归矣"的凄惶。鲁迅先生当年留学时肯定也有类似的经历,否则,他怎能在"走狗"之前再加上一个"乏"字?这个词太能表现我当时的处境和心境了。

孤独和寂寞时不仅需要有人与你说话,更需要与你说中国话,因为孤独和寂寞就是耳朵和心里没有乡音滋润的饥渴,这里的移民特别愿意与你交流,常常是路上车上邂逅相遇,他们会与你这个以后不太会再遇到的陌生人说上很多话,这足以证明他们对乡音的饥渴。第一次我从电脑中电视剧里听到久违的普通话时,我也为之兴奋了好长一阵。借助现代电脑技术,我们可以每天与国内通话,不仅处理各种教学科研事务,也可以和亲人朋友沟通交流。但是,远程技术可以有效地处理各种事务,却只能将感情传递成水中月、雾中花,都是隔靴搔痒而已。

学习和研究的生活也有不可承受之轻,最大的障碍还是来自语言,说起来我在国内也通过了六级、托福等大大小小的考试,但是,真正用起来却完全不是一回事。第一个月上课,我就看到老外的嘴在哪里一开一合,除了听出一些单词外,全然不知他在说些什么,特别是对自己不太熟悉的课程。下课时也常想向老师提些问题,但是一想到他老是对着我"Pardon,pardon"的,我就心虚胆寒,裹足不前了。同学们对我这位插班生很友好,但是,我还是像鲁迅先生能从字里行间读出字来一样,从他们的微笑中看出"这位老爷叔怎么啦,戆兮兮,木乎乎"的疑问。以我在国内教授、博导的身份,面对这样的微笑,虽然不至于无地自容,却也实在有如麦芒在背,惭愧不已。

科研的困难还表现在许多事务都必须自己安排,从听课到拿钥匙、取图书卡、找听课教室,事无巨细,都必须一竿子到底,中间还有许多打折中断的地方,一点不像我们在国内,这类事务说了就是做了,做了就是做好了,根本不需要过多费心。另外,这边学校的图书资料收藏、借阅方式、数据库的路径等都与国内有很大的不同,这些不确定性都增加了新来乍到的访问学者的心理压力。

在开始的一个月中,我不止一次地反问自己,为什么还要洋插队,吃二遍苦,遭二茬罪?这个早有答案的问题的提出本身就表明访问学者生活之轻的不可承受程度。好在我还牢记毛主席的教导:"有利的情况和主动的恢复,产生于再坚持一下的努力之中"。它帮助我走出访问学者最困难的心理调适期,一个多月过去了,该碰到的情况都碰到过了,可以避免的情况也能避免了。加上温哥华使馆和访问学者社团每个星期组织我们活动,不仅是聚餐旅游,还有各自研究范围的介绍。这不仅大大地拓展了我们的视野,更重要的是乡音的碰撞和激荡很好地排遣了我们的乡愁。最使我再度找到自信的是我走出了语言困境,并且开始显示专业基础的优势,有位老先生的上课内容非常前沿,每一个字都能听得明明白白的同学并不能完全理解他的意思,没有完全听懂他的每一句话的我却能抓住他的主要思想,好些小朋友要我当他们的助教。看来语言并非传递思想的唯一载体,否则,语言能力差的人怎么能比语言能力强的人更能把握思想?如果我们能把非语言的载体发掘运用好,就一定能取得更好的教学效果。

　　随着我找到国内非常少见甚至没有的资料,特别是从他们的讲课中听出我们讲课所没有讲出的市场经济理论的韵味时,我越来越非常遗憾地发现,半年的时间太短了。我们已经负担了访问学者生活不可承受之轻的固定成本,只有尽可能延长学习时间,才能摊薄这份固定成本,并使之最小化。

2005 年 4 月 9 日

UBC 教学与交大比较的启示

加拿大哥伦比亚大学(UBC)的教学在北美地区很有声誉,也很有特点,笔者旁听了一些课程,得到了不少启发,教学效果不仅在于教学的本身,更在于它与社会文化制度的兼容、协调和匹配。

这里的学生听课明显比我们的认真,尽管缺课溜号的现象也时有发生,但是,来了就不讲废话,老师无须为维护课堂纪律耗费精神。大概这与学习的机会成本高有关,他们的学费是我们的6—7倍。他们现代化教育手段的应用比我们略显逊色,至少就我所听的几门课而言,他们的主要手段还是板书加投影仪,而我们的老师已经全部运用PPT了。当然,板书加投影仪有利于学生理解老师思路演进的过程,但也容易发生推导的错误。他们的教材很厚,上课时间很少,一学期13周,每周4课时,总计不过42课时,比我们的52课时少了近20%。学生反映只要认真搞懂笔记,大多能应对考试,而不必在教材上耗费太多的精力。这就表明我们的课时较多也有道理,这至少可以让学生有更多的时间掌握教材的整体思想。当然,压缩课时可以给学生留下更多自学和思考的时间,但毕竟只有少数人能够将这部分时间充分利用起来,所以,为保证提高大多数学生的教学质量,课时数不宜降得太低。他们的教学方法与我们差不多,主要是老师讲解,并没有什么特别的启发式。

他们不同名课的教学内容有很多相同之处,据学生反映,有的课重复比重甚大,他们系主任说,这实在是种无奈,至今尚未找到划清课程界限的好方法。我们也有教学内容的重合问题,但好像要比他们好些。他们同名课的教学内容有很大的不同,每个老师按照自己的偏好和理解讲解教学内容,这有利于他们把课程讲出特色和个性,推动课程体系的建设和发展。但是,这也会使不同班级的学生得到不同的教育,造成学生质量的参差不齐。我们的一部分课强调统一教材、统一大纲、统一试卷,这固然有利于保证学生质量的整齐划一,但是课程特点和发展后劲则难免要打一些折扣。他们系里每周举行一次学术讨论会,事前将学术讨论会的论文发给每个老师,讨论气氛相当热烈,对教师业务水平的提高有很大的帮助,这点做的显然要比我们到位。

他们的教学内容有许多领先的地方,别的课程我不敢说,就"货币银行学"而言,他们的一些内容超过了国内的教学,甚至比美国还要领先。给本科生讲的有一部分比我们对研究生讲的还要有深度,有关零准备金制度、利率走廊、通胀目标制和货币政策的平滑操作已经出现在本科的讲台或教科书中,而国内有关这方面研究的论文还不多见。当然,这与加拿大央行这方面操作的领先有关,他们可以依托比较先进的经济与金融制度提出比我们更领先的理念。他们的教学特别突出各种经济变量的一般动态均衡,以及有关市场之间的交互作用和影响,这比我们强调变量的性质、在某个市场和某个阶段的变动更有优势和特色,尽管如此,就某一个观点的证明和阐释而言,我们比他们的条理性更强,层次更加分明。我为一部分 MBA 的学生讲解过 UBC 老师讲课的内容,这些学生认为我讲得更加清晰、条理性更强、更有说服力。所以我敢说,外国老师能够提出先进的理念,但是作为"二传手",我们比他们更有优势。在这个意义上,学生未必有必要到外国去求学,因为我们可能传授得比外国更好。但是,老师却很有必要经常到国外去看看,引进外国的先进理念,我们不是技不如人,而是缺乏产生这种理念的制度条件,恐怕只能将自己定位在"二传手"上。

他们的课程相当讲究技术,突出数学含义和图像分析,这是他们的最大优点,也是不同名课教学内容重合的一个重要原因。大家都偏好技术分析,因为这里的文化制度太规范成熟了,没有什么好讲了,也不必要讲了。于是,"货币银行学""证券投资分析""公司金融"都在讲金融市场的技术分析,这就很容易造成课程边界的模糊。国内教学内容也在向技术方向转移,这是经济类课程教学的极大进步,也是对过去只作定性分析的否定。但是,由此也产生了许多新问题。我与这里的同学交流过,他们说起公式和图像来头头是道,但是,对经济现象的理解却比较有限,更不用说理解中国的经济现象了。这里金融系的主任对我说,国内经济学教学正在引进国外先进的理论,但是用先进理论教育出来的学生未必能适应国内的需要,这是国内教育的最大问题,恐怕只有国外的方法才能为国内所用。

我很赞同这位系主任的意见,但是,我觉得即便外国的方法也不能简单为国内所用。经济学思想至少是三个层面的组合,即文化、制度和技术,前二者是第三者的基础和前提,前二者的失之毫厘,就会造成第三者谬以千里。我们目前恰恰是在引进技术分析的同时忽略了对文化和制度的深入探讨,从而使得最为精细完美的技术也可能导出甚为荒谬的结论。因为技术是从有关文化和制度中长出来的,对他们来说,这只是所有技术发展的既定前提,甚至是用不着讨论的,对我们来说,不补这方面的课则一定会带来很多问题。具体地说,经济主体自由支配资产是他们文化的重要组成部分,然后,自由套利形成可以实现资金合理配置,引导经济合理运行的利率,才有研究套利和利率技术的分析。我们也将有关技术分析解说得非常到位,但是中国经济主体的资产运用和套利都要受到限制,于是中国的利率完全不具有国外所假定的含义,指着这样的利率解释中国的情况,其与"指鹿为马"相去不远;运用这样的技术分析管理中国的股市,它的长期低迷也就毫不奇怪了。还有,实现利润最大化的基本方法是边际成本等于边际收益,它的文化制度前提是,"资本家的人格是人格化的资本",是同一主体拥有边际收益,承担边际成本,才有这个主体的利润最大化。离开这个前提,资本的人格与经营者人格分裂,经营者就会为使自己获得边际收益,让资本(企业)承担边际成本,于是"富了方丈,穷了庙"。对于国有资产流失,我们这种教学恐怕也难逃干系。不仅于此,新技术发展还一定会使旧技术沉没下去,成为不言之明,无须论证的前提,在不具备运用旧技术的社会制度和市场规范的条件下,教学和运用新技术,将进一步加剧"淮橘为枳"的现象,随着我们引进新技术的速度越快,技术方法运用效果变异的问题也将变得越来越严重。

  这里,我并非感叹"近来始觉'洋'人书,信着全无是处",而是要根据不同教学内容,区别对待。对于文化制度依托不那么强的技术的教学,我们还是可以采取拿来主义,搬过来讲深、讲透、用活就可以了。但是,对那些随文化制度为转移的技术,我们的教学也要像马克思所说的那样,历史的起点在哪里,我们思想的触角就要延伸到哪里。也就是说,我们的教学不仅要分析和说明国外的先进技术,更要追溯他们的文化制度,以及旧技术的依托,并说明有关条件的欠缺可能造成论断的变异等等。当然,最好还是能开出这样的特色课,如"现代经济理论和技术分析的十大前提"等。

2005 年 4 月 16 日

圣乐中的沉思

宗教在加拿大人的精神生活中发挥着非常重要的作用,它不仅表现在到处可见的教堂和专门讲经布道的电视频道上,更表现在主持和参加礼拜的人们虔诚的神情上。我一直对宗教的社会功能有着神秘的尊重,所以也数次出入这里的教堂,教堂的风琴声和悠扬的圣乐会引发人许多思考,甚至远远超出宗教的范畴。

温哥华的教堂很多,从我住的地方向不同的方向走去,不出十五分钟,就能看见一座教堂,要是坐车出去,更是到处可以看到教堂顶上高高的十字架。虽然教堂的建筑和装饰相差不远,都是高高的穹顶、宽大的讲坛、高悬的十字架、漂亮的彩色玻璃,还有一排排供教民做礼拜的座椅,但是,做礼拜仪式还是有很大的差异。就我去的几个教堂而言,圣子堂的仪式最简单,主持人直接走到讲台上,甚至连法衣也没有穿。罗马天主教的仪式最复杂,开始时,有5个身着法衣的人排着队,在牧师的引领下,举着有耶稣蒙难雕像的十字架,缓步从门口走进来。结束时,他们也率先缓步退出。此时圣乐的风琴声起,所有的人都站了起来。不管你有怎样客观、冷静、理性和超脱的研究心态,也容不得你不生出敬畏之心来。

所有牧师和神父都非常虔诚,那眼神、那表情、那举止,就像他们都亲眼见到过上帝一样。他们的嗓音非常动听,不仅唱起歌来非常好听,讲起经来也很能拨动听者的心弦,看来,蒙太尼里主教①有个银铃般嗓音,绝不是夸张的形容(我们当教师的有这样的嗓音就棒了)。就仪式而言,通常是牧师或神父们带领大家读一段经文,唱一段圣诗,再由信徒上前阐述自己对教义的理解,如此过程至少反复三次。罗马天主教还要跪下和领受圣餐。尽管只是跪在软软的皮质小凳上,但我还是感到膝盖的生疼。领受圣餐时,所有的人排成两队,走到台前,牧师将一个小圆饼放在他们的嘴里。从圣餐领受人的表情上,可以看出他们的虔诚、感恩和幸福。到教堂去的许多人都带着孩子,有的还把刚生下来不久的孩子送到台前,接受神父的祝福。此外,举行仪式的也有好些只是十几岁的小孩。他们宗教感情的培育,真是从娃娃抓起,一点也不含糊。

　　牧师、神父和唱诗班的人穿的法衣与我们学士、硕士和博士的毕业服有着惊人的相似,都有着宽大的袖子和大坎肩的袍子,有的是白的,有的就是黑红相间。这种相似不仅表明大学教育与神学研究的历史传承,也向人们提示,不管人的智慧发展到哪个阶段,它都需要神的引导。我参加的几次礼拜都反复强调这样的主题,人的原罪是他们受毒蛇的引诱,偷吃了智慧的果子,所以,上帝把人赶出了伊甸园。耶稣为拯救人的灵魂而复活,人应该是上帝谦卑的仆人。

　　为什么偷吃智慧的果子就要被赶出伊甸园?这个问题困扰了我几十年。不少教徒都说,因为人不听上帝的话,所以要被赶出去。但是,我仍然感到奇怪,仁慈的上帝怎么会不原谅不过一时贪嘴的人呢?同时,智慧是人之作为万物之灵长最引以为自豪的特

---

① 小说《牛虻》中的主人公。

质,上帝怎么会反对人拥有智慧呢？跟在教徒们唱过几次圣诗后（实在是哼,但态度绝对认真）,我对人的原罪和上帝将亚当、夏娃赶出伊甸园的用意有了自己的理解,也许这种理解不会得到教会认同,但是,有理由得到上帝的肯定。

人的智慧不仅是人生存发展的基础,更是人全部尊严和自豪的所在,因为,人没有其他动物的爪牙、翅膀和力量,离开了智慧,人甚至无法从动物中站立起来,所以,我们对智慧有着天然的偏好和崇拜,而很难将其与原罪联系在一起。但是,正像水能载舟也能覆舟一样,智慧使用的小有越界就会导出严重的罪恶（主要是道德,而不是法律层面的）。通常我们总是将罪恶与不良欲望（某个阶级的思想）连在一起,却明显忽略了没有智慧的作用,欲望不可能实现,罪恶也就不会发生,智慧在实现人的愿望的同时,也造成了罪恶。

人最不易觉察的罪恶是智慧助长的人的僭妄,人越有智慧,就越自以为无所不能,手眼通天,实际上人对自然和社会演变的秩序以及自己行为的影响的所知永远是有限的,但却一直试图改变这个自然选择的秩序,甚至征服自然和社会,从滴滴涕到克隆人,从人民公社到革命委员会,还有很多很多,都是这种僭妄的表现。可以说,人在短期实现某个目标的同时,也可能让自己在长期中付出甚至是难以承受的代价。如果没有这样的智慧,顺应自然的选择,我们的环境破坏、免疫力的下降以及人和人之间的争斗情况都要好得多。人的另一个已经被意识到的,却无法凭借人的世界的力量有效遏制的罪恶就是人的不择手段,不论是阶级斗争岁月的穷凶极恶,还是现在日益严重的、越过道德底线的哄骗欺诈、偷税漏税、出售有毒食品、59岁大捞国家财产等等,都是以智慧为基础,并且智慧水平越高,造成的危害越大。

圣经故事和圣诗乐曲向人们反复传递有关人的原罪的思想,这就能在很大程度上遏制人的僭妄。因为只要将这种思想沉淀下来成为人的一种感情,人们就会匍匐下来,作为上帝谦卑的仆人,就会对世界已有秩序和他人有足够的尊敬和谦恭。这样,不管人的智慧发展到怎样的水平,都不会认为自己无所不能而无所不为,就不会把自己当做是主宰一切的上帝,不敢随意地扰乱自然和社会的秩序,不会随意地克隆人,更不会将人的生命作为实现某种理念的斗争筹码,人类面对的外部世界就有望合理和稳定得多。

有关原罪的思想还能比人类社会的理念、法律和制度更好地遏制甚至消除罪恶。因为,生命的有限决定了人不管怎样努力,其效果终究有限,只有神的永恒才能帮助人走出困境。因为,对人现在的欲望的最大约束,在于明天的发展,如果没有明天,那就难以遏制现在的罪恶。譬如,为了明天获得更大的利益,走上更高的领导岗位,人们就能遏制现在的欲望,但如果没有明天的发展,特别是走到了生命或职业的最后阶段,人们就很难不放纵自己的欲望。尽管,我们可以用伟大的理想、崇高的理念振奋人的精神,但是,只有少数特殊材料做成的人,在非常时期才能"面对死亡,放声大笑",坦然超越生命的有限,大多数普通人在平常时期都很难据此来约束自己的欲望和行为,这就是我国目前贪官污吏日益增多和59岁现象日趋严重的重要原因。确实,一想到生命只有一次,死后灰飞烟灭,万劫不复,人们很难承受今天的苦难,而不最大限度地实现自己的欲望。这就是人的世界的局限,生命的有限性难以遏制人世间的罪恶。但如果人要面对上帝的最后审判,他死后有可能上天堂或下地狱,对于天堂的向往和地狱的恐惧则可以控制他现在的欲望和行为了。当然,这种审判的可能性是无法证实的,但是,无法证实也就无法否定,而无法否定就是最强的约束。

正是在上述两层意义上,彼岸世界理念的重要性凸现出来,不管这种理念的真实性如何,只要他这么想,他就不敢放纵现在的欲望,或者就有足够的力量抵御现在欲望的诱惑。所以上帝对人说,相信我,你们就得救了。相信上帝,人们的行为就能受到彼岸世界的约束;不相信上帝,他们的智慧就会越界,他们的行为也将失去道德的底线。当然,这种相信可以是相信上帝的存在,也可以是相信上帝存在的相信的本身(即相信比证实上帝的存在更重要),不管是哪种相信,它都能克服人的世界的有限,用神的永恒,从道德上拯救人的灵魂。

2005 年 4 月 23 日

西斯廷教堂冒出的烟

在西斯廷教堂冒出黑烟的前后,我几次出入温哥华的教堂,发现宗教并不仅是无情世界的感情寄托,或者说是麻醉人民的精神鸦片。它也有着非常强的且非常积极的社会功能,否则,就没有办法解释全世界有数十亿教民,而温哥华的教堂又遍地开花。当然,对这个问题的思考并不意味着我已经皈依了上帝,因为信教属于感情的领域,它需要从小培养,像我这样成年人偶然几次出入教堂就能形成宗教感情,几乎不太可能。也正因为如此,置身信教者圈子之外进行观察和思考,更可以发现宗教的积极作用,它甚至可能是社会有序运行的支撑。

宗教可以提升群体的力量。中国人的个体比外国人聪明,但群体行为却不免有些令人沮丧。确实外国人比中国人简单,他们的思考是直线形的,是非对错界线清楚,说话直截了当,不像我们这样曲里拐弯,左顾右盼。当然,善于揣摩旁人意图,注重搞好关系的人比直来直去的人更能左右逢源,手眼通天。但是,就群体的组合力量来说,套用拿破仑对法国骑兵与马木留克骑兵的评价,1个与1个较量,中国人大多要比洋人强,20个与20个可以打上平手,50个与50个,恐怕就是洋人更强了。之所以有这样的差别,在很大程度上,就在于中国人的智慧导向,而洋人实际上是顺应上帝的启示。可以肯定地说,但凡注重搞好关系的人大多有较好的发展,而只要想搞好关系,就一定要模糊是非,搅浑黑白,至少要把话说得模棱两可,大家都可以接受。这样做的结果是这个人得到好处,但是非黑白边界一定不确切,色彩无法不模糊,大家按此行事,扯皮一定增多,效率一定下降,这就是中国人作为群体至今没有和洋人打平手的一个重要原因。而要坚持黑白是非而不偏离方向,就一定会承受现世的利益损失,没有神灵的启示,没有来世的补偿,谁也无法抵御智慧的诱惑,在这个意义上,信神的群体生产力要比不信神的群体更高。

　　宗教有助于良好秩序的建立。中国人都会唱那首很好听的歌:"只要人人都献出一点爱,世界将变成美好的人间。"智慧肯定能证明这话千真万确,但是,智慧还告诉人们,只有我一个人献出爱,我的日子将比谁都难过。所以,只要人家不献出爱,我就不能献出爱,如果我不能确认人家将献出爱,我也绝不能献出爱,所有人都这么想,将没有人会献出爱。这就是说,仅靠智慧的引领无法建立良好的秩序,世界也难以变成美好的人间。智慧将我们引入的尴尬具有普遍意义,从过马路走横道线,到讲信用,重承诺等等的一切皆是如此。打破这个循环,即在不能确定人家献出爱的条件下,我仍坚持献出爱的唯一出路是把智慧导向改成上帝导向,即是神要我们献出爱,不管承受的代价有多大,我都义无反顾。只有这样想的人成为社会的主流,良好的秩序才能建立起来。

　　宗教也有助于良好秩序的维系。所有人都遵守良好的行为规则,所有人都能得到好处,但是,此时一个人违反行为规则,他得到的好处将超过所有的人。譬如,大家都讲信用重承诺,一个人哄骗欺诈,他可以比其他人赚更多的钱,智慧就会诱使第一批人哄骗欺诈,他们比其他人更多更早地淘到了第一桶金。智慧告诉第二批人,不想白白地落在第一批人的后面,就得赶紧学他们的哄骗欺诈。智慧告诉第三批人,大家都在哄骗欺诈了,抱残守缺不仅没有意义,而且根本做不到。显然,智慧不仅无助于维系规则,甚至还会导致规则的崩溃。同样,要摆脱困境,也就只有变智慧导向为上帝导向,即上帝要求人不惜代价、不顾损失地坚持良好的规则。

宗教甚至是现代民主制度的基础。我们的前人曾经认为财富和智慧是现代民主制度的基础,离开这两个条件,人们就会为生存而卖掉他们的选票,或者因为愚昧而选择了不配当选的人。可实际上,现在中国农村存在的一些贿选现象并不完全因为大家生存没有保障,或者愚昧;甚至早在20世纪80年代末,国内一些著名高校的学生会选举也有请客送礼的情况。这些轻视自己选举权的人都不仅不缺乏财富和智慧,甚至还很有智慧,可能正是智慧惹的祸,他们太知道,任何一张选票都不足以左右选举结果,但是,它却能左右个人的物质利益,那么凭什么不放弃这不能确定的群体利益,去换取个人实实在在的物质享受呢?! 显然,仅有智慧引导,民主制度也会陷入所有良好制度建立不易,维系更难的困境。

当然,人可以制定各种制衡制度来抵御和约束智慧的引诱,让只顾自己的利益、违反规则的人付出代价,遵守规则的人得到物质和精神奖赏。但是,这种制度都要靠人来执行,如果人的行为仍然靠智慧导向,这种制度同样既不易建立,更难维系。譬如,所有的人都按制度要求惩恶扬善,才能保证这个制度的充分有效运行,但是,谁也不能确认别人都会尽忠职守,而且只要有人进行钱权交易,再为严格的制度也可能迅速解体崩溃。这就是靠人的制度约束人的行为,建立和维系良好规则的困难,所以,共产党人要讲良好的精神品质、大无畏的革命气概、"知其不可为而为之"的勇气、

"驾一叶扁舟而欲挽其流"的坚定,还有"特殊材料制成"的素质,就是因为再好的制度也有它的局限,需要人的品质来弥补。但是,人只能活上一次,所以大多数人都很难为崇高的理念而承受今生的苦难。这就是说,即便靠人的智慧建立制衡人行为的制度,以保障规则的建立和维系,也存在着人的世界的局限,于是为保证人的世界的有序稳定运行,又只能回到神的世界寻找支点。离开了上帝,真还没有找到一个能够化解人今生苦难的办法,帮助人建立规则,并持续有效地运行下去。

经济学研究建立在假定之上,而最重要的和最基本的假定却又是不能成立的,完全竞争在现实生活中就无法找到,但是,没有这样的假定,经济学研究就进行不下去,经济学的大厦是建立不起来的。顺着这个逻辑,并不坚实的甚至有些虚妄的前提仍然可以是人类最伟大建筑的基础,进一步的推论,上帝的存在,至少对我来说,目前还是无法证明的,但是,没有上帝存在的假定,人类社会将失去高效、有序和稳定运行的基础。哇,我要向拿破仑脱帽致敬,难怪他在教皇给他加冕时从教皇手中夺过皇冠给自己戴上,对教皇不敬,应该也不真信上帝,但却在登上皇位后还是宣布天主教为法国的国教。因为他太知道,宗教不仅是统治法国的重要工具,甚至是抬起地球的支点。

西斯廷教堂的黑烟已经变成白烟,新的教皇已经选了出来,教堂的圣乐仍一直在我耳畔回响,我甚至无法知道以上这些是我想出来的,还是上帝将它们放在我的头脑中。但是,我知道认清和发挥宗教的社会功能,将有利于人类社会的有序与和谐发展。

2005 年 4 月 30 日

在温哥华小便不要钱

在温哥华小便不要钱,公共厕所的开支是由政府财政负担的。除此之外,还有很多大的公共项目也不要私人掏钱。这样的政府开支方向,很值得我们深思,甚至是学习了。

在中国大城市小便要钱是司空见惯的,甚至还由此派生出了一个"导便"的职业,即像导游一样,引导人们小便。温哥华人就没有这样"幸运"了,尽管他们的就业也很紧张,但是,谁也没有机会朝这个方向发展,因为他们大小便都不要钱。不管是在闹市中心、雪山顶上,还是在原始森林的深处,凡有人迹,包括人迹罕见的地方,都很容易找到公共厕所。你可以用眼睛,而不必用鼻子找到厕所的所在,因为他们的厕所很干净。在我们这里,手纸是要花钱买的,内急起来,很可能陷入没有零钱买手纸而不能及时放松的尴尬。在温哥华不会发生这种情况,厕所不仅免费提供随意使用的手纸,还有很多用来擦干手的纸。看着这样的厕所,我一面觉得加拿大人的生活太奢侈了,但又不得不为加拿大政府的以人为本而感叹,政府为公众考虑得太周全了。或者严格地说,是公众通过政府把自己照顾得太好了。因为政府的开支不能由政府单独决定,它要通过公众的代表的表决认可。

我们的公园几乎都要钱,但凡稍微有"姿色"但绝不优雅宁静的地方,都会遇到形形色色的收钱人和机构。温哥华却没有这样的情况,大大小小数十个公园,都免费开放。不要以为是风景不好才不收钱,而是政府承担了费用。沿着温哥华海湾,有着几个不大的公园,青翠碧绿的草地上有着几条长凳,老人和狗坐在那里,静静地看着海湾的碧波荡漾、星星点点的私家游船和不时从人们头顶掠过的灰白相间的海鸥。这些公园大都坐落在两幢房子中间,如果在这里造成房子,那就是"窗含落基山脉雪,门泊私家游艇船",其价格一定可以达到天文数字,可偏偏这些业主放弃建房,反而建公园捐赠给政府。那里有着这样的标志铭:某某人热爱温哥华,捐赠了这块土地作公园。在温哥华海湾突出的地方,有个著名的斯坦利公园,也是私人买下这片土地,建成公园送给政府,条件是政府永不将这片土地挪作他用,也永远不对前来游玩的人收费。斯坦利公园非常之大,沿着公园走一圈,几乎要用整整一天的时间。尽管这些公园是私人捐赠的,但是,政府管理公园成本还是非常之高。且不说这些公园中的参天古木、到处可见的青铜塑像,还有成片名贵的郁金香和一年四季都常开不败的奇花异卉,仅仅是大块大块的绿地,其养护成本就非常之高。以我住处门口的绿地每个月100加币的养护成本推算,是它数千数万倍的公园绿地,以及社区中随处可见每个都有好几个足球场大的绿地的养护成本是相当巨大的,由此财政开支之大也就可以想象了。

还有一些政府公园傍山依水,风景特别秀丽。之前我去 Gross Maintain 雪山,还嫌这里的山没有中国大山的"精、气、神",却没承想,山脚下别有一番"曲径通幽"之景,那里有个给整个温哥华提供生活用水的水库。它旁边就是个政府公园,沿着逶迤的小路一直可以走到水库的底部。一边是笔直参天的古树,遮住了几乎所有的阳光,静悄悄的森林中只有我们三两个人的脚步声和喘息声;另一边是从水库泄洪口飞流直下的瀑布,再往下则变成了潺潺流水。走在这样的小路上,还可以看到一些提示牌:小心熊,不要走在熊妈妈和熊孩子中间,更添许多神秘,加上远离都市喧嚣的宁静,人可以溶化其中,忘却自己的存在。还有一些海湾更是漂亮得不得了,正面是宽阔的海面,蔚蓝的海水与蓝天白云连成一气,两边的远处是隐约的岛屿,岛上郁郁葱葱一片。左边是将近30度斜坡的绿地,与远处的森林连成一气,站在这里的绿地上,我很能理解,狗为什么高兴起来要打滚,因为我实在也有同样的强烈冲动。在草地走上十几分钟才能到达森林的边缘,这里森林的树木都高大挺拔笔直。在右边则是错落有致、星星点点的两层楼的房屋。走在这样的绿地上,你就像进入一幅画,而你也就成了画中人。BC省会维多利亚岛也是如此,看着维多利亚时代建筑风格的省政府大楼,还有绿地、海港、白帆、铜像、喷漆作画和做人体雕塑的街头艺人,游人会觉得自己回到维多利亚时代,变成狄更斯笔下那些吸着烟斗、带着高礼帽、提着雨伞的角色。

许多洋人会伴着海滩的微风和夕阳的余晖在公园的木凳上坐上好几个小时,开始我们认为他们"傻呆傻呆"的,后来我才明白其实"傻呆傻呆"的是我们。旅游就是要与大自然融为一体,就是要在这种融合中倾听体会小草的喃喃、微风的絮语、大海的宽厚、森林的长吟短嘘,然后,想象成我就是小草,我就是微风,我就是大海,我就是森林。像我们这样在景点之间马不停蹄,匆匆地赶来赶去,难免"良辰美景虚设。便纵有千种风情,更与何人说"。但话又回过来,在中国旅游景点到处收费,你能有洋人"傻呆傻呆"的情调吗?你"傻呆傻呆"得起吗?为了不提高旅游的成本,我们不得不"下车拍照,上车睡觉,回家一问,什么都不知道"。

当然,在温哥华要买票的公园也是有的,维多利亚岛上的Butchant公园就是要收门票的,而且价格不菲。因为,它是私家花园。这里曾是开采石灰石留下的废墟,一对老夫妇买下了它,并花了很长的时间,根据那里的地形,把它装点成花的海洋。那么美妙的设计,那么多名贵的花朵,还有那种人类应补偿对大自然亏欠的高尚理念,都足以让你觉得这些门票,即便转换成人民币也是物有所值、物超所值的。

在温哥华,不但小便不要钱,低收入家庭新生儿每月还有250元加币的牛奶费,相当于一个大人一个月的伙食费;小孩子读书到高中毕业也不要学费,是除了书费以外,真的一分钱也不收,而不是付很多钱的义务教育;老人只要平时承担非常有限的保险费,住院就不仅不要付医疗费,甚至连伙食费也免除了。

比较"取之于民,用之于民"这种比较抽象的原则,我们现在"权为民所用,情为民所系,利为民所谋"的思想实在是极大的进步和飞跃。但是,要把这样的思想真正落到实处,还是要进一步深入研究,做到"钱为民所用"。

2005 年 5 月 19 日

又贵又便宜的温哥华物价

温哥华的物价又贵又便宜,贵就贵在通过汇率转换成人民币的直观价格,便宜则便宜在它占当地人的收入的比例很小。这样的差别在一定程度上既可以说明我们汇率制度的不合理,也反映了我们的劳动力成本太低,工资决定机制有着比较明显的缺陷。比较和思考这种差别,有助于寻找解决问题的较好方法。

加币与人民币之间的汇率是1∶6.8左右,所以,这里的物价转换成人民币后都显得非常贵。如大米10加币一袋10磅,猪肉3加币1磅,肉骨头1磅要0.99元加币,青菜更是要1.4加币1磅。转化成人民币,这个价格就分别是68、20、6.8和9.5。这还是毛算,加入1磅只有9两多的差别,他们商品的人民币价格还要贵。我初来时上街买菜,看着标价牌,手心里直冒汗,买什么都要咬着牙,跺上几脚才下得了决心。

如果按照收入支出比,温哥华的物价便宜得相当可以了。温哥华的法律规定,最低工资每小时8加币。也就是说,如果一天工作8小时,一周工作5天,那他的月收入大约就有1300加币。以这样的收入来考虑物价,当然比上海便宜多了,上海的最低工资大概在670元左右,而大米三十多元一袋,猪肉十二块钱一斤,肉骨头六七块一斤,青菜一块五一斤。显然,同样的最低收入,在加拿大的生活要比上海滋润得多。如果还要进行比较,你会发现,在温哥华,电费0.06加币一度;电话费一个月29元加币,打市内电话不计时间;投币电话每次0.25加币,任你煲电话粥。进一步的比较是:汽油每公升只要1元加币左右,其中已经含养路费;市中心的豪宅也就100万,面积640平米,还不算很大的花园和可以停两辆车的车库;25万可以买一套连体别墅。

  按照经济学的解释,两种货币的汇率归根到底取决于两种货币在两个国家的购买力。加币在温哥华的购买力要比人民币在上海高,比较粗线条的购买力比较大概可以是1:3左右。也就是说,在上海买各种商品综合需要2元人民币,在温哥华只要1元加币。两种货币的名义汇率之比是6.8:1,而实际购买力之比应该不超过2:1,这就表明人民币实际购买力被低估了至少一倍。于是,在中加贸易中,我们用较多的商品换加拿大较少的商品,如果抽象掉这些商品的品牌、质量和技术含量,其最一般的形式就是中国劳动者的两个小时劳动换加拿大的一个小时劳动。当然,加拿大人的生活要比我们滋润。所以,加拿大的经济发展和环境优美也有中国工人的一份贡献。虽然中国的物价便宜也会对加拿大的就业形成一定的压力,因为其产品的竞争力会下降,市场份额会缩小,但是,两相比较,加拿大的市场份额和就业不会少去一半,所以其从中加贸易中得到的总的好处还是大于坏处。所以,与其他国家早期靠剑与火、靠占领和掠夺完成资本的原始积累的发展模式不一样,我们则靠向世界出口廉价产品来换得自己的经济增长。不能说,我们这种增长方式是最好的,但肯定可以说,我们的经济增长对世界经济的贡献是很大的。

  当然,按照温哥华的收入支出比,他们的物价也有很贵的一面,也就是只要包含人工的商品和服务,价格就高得惊人。记得那次爬雪山,我们在山顶的餐厅里吃了一个实在是没什么特别的三明治,就是两片面包夹点生菜、番茄,竟然卖7加币,还要付税。在超市中,这样的三明治也就3—4元加币。心疼得我们都在说,"天下乌鸦一般黑",中外旅游景点都宰客。后来我到美加边境的白石镇,发现那里差不多的三明治居然要10加币,还要交税和付小费,这时我的心理承受能力已经强多了,所以也就一笑置之了。还有温哥华的比萨饼算奢侈品,要交税,而奶油蛋糕却算生活必需品,不用交税。后来才知道,餐馆的人工很贵,把三明治等的价格抬上去了。因为人工很贵,这里的人家里都不请钟点工,我的房东有多处地产,但是,她总是自己打扫卫生。我们访问学者和留学生都是自己做饭,也是想省去人工的成本。

我们的劳动力便宜使得我们的产品在加拿大卖得非常便宜。说来简直让人难以置信,中国产的不锈钢盆、四节电池,甚至卡拉OK的麦克风都只卖1加币,外加14加分的税。这种劳动力成本之低实在无法想象。之所以如此,原因固然在于我们的劳动力太多,以至于劳动力市场绝对是买方市场,但更重要的则是工资决定机制不健全,工会并没有代表工人充分发挥与老板砍价的作用。尽管我们有最低工资法,但是,它只是在工资决定之后,发生争端向政府投诉时才发生作用,而不是在工资决定的过程中就起作用。政府无法监管所有的工资决定过程,以及工人应该享有的各种福利保障,这就决定了我们工人收入少,待遇低。其结果就是我们产品的价格偏低,并产生一系列有关倾销的争端。走出这个困境的唯一选择只能是建立跨行业跨地区的工会,由它们来维护工人的正当权益。加拿大的各种罢工就此起彼伏,工人的待遇及产品的国际市场价格就在这种罢工中上升到其应有的位置。同时,我们也要有强大的商会,对外产品由商会统一一个价,这就可以避免中国的出口企业为了卖掉自己的产品,对外竞相削价,互相残杀,然后又形成工人工资待遇进一步下降的压力。如果我们工人工资能够明显上升,产品价格就能相应上升,两种货币在两个国家的购买力就会接近,外国人也就没有那么多理由要求人民币升值了。

当然,要建立这两个组织不是件容易的事,尤其是在建立的初期,工会和商会维护自己利益的方式未必尽然合理,或者即便它们维护自己利益的方式是合理的,但却很可能超过我们这个社会的承受能力。譬如,罢工中出现了过激行为,造成公众情绪紧张和公共秩序紊乱等。然而,这个过程可能是不可超越的,就好像陷在煤矿中十几天的人,乍一出来遭遇阳光很可能失明,所以需要蒙住眼睛,逐渐增强对阳光的承受力。维护自己行为的理性与社会对这种行为承受能力的提高也是同样的渐进过程,我们也需要找到一种方式,发挥"蒙眼布"的作用,以尽可能降低我们走向这个目标所必须承担的社会成本。

2005 年 5 月 7 日

欢快友好的加拿大人

加拿大人非常欢快友好,按照从美国过来的人的说法,连加拿大的狗都非常的友好。之所以他们能有这样的表现,实在是因为他们生活得太无忧无虑,加上深入人心的"以人为本"的理念,使得他们的欢快友好成了本能的习惯和溶解在血液中的文化反映。

走在温哥华小区的街道上,只要遇上那些洋人,十之八九会先向你打招呼,给你一种非常友好和善意的感觉,但有时也会让你有些尴尬。因为我们常常会将眼睛聚焦在某个时空中,但实际上什么也没有看见,这时突然发现有人向你问好,待你要作出反应时,差不多与他擦肩而过了,这时,你会感到脸红和手忙脚乱。我们有些访问学者说,不要以为这种问候有多少友好的成分,他们只是种习惯和本能而已。我却觉得这种习惯和本能更加弥足珍贵,没有几代人的培养和传承,是无法将这种文化沉淀到血液中去的,也不会未经思考就作出友好和礼貌的反应。

这里公交车的驾驶员也是给点阳光就灿烂的人,他们乐意将微笑和快乐传递给所有的乘客。有位驾驶员还戴着绿色的假发,一路上与乘客开着玩笑,把自己作为嘲笑的对象,整个车厢都充满着快乐。有的驾驶员对每站上车的每位乘客都要表示"早上好"或"下午好"之类的问候,一天问候下来是很累的,没有很好的心情,绝对不愿意承受这份额外的辛苦。最妙的是他们的再见,除了"拜拜"以外,还会加上一句"祝你今天有个好心情"等等,等我们反应过来,也要补上类似一句话时,车门往往已经关上了。马路上到处可以看到跑步锻炼的人,好像锻炼就是他们的生活。还有一些六七十岁的老人在街道上飞快地溜着旱冰,"老夫聊发少年狂",他们都非常快乐地与不认识的过路人打招呼。

他们的狗也真的很友好。我散步路上有个院子,栅栏里放着条大黑狗,开始我早上走过时,它也会大声地叫起来,有一天它走在栅栏旁边,我小心翼翼地摸摸它的脑袋,它居然抬起头来舔了舔我的手。以后每当我走到那里,它先是远远地叫两声,算是和我打招呼,然后从树丛里钻出来,踩着碎步,走到栅栏边,听任我抚摸它的脑袋,然后躺下来,让我抚摸它的肚皮。因为要回去工作,所以我和它玩不上几分钟就要走了,它会在栅栏里跟着我走,走到看不见我的地方之前,停下来,然后看着我走远,眼睛里流露出很多友好和眷恋,看得我一步几回头。如此友善的狗在中国,很可能会因为失去防卫能力而成为某些人的盘中佳肴,我们的文化甚至会认为这种狗无用,但是,在我们希望狗凶狠一些的时候,我们的牙齿也会变得尖锐起来。这不是我们的过错,而是环境对我们的要求,于是我们与环境一起恶化,然后离上帝的伊甸园越来越远了。

他们的欢乐友好与这个社会对人的重视密切相关,从美国过来的人说,同样发生车祸,在美国,先要问受伤的人有没有买过保险,否则有可能不管你。而在加拿大,不管三七二十一,先送医院再说,因为加拿大把人看得最重要最宝贵。他们甚至研究如何消除人最为有限的痛苦。有位医院的访问学者告诉我,他们发明了一种药棉,擦一下打针就不痛了。我憋不住说,这种痛苦是必不可少的,甚至是挫折教育的第一步。没有承受最基本痛苦的能力,如何承受人生的痛苦和磨难？这句话对中国人来说肯定是对的,提高承受痛苦的能力,就从最小的痛苦开始,甚至还要提高打屁股的强度,否则将来事业越成功,心理可能越脆弱,草率结束生命的人往往正是一路顺风走过来的。对加拿大人来说,情况却截然不同。他们的生活太有保障了,失业补贴足以使他们过得很滋润,他们不需要像我们这样拼搏。即便遇到生老病死或自己生活、事业上遭受失败,他们也可以抬出上帝来化解痛苦:既然没有上帝的旨意,甚至不会掉下一根头发,我有什么过错？我还有什么过不了的坎？我还有什么痛苦？既然以后不会承受痛苦,那就没有必要现在提高承受痛苦的能力,所以要彻底消除最为有限的打针之苦。

他们的人道主义还表现在对吸毒者的态度上。温哥华当局在一条比较热闹的、离唐人街不远的 hesting 街划出一个可以公开吸毒的区域,警察巡逻时,甚至还带上毒品,以减轻那些毒瘾发作的人的痛苦。我去过这个区域,三五一群的人站在马路边、小巷口,他们大白天进行毒品交易和卖淫活动,把整个街道搞得乌烟瘴气和臭名昭著。与我同行的朋友提醒我,千万不要从这种人身边走过,万一他们用毒针扎你一下,你一辈子就完了。但是,我还是勇敢地从他们中间穿过。尽管他们衣冠不整、胡子拉碴、神态诡异,甚至还有种臭烘烘的气味,但是,他们并没有明显的攻击性,也不骚扰路边的行人(值得庆幸的是,在这样的人群中我没有看到华人,据说华人基本上不吸毒)。按照中国人的传统思路,对付这种社会丑陋和毒瘤就是要坚决打击,彻底铲除,所以既不可能让吸毒者麇集在一起公开吸毒,更不会给他们提供毒品。现在我们也开始给吸毒者提供美沙酮,既然社会消灭不掉隐蔽的吸毒者,那不如给他们一个公开的活动区域,有稳定廉价少毒的毒品替代,就可以减少不择手段和穷凶极恶的恶性事件发生,其攻击性和破坏性也就小得多。我们的选择是权衡利弊的结果,加拿大的态度则是出于人道主义,他们不需要像我们这样思考,因为人道主义中不仅已经包含了我们思考的全部内容,甚至有更高的境界和更深的意蕴。

正是在这样重视人的文化背景之中,温哥华的银行抢劫也显得那样的雅致和温良恭俭让,我们在警察学校的访问学者介绍了这样一个典型的案例:抢劫者写张字条递到柜台里:打劫了,给我200元。因为他们这里都是非现金交易,银行里没有什么钱,所以打劫的胃口也很小。银行职员乖乖地交出200元。然后,按照制度规定,要等到打劫者走到门口时,银行职员才按铃报警,因为保护银行职员的生命比保护银行财产更重要。这样的案件不多,破案率更低,因为破案成本比被打劫的损失更大。比较起我们与打劫者搏斗时的伤亡惨重,他们同样的犯罪,以及对付这种犯罪的社会成本要明显小得多。

简单比较中加两国人的行为方式,不难发现中国更强调个人的智慧和能力,加拿大则更注重按规则行事,他们的友好和欢快甚至使他们失去许多在中国人看来是非常基本的能力,但他们这种温良恭俭让的组合使系统效率大为提高,至少他们不必去应对严重的恶性犯罪。我们的个体比他们强悍得多,但我们的系统效率却明显不及他们,因为我们应对问题的代价要大得多。哇,我在这里又找到上帝把人赶出伊甸园的理由了。所有人都按照善良、正义、良知和欢乐的原则行事,而不用智慧去评判利弊得失,个体的能力,至少是防卫和进攻的能力可能比较有限,但社会秩序会合理得多。反过来,用智慧导向,个体能力肯定能有很大的提高,但社会秩序却被扰乱了,这种能力发展的道德方向难免会出问题。

2005 年 5 月 14 日

班佛国家森林公园之行

加拿大的班佛国家森林公园(包括 Jasper 等一系列公园在内)享有世界声誉。到了加拿大,如果不到班佛国家森林公园,就像没有到加拿大一样,所以我们十位访问学者,利用加拿大的国定假日,去班佛作四日游。这次出游不仅使我深切地感受加拿大的田园风光之秀丽、自然条件之优越,更使我认识到越是自然条件优越的国家,越应对地球的生态环境承担更多的责任,这样才能长期拥有和享受上帝的恩宠。

汽车还没有完全开出温哥华市区,闯入眼帘的就是一大块一大块的绿地,它不是修理得整整齐齐的庄稼地,而完全是长满草的地,庄稼地也有几块,但比较起草地来,实在太微不足道了。一路上,汽车常常跑在大山的脚下,我们可以仰望山体的景象,山上长满了各种植物,丝毫没有我们山体开采石头留下的疮痍,望着这样的大山,实在是别有一番赏心悦目在心头。汽车还经常跑在高坡上,我们可以看到延伸到非常遥远的绿地,它几乎和天边巍峨的雪山连在一起,有时绿地上长着不多的树木,三五成群的牛在那里或躺或走或嚼青草,悠闲得让你恨不能成为它们中的一员。这里的草长得不高,但整齐得像是给大地铺上厚厚的绿绒毯。五月清澈的阳光照满了大地的每一个角落,我们的汽车好像驶入了 18 世纪著名油画家们的风景画之中。有时候,我们的汽车也会奔驰在地势比较低的地方,因为高处的斜坡比较平坦,我们也能顺着绿地看得很远很远。非常大的绿地上,只有一两幢颜色形状各异的二层楼房子,倚靠着三两棵大树,其景色之美怎么想象也不算过分。加拿大的土地太多了,我们曾参观一家西洋参的加工厂,讲解员非常自豪地说,他们种一茬西洋参,要让这土地长五年草,待地力得到充分恢复后,再种第二茬,所以西洋参的质量特别好。我相信他不是吹牛,因为,我们看到耕作过的只是大块绿地中非常微不足道的一小部分。我们的汽车也从森林中穿过,两边不时走出熊、梅花鹿和驼鹿等动物,引得我们这些观光客不时发出阵阵的惊叹声。早上我们从旅馆醒来时,居然有七八只梅花鹿旁若无人地从我们窗前走过。

尽管在 UBC 的校园里,我们也能看到远处大山顶上的皑皑白雪,但是,真的到了雪山近处,则会有更深刻更强烈的感触。雪山下面大约 4/5 的部分被各类植物覆盖着,这些树木由高大至矮小分布,越往上长得越低矮,到了顶端则只剩下白雪了。这白雪并非整块覆盖山顶的全部,而是呈树根状向山头四周攀缘下来,越往下岩层的裸露部分就越多。有人把雪山比喻成巧克力蛋糕,雪白的奶油从顶部浇洒下来,裸露的岩石则成了蛋糕的巧克力部分。这样的比喻绝对生动形象,但是却不传神,雪山自有它为云雾缭绕的恢宏气势,有人把这缭绕的云雾比做少女的神秘面纱,我却宁可相信是大山挺伸到云雾中,作为刺破青天的未残之锷,支撑着浩瀚的蓝天白云。

班佛的雪山不是一座,而是一望无边,不计其数。我们的目标是要踩在其中一座的雪地上。转乘了大轮子的雪山车后,我们登上了雪山之间的一条峡谷。我们站的地方比较平坦,两边是高高的雪山,正面比较低缓,可以看出三面的雪就从这低缓的缺口涌泻下来,成为凝固的瀑布,形成我们脚下那块平坦的雪地。这雪地非常之大,我们向任何一个方向望去,都要极目远眺,好一派银装素裹、分外妖娆的景象。几百个人在这个雪地上欢呼雀跃,却像是一群蚂蚁在那里缓缓地爬动。雪在我脚下咯吱咯吱地响着,我走出限行标示区,踩在从未有人走过的雪地上,面对大自然的浩瀚无际和人的渺小,禁不住"念天地之悠悠,独怆然而涕下"。我们确实像雪花一样,不知从哪里飘来,也不知将飘到哪里去。

班佛的水也非常美,因为它都是来自溶解的雪山水,所以特别晶莹透彻、甘甜清冽。五月的时节冰雪刚开始融化,路易斯湖面上还有好些冰,所以还看不清山的倒影,据说在湖冰完全融化时,拍出的照片倒过来看的效果与正看相同,因为湖中倒影与山体景象一个样。尽管我们没有见到最佳时节,路易斯湖还是美艳得惊人。它的近处,水透明见底,一点杂质也没有,远处则只剩下偏蓝的翡翠色。路易斯湖背后也是巍峨的雪山,朦胧缥缈的云层、终年不化的积雪、环湖的莽莽森林与湖水的翡翠色交织在一起,美得让你什么也说不出。我们国内也有相似的水,黄山背后松谷庵的翡翠池就是这个颜色,但是,翡翠池太小,路易斯湖恐怕是它的数万倍。同时,我们见到的班佛水几乎都是这样,它们或者像蓝宝石,镶嵌在森林深处;或者像轻柔的玉带,透迤环绕着许多不知名的小城镇;或者像是蓝天散落的一块,静静地躺在遥远的天边,反射着蓝天白云,并与之相映成辉。还有一条弓河,它有一段不小的落差,大量的水从上面涌下来,受到变窄河道的挤压,万马奔腾,惊涛拍岸,卷起千堆雪。这种情景与我国的壶口瀑布颇为相似。但是,壶口瀑布的水呈深黄色,加拿大的水则蓝得晶莹透彻。相比较而言,前者骁勇彪悍,撼人心魄,后者则俊秀飘逸,令人欢喜不够了。

加拿大的山水确实很美,但是,这美还能持续多久?这恐怕像是"红旗到底能打多久一样"严峻而又不容回避的问题。因为全球气候变暖的问题也在冰川深处表现了出来。在远处看做蛋糕巧克力的裸露岩石,在近处看起来实在有些惨不忍睹,它碎石嶙峋,就是寸草不长的戈壁滩,想来白雪覆盖的地方大多如此。导游说,9年前,他刚来这个地方的时候,这冰雪一直延伸到马路边,比现在要长1—2公里,因为气候变暖,现在冰川急剧收缩,岩石裸露的部分大大增加了。这种情况也表现在路易斯湖上。这个湖是因为天气转暖时冰川掉到湖里发出巨响而被发现的,现在没有巨响了,因为冰舌已经萎缩得远离湖边,冰掉不进湖,溅不起水,湖水也就变得静悄悄了。目前这样的趋势不仅没有终止,甚至还在进一步加剧,更多的冰川有可能变成戈壁,一些湖泊的水位也有可能下降,水质可能恶化。

全球气候变暖,这是世界经济发展,工业化污染的结果,现在发展中国家造成的污染比例可能大一些,但是,像加拿大这样的发达国家,还是应该多承担一些责任,帮助发展中国家一起处理好污染问题。因为,我们都坐在同一条挪亚方舟上,谁也不能因为自己的船舱没有问题,而不竭尽全力解决别的船舱发生的问题。同时,像加拿大这样的国家已经享有上帝太多的宠爱和恩惠,多承担一些责任也在情理之中。

加拿大人的环境保护意识和对生命的敬畏已经达到了我们难以企及的地步。回来在公共汽车站等车时,我们看到一只大鸭子带着一群小鸭子在横穿马路,它们摇摇摆摆、走走停停地在避让着汽车。我为它们的智慧和生命的顽强而惊讶,赶紧冲上去拍了好些照片。一个加拿大人却停下车,拦住其他汽车,护送这群鸭子过马路。人行道上很快聚集了一群人,他们在为这群鸭子的明天出谋划策。同样情况发生在中国,这鸭子一定会成为我们的盘中餐、腹中肉,因为,我们的物业管理委员会决不会允许我们养鸭,吃掉它是唯一的选择。

加拿大人的环境保护意识和对生命的敬畏值得我们尊敬和学习,但是,加拿大人要永远保住他们家园的美,恐怕还需要进一步拓展、延伸、发扬和传承他们的精神。这不仅是权衡利弊的选择,更是对上帝恩宠的回报。

2005 年 5 月 28 日

无限生命对有限生命的告诫与讽喻

除了罗马天主教以外,温哥华其他教会的礼拜仪式都比较简洁,但是,它们同样是用音乐和故事灌输和诠释有关善良、正义和良知的理念,使其触动人们感情深处的心弦,让人在上帝确定的空间和构架中运用自己的智慧,就是遵守上帝制定的规则,把智慧的可能危害降到最低限度,保证人类长期稳定发展。

我参加过其他教会的一些活动,发现他们既没有举着十字架的行走,也没有跪下来的礼节,甚至连法衣也不穿,但是,他们唱圣歌的热诚和读《圣经》的虔诚比罗马天主教毫不逊色。此外,他们还有半小时教友相互交流沟通的时间,这就使得做礼拜变得更加温馨友好,更像是社区联谊活动。我总以为大多数教徒对教义的理解是有限的,他们只是为这种温馨友好所吸引。实际情况并非如此。我也参加过他们的"家庭圣经学习会"(Bible Study),他们对《圣经》的理解很有特色,其方法甚至可以为别的学科所运用。譬如,要把知道和认识上帝、把一般的相信和建立联系、把发自内心的要求和外在强制等区别开来,这就表明他们对于教义的接受既有感情的偏好,更有理性的思考。可能感情的力度更强些,有关圣歌和圣经故事不是强调论证的逻辑,而更多的是让人从感情上接受有关善良、正义和良知的原则。正是有了感情的支撑,人们才不会轻易权衡利弊后运用这些基本原则,或者轻易接受趋利避害的诱惑,而背弃这些基本原则。确实,这些基本原则都经不起权衡利弊的推敲,背弃这些原则很容易走出困境。所以,人必须在感情上确定,不管结果和代价都必须坚持这些基本原则,违背这些原则会有感情上的痛苦,才能保证这些原则的实施、推行和维系。

权衡利弊、趋利避害是人短期、长期甚至是一生发展的基础,没有这种思考和选择,人发展不到今天,但是,也正是这种思考和选择,不利于人在永恒中的发展。因为,只要人们在有限生命中权衡利弊和趋利避害,就一定有道德的局限。作为独立的生命体,人要实现一生中满足的最大化,但这未必能实现无限生命满足的最大化。就好像人们为了短期中满足的最大化,难免会急功近利,什么坏事都做得出来。如果人们在权衡和选择中放进了长期的考虑,对名誉和品牌的重视一定会走近道德,因为不讲信誉和品牌就没有明天,没有长期。假冒伪劣就是短期行为,把顾客当做"皇帝"来对待,就是长期选择。如果人们将长期拓展到一生,其行为有可能更接近道德,但也可能背离道德。如果他还年轻,为一生的发展,他可以将信誉和品牌做得更周全到位。但如果所剩时间不多了,凭什么不透支未必会有的明天,而不实现今天的最大满足?所有制造污染,竭泽而渔,我死后哪管它洪水滔天等都是有限生命的理性选择,也是智慧在有限生命中的道德局限。这就是说,有限生命、道德选择和满足最大化是人类智慧不可能兼顾的三角,只要人在有限生命中运用智慧,就可能作出不道德的选择。这可能就是上帝把吃了智慧果子的人赶出伊甸园的重要原因。

只有宗教才能够帮助人们解开这个不可能三角,这大概是上帝宽恕和拯救人类的方式,把不可能三角中的有限生命转换成无限生命,人运用智慧就可以作出道德的选择,因为个体灵魂不朽,人就有了永远的明天,也就愿意、也能够为了永恒的明天,承受今天的牺牲,放弃今天的满足最大化。实现这样的转换固然离不开人的思考,但是,更重要的却不是思考,而是在感情上接受上帝给定的行为规则。这些规则未必有利于有限生命,至少在人类现有的认识构架中,却一定有利于无限生命。因为,在有限生命中,人一定会面临各种艰难的选择,不讲信誉,哄骗欺诈者比讲信誉重承诺者更能左右逢源,手眼通天。但是,如果所有的人都如此行事,一个民族、一个国家,甚至整个人类就可能永劫不复,永远不会有明天。反过来,所有的人都讲信誉重承诺,这个社会的运行就会井然有序,并且永远拥有平淡、充实而又永恒的明天。在这样的社会还没有建立之前,讲信誉重承诺的人都要付出沉重的代价。如果让他们运用智慧,在有限生命中权衡利弊,他们一定会趋利避害,背弃这些规则。如果让人们从感情上接受这种规则,并相信生命的永恒,他们就会有背弃规则的痛苦。为了避免这种痛苦,他们愿意承受建立良好制度的艰难,并培养维系良好制度的自觉,不会为短期智慧的诱惑,背离上帝设定的轨道。

不仅是基督教,其他所有的宗教也都有这样的性质,即在人的思维中放入来世,确定一些基本规则,并让人们相信,只要遵循这些规则,人就能获得永生。尽管用有限生命的智慧看,宗教故事往往有些可笑甚至荒诞,什么死而复活,升天入地,什么玉皇大帝、土地公公、风水龙脉等,但是,它们确实是无限生命对有限生命的讽喻和规劝,因为无限生命就是以这种形式告诉人们,只要遵循这些规则,人类社会就能永远存在,长期发展。如果我们还有一点相信仁者爱人,有一点相信土地公公、风水龙脉,我们的社会道德就不会如此沦丧,我们的资源环境也就不会如此破败。在这个意义上,彻底的唯物主义者无所畏惧,就可能无所不为,因而也是最为可怕的。看来,我们不能停留在新文化运动的口号上,对科学与民主寄以过高的期望,而需要回到宗教中去寻找必要和合理的支撑。

只有在上帝确定的规则内运用智慧才能保证人类的永远发展,也就是说,不要用智慧去触及这些规则,在有限生命与规则之间进行选择时,只能选择规则,不能心怀侥幸,试图绕过规则,因为这些规则就是人类的道德底线。如果坚持这个规则要付出沉重的代价,那也只能坦然承受。如果既不想背离道德底线,又不愿为坚持规则而付出沉重的代价,那就必须事前将智慧用到极致,不要走到两难选择这一步。譬如,功课很好,无须考试作弊;产品优秀,无须假冒伪劣;为人坦荡,无须阴谋诡计……如果实在没有足够的优势,而败在哪怕是人家的不择手段上,也决不以不择手段去反败为胜,而宁可承受沉重的代价,求得在无限生命中的永恒。

写到这里,我仿佛看到了楚霸王的重瞳和宋襄公苍白而又镇静的脸色,他们幽幽的目光穿透三千年的历史尘埃,一直向远处延伸。无颜见江东父老就自刎乌江,决不靠阴谋诡计卷土重来。不乘人之危乃君子本色,即便兵败身死,也要整理衣襟戴好冠盖。不肖子孙哪,我们为你们作出在生命与规则之间选择的榜样,却遇到你们不屑一顾的讥讽,你们拒绝了无限生命的讽喻和告诫,那就只能在很长的时间内承受有限生命的狂妄代价。

2005 年 6 月 4 日

UBC 老师教学方法一瞥

尽管 UBC 商学院对访问学者听课有数量的限制,但我还是找到了规避的方式。听了五六门课后,我对 UBC 老师的教学方法有了大体的了解。可以肯定,我们老师的教学未必比他们差,但是,他们仍有许多值得我们学习的地方。

我听的"中级微观经济学"是一位正在申请博士学位的年轻老师上的,他来自香港,长在温哥华,操一口很有洋味的英语,神情腼腆,深得学生的喜爱。他上课时讲的几乎每一句话都写在黑板上,每一句话都紧扣着教材,没有旁征博引,没有案例和数据的支持,也没有一句废话。每堂课下来,总是要写上几大黑板,我看着他额角上的油汗,建议他用 PPT,但他觉得还是写黑板好。他每次上课的时间都控制得很紧,一分钟也不早下课,三节课的休息时间只有 5 分钟,有时连 5 分钟也没有。他讲课的思路很清晰,很容易为学生所接受。他对学生非常友善,开始几堂课他准备了五六本学习指导书,奖励给提问和回答问题好的学生。这里的书很贵,每本百余加币,转换成人民币,其奖励成本相当昂贵。他第二次上这门课,所选教材不无局限,我与他讨论,他同意我的意见,并打算下一次再上这门课时,换一本更适当的教材。

"初级微观经济学"是一位客座老师上的,据说他是律师,到 UBC 兼职。他很有风度和气质,也非常诙谐幽默,常常将被学生认为是枯燥乏味的经济学上得笑声四起,满堂生彩。他在上课之前和课间休息时总是放上一段很轻松活泼、与课程内容无关的录像,让学生有足够的放松。上课时为证明他的观点,他会请学生上去演示,扮演不同的角色,回答上课尚未讲的内容,然后比较他们相互矛盾的回答,作出解释。他还会丢一个球给某个学生,让这个学生再扔给他选择的同学回答问题。为了让同学理解边际效用和总效用的关系,他还请一位同学上讲台,给他吃块蛋糕,让他说出自己的效用感受。他在课堂中走来走去,做出许多动作,估计他学过体操,练过健美,所以,动作很有节奏和乐感。可以说,他把表情、手势和肢体语言发挥到了极致。他的语调抑扬顿挫,为了生动活泼,他会不断地变化嗓音,常常令人忍俊不禁。他讲的内容完全紧扣教材,创新在表达方式上。他使用投影仪,经常会修改胶片上与上课内容不尽匹配的地方。有时他还把同学带到大海边、草地上、绿荫下上课。最难能可贵的是,对于迟到的同学,他要求只能站在门口,没有他的许可,不准进入教室。

上"货币银行和金融市场"的据说也是位客座老师,传闻他非常富裕,教学纯属个人偏好。他的发音和风度都明显不及前两位老师,他的特色是很有自己的思想,他上课基本不讲教材内容,时常会说"这是 Newman 的模型",Newman 是他的名字。他的模型初听问题不少,因为我没有见过哪本书中有这样的表达方式,但仔细推敲后,发现他还是很有特色,很严谨。我问过他:"你的这些观点和方法出自何处?"他说,这是他的观点,出自他的论文,不过现在论文还没有写好,而他的论文据说已经写了有两个学期了。他上课没有讲义,只是带几支笔来,就在胶片上给学生推导。他的字迹偏小不易辨认,边写边修改,乱涂乱改,甚至会推导不下去,学生记他的笔记非常辛苦。我也建议他用PPT,他说,PPT不能反映他思路的过程,他要交给学生思考的方法,边说边写才能把过程充分显示出来。他无疑是有道理的,但是,对PPT功能的认识有局限,PPT也完全可以表现思考的每一个步骤,甚至表现得更好。我跟着他听了一个半学期的课(普通学期和暑期班),内容有很大的差别。他说,贝多芬的某个乐曲(我没有能听出英语名字),每次演奏都不一样,他从小就受到这个乐曲的影响,以至于他现在上的每次课都不一样。他的课从开始的地方开始,到结束的地方结束,基本没有总体结构的介绍,也没有最后的归纳和总结。尽管他的课程比较有难度,但学生们还是很认可他的课,给他很高的评价。我曾指出他推导过程中的两个问题,他想了一节课,然后非常高兴地告诉我说,胡,你是对的。

MBA的"远期和期权"课的老师在专业领域很有地位,他是北美这个学会的负责人,上课非常潇洒,随便讲讲,思路就显现出来了,很清晰,但是,他把学生的基础估计得太高,所以讲得非常简约,学生对他颇有些意见。MBA"金融市场"课是加拿大央行很有些地位的官员讲的,他是伊朗人,英语发音之糟糕使我对自己的口语也充满了信心。不过,他的专业功底很扎实,对于学生提出的问题都能随口用相应的模型来解答,但是,他也讲得非常简单,好像学生也都非常熟悉这些内容,只需稍微提示一下就可以了,实际上学生大都反应不过来。因为加拿大央行在宏观调控上很有特色,他的课有许多可以浓彩重墨泼洒的地方,可惜他没有充分利用好上课的时间。

他们的考试方式与我们差不多,有写文章的,也有作选择题的,考前也有一定的重点范围,甚至有的课给250分的复习范围,考其中的 100 分，学生可以自行选择组合考试的题目。他们期末考试成绩比重只有 60%，而期中考试比重达 40%，这就有效保证课程的最终通过率。有趣的是他们考试评分的落差很大，按照老师讲解应该给满分 12 分的题目，可能实际只给 5 分，所以每当成绩一公布，助教就坐在教室里，记录同学的修改要求，这肯定是在中国大学里看不到的景观。

  相对而言，我们的教学更加规范，基础更扎实，学生更贴近经济运行的实际，因为，我们强调统一大纲，重视理论联系实际。他们则更富有个性化色彩，更强调经济运行的规则，让学生掌握理解经济问题的思想方式，与实际的距离远些，经院味道更重些。总结来说，我们既应保持自己的特色，注重规范统一，夯实基础，也要追求生动活泼，增强人文内涵，让学生在愉悦中取得更好的学习效果。在遵循教学主体部分规范的同时，老师要有意识寻找天马行空的空间。学校则要允许个别基础比较好的课程，充分发挥老师的优势和长处，越出规范进行教学，这就有利于我们培养出既功底扎实又学有特色的学生。

2005 年 6 月 11 日

可爱的中国留学生

UBC 有许多中国留学生。放眼两百人的大教室,黑头发绝对居于主导地位,而黑头发中,中国人占据压倒的比例。中国学生不仅人多,而且聪明。据说,当地人对中国人很有意见,因为北美好学校的录取分数线被中国人炒高了。中国留学生不仅聪明,而且非常可爱,他们的见解和品德在某种程度上超过国内同龄的学生,你不与他们有深入的交流是体会不到的。

我认识的第一个留学生是来自上海的女生。她听说交大来了位访问学者,就主动过来与我打招呼,问我需要什么帮助,我们就这样认识了。然后,她与我一起讨论功课,请我去她家吃饭,给我介绍新朋友,带我出去玩。她长得很秀气,身高 1.72 米,比我矮两公分,但是,我开她的车却要把座位往前调。她的功课很好,很有自己的想法,哲学考试居然得了 100 分。外国老师也都非常喜欢她。她的家境很好,开名车、住别墅,生活很优雅,有吃喝玩乐几辈子都花不完的财富,可她依然非常努力学习,晚上打电话与我讨论问题可以持续到 12 点。她也经常感到矛盾和困惑,作为长女,她有责任继承父母的产业,并使其进一步增长。但是,她又觉得不应该依仗父母的财富,走父母安排好的道路,她希望到华尔街去工作,从最低处做起。她非常要强,至少在成绩上要超过别人,甚至也想过要当个女强人。同时,她又认为,作为女生的角色,温柔随和应该是她们的本色,绝不能张牙舞爪,风风火火。她的专业是经济学,同时她又在选修哲学和宗教的课程。我们相处得非常友好开心,可惜只有三个月。因为她获得了经济学排名在 UBC 之前的滑铁卢大学的录取资格,当然,也为了和她的男朋友相聚,她到多伦多去了。她临走之前又给我安排了两个男同学,轮流值日,每天陪我练习两个小时的口语。她经常打长途电话与我交流,父亲节的问候电话让我这个老资格父亲的心弦震荡了好长一段时间。

小 H 也来自上海,专业是工程学,他的历史知识非常丰富,对三国人物有非常到位的评价。他知道美国、中国和日本黑社会的差别。他知道二战时日本海军的整体战斗力不及美国,但是,日本有两艘航空母舰是世界最大的。他甚至能报出这两艘航空母舰的英语名字。他认为做人最重要的品德是忠诚,忠于朋友,忠于诺言,忠于职责。在实践忠诚的过程中,痛苦和快乐并存,且同方向变化。通常人们只看到痛苦的一面,却忽视了快乐比痛苦更大的一面。他能说出欧洲骑士与日本武士之间的异同,他很欣赏他们不名誉宁可死的价值观念。中国社会最缺少的支撑就是名誉与光荣,只有在战国时期,一些侠客义士注重光荣和名誉,并且用生命去殉这价值观念,以后朝代占主导地位的则是"成者王侯,败者寇",只讲成功,不择手段。现在这种情况变得尤为严重,太多的人不择手段地追求成功,从考试作弊到各种形式的假冒伪劣都是如此。中国社会要站在世界民族之林,光有经济和科技的进步是远远不够的,还必须从灵魂深处将价值观念转移到名誉上来。他也要以名誉为人生目标,甚至不惜追求光荣的失败。作为高年级的文科学生能有这样的认识已属不易,更不用说学工科的一年级学生了。更难能可贵的是,他不仅有这样的认识,更能在这种认识中倾注自己的感情偏好,有身体力行的充分思想准备。

小L来自广州,专业是经济学,父母都在国内,靠政府基金和贷款坚持学业。他一度染头发,追求时髦衣物。一年前,他突然醒悟过来,变得今天这样勤恳好学热情助人。他认为人要靠鼓励而不是靠批评,才能逐步转变思想,教育不能强制,而应启发内心的自觉。就像基督教所强调的那样,帮助人们形成和产生内在愿望,而不是迫使人们违背心灵的呼唤。小L是个受过洗的基督徒,不是家传的,而是自己选择的,这也是件很特别的事。他也认为中国人现在的功利性太强,他们太注重行为的结果,注重外在的回报,而不考虑行为本身的满足。他们根据回报的大小决定行为的取舍,却不太理解不求回报的心意本身就是做好事最大的报偿;而为额外补偿的动机,则会使人快乐程度下降。我在"文革"中读到过18世纪哲学家的类似话语,但这却很少在国内得到人们的赞同,包括我的一些学生都认为这是冒傻气,无利不起早,哪有从做好事的本身中得到满足的。之所以我们不做坏事,是因为做坏事要受到惩罚,而不是发自内心不愿做,不屑做。小L的理解估计与基督教文化有关,因为上帝要进入人的心灵,让人选择自己的行为,从善行的本身中得到满足。我们的儒家文化太入世了,以至于我们很难获得过程本身的满足,连学习过程都变成痛苦的"头悬梁,锥刺股",所以只能靠学习的结果"书中自有黄金屋,书中自有颜如玉"来平衡,这表明我们对过程本身快乐的理解太有限了。小L是个只有20岁的孩子,能有这样的认识真是太不容易了。

还有三个MBA的学生,他们是我讲解了一门UBC老师讲得不太清楚的课认识的。他们也常来帮我锻炼口语。他们都有各自不同的人生经历,对许多问题都有国内学生不太有的独到的理解。

有一个女生,父母都在国内,她十五六岁来到温哥华,除了自己念书以外,还要照料比她小 5 岁的弟弟。还有位学生,我与他只讲过几句话,他说,他一定回到中国去,要把国外学到的知识贡献给中国经济的发展,其真诚之程度,让我的血也为之热了起来。

也许 UBC 是名校,它集中了优秀的学生,我有幸遇到了这些可爱而又优秀的中国留学生。我对他们每个人都说,中国的机会最多,你们应该回中国去发展,我也期待着在将来中国经济崛起的舞台上能看到他们的身影。

我也听说有不少"富二代"在这里,开名车用名牌,花天酒地,十年下来居然不会讲英语。在我写完这些文字后,竟然让我遇到了一位一看就像是纨绔子弟的学生,他请我给他补习功课,许诺给我很多,我一样也没有接受,但还是给他补习了 3 个小时。在这个过程中,我知道他的基础一塌糊涂,不过上课还是挺认真的。他也不讳言以前不少成绩是靠作弊混过来的,并希望这次我能帮他作弊过关,我拒绝了。尽管有这种学生存在,但仍然不改变我对中国留学生整体的良好印象。

2005 年 6 月 18 日

培养兴趣的学习效果更好

加拿大的科学技术水平排在世界前列,但是,其基础教育水平却令人不敢恭维。之所以会有这样的差距,固然可能在于加拿大网罗了世界优秀人才,更在于其教育思路甚至是生活理念与我们的根本不同。这是我在温哥华深切感受到的。

UBC学生在学习上总体而言比我们学生认真,但是,上海交大学生的素质可能更胜一筹,因为,不止一个中国学生认为他们未必能考入上海交大。学费昂贵固然是学习认真的一个原因,更重要的是他们对所学课程有足够的兴趣。这不仅与他们整个教学体系有关,更与他们的生活理念有关,因为快乐和兴趣是他们生活的重要目标,甚至就是生活的本身,这可以从路上各种锻炼的人身上找到证明。这样的生活态度表现在初级教育上,就是他们中小学的课程比我们简单,7年级相当于我们4年级的水平,甚至他们的9年级还在教乘除法,中国的初三却已进入三角函数的学习了。学习的轻松使得加拿大成了孩子的天堂,他们有太多的时间玩乐,而不像中国学生背负着近十斤重的书包,做着到晚上十点都完不成的作业。很难说他们的初级教育没有问题,但是,在让学生发现和形成学习兴趣的意义上,早期玩乐不仅没有限制他们的高科技发展,甚至成了他们进一步发展高科技的基础。因为,为兴趣导向的学习可以有更高的效率,兴趣可以化所有的艰辛和付出为快乐和享受,有兴趣的学习不是外在的强制,不是为未来所得的无奈承受,而是为实现现在满足的内在需要,如果不竭尽全力学习,反而会感到痛苦和失落。在这种情况下,其学习态度自然认真,将来的科研成果,也不是受苦受难苦熬打拼出来的,而是享受快乐过程的副产品,是追求快乐的额外所得。这就像下围棋的人那样,苦思冥想之中自有他们一份极大的快乐,输赢却不是最重要的。可以肯定,真正的好棋手主要关注下棋过程的快乐,而不是输赢,不能从过程中得到充分的满足,而特别在意输赢的棋手肯定不是个好棋手。这就足以证明不能充分享受到学习快乐的学习,其效率只能是等而下之的。

我们的学习过程并没有多大的乐趣,对学习的态度只能是寒窗苦读,"头悬梁,锥刺股"等等,既然过程没有快乐,要坚持学习只能靠结果的"书中自有黄金屋,书中自有颜如玉"来支撑。"书山无路勤为径,学海无涯苦作舟"已经渗透到我们民族的灵魂深处,所以我们对那些认真读书的孩子称赞有加,就好像他们是被钉在十字架上,替我们大家受苦受难的耶稣一样。在这样的氛围中,原本有望领悟到学习快感的学生,也会让学习的快乐迷失在自我强迫的悲凉中。这不能不是我们相当一部分学生学习态度不认真,上课讲废话的重要原因之一。另外,即便那些坚持认真学习的学生,其效果也难免是等而下之的,因为他是在那里受苦受难苦熬硬撑地学,其效果怎么也没有快快乐乐地、充满乐趣地学好。此外,学生不喜欢与老师互动,老师的教学水平也难以得到充分的发挥,没有教学相长,教学质量很难有大幅度的提高,学习效果就达不到加拿大的同等水平,这一定会从基础上制约我国科研水平的提高。

在上海交大管院50周年院庆时,UBC尚德管理学院的副院长发言时说,上海比十年前"长高"了,这是中国人艰苦奋斗的结果,但是,他希望上海下一轮的"长高"将建立在人们的快乐和享受之上。这个发言使我深感震撼,因为,如此增长和发展的理念与我们宣传的艰苦奋斗有着根本的不同,快乐和享受与我们的传统好像也相去甚远。然而,天下大势原本处于不断的变动之中,革命党都要顺应这种大势转变成执政党,更不用说经济增长的方式了,以艰苦奋斗开始的增长方式也一定要让位给快乐和享受,这正是所谓"居马上得之,宁可以马上治之乎"的现代经济版,目前国定长假的刺激消费和发展旅游业就是用快乐和享受振兴经济的一个证明。艰苦奋斗需要很高道德水平支持,但它与人们追求快乐和享受的本性相悖,所以不具有自发的可持续性,这就无法使经济从系统内部获得必要的支撑和扩张的推动。追求快乐和享受则是人的本性,建立在这个基础上的总需求有望持续稳定,并不断增长,相对于艰苦奋斗而言,这能使经济从系统内部获得自发增长的持续动力。转变经济增长的方式并不意味着原来的增长方式不适当。因为,在产出比较有限的时候,只能抑制总需求,提倡艰苦奋斗。等到生产能力扩大超过总需求的时候,主张快乐和享受则有助于促使总需求跟上总供给。原来提倡艰苦奋斗没错,现在主张快乐与享受也很有必要,这就是顺势而为的变通。

马克思说,随着经济基础的变更,全部上层建筑都会或快或慢地发生变革。经济增长方式的转轨势必影响社会生活的一切方面,学习方式也一定要实现相应的转轨,不仅因为尊重人们的基本欲望已经成了这个时代社会管理的主旋律,过程快乐的重要性已经远远超过任何可能的结果,更因为以快乐和兴趣为基础的学习有更高的效率,而提高效率是人类社会永远不变的主题。更何况,我们正在进入终生学习的时代,如果学习不能快乐,那就是终生受苦,这是不可想象也是不可接受的。然而,实现这样的转轨要思想的领先,又要有社会运行机制的健全,它不仅表现在教育的层面上,而且需要社会生活所有领域的支撑,所以这个转轨将是个相当漫长、急切不得而又无可奈何的过程。

2005 年 6 月 18 日

眼中有色,心中无色

UBC 大学周围有许多非常漂亮的海滩,碧绿青翠的草地一直延伸到大海边上,但是,最著名的却是 Wrecked Beach。其实,这个海滩就是一大片沙地,一点不显漂亮,但是,因为聚集了裸体晒太阳的人,而享有世界级的声誉。但凡到温哥华来的人大概没有不到这个海滩来的。这个海滩的景象足以让我们反思中国文化的某些局限。

6 月末的一个下午,天气突然转热,朋友驱车带我去这个著名的海滩。我们到达那里时,那里已经有很多人,好不容易找到泊车的地方,然后走上 15 分钟向下的石阶才到达那个海滩。因为,石阶都在绿荫覆盖之下,一走出绿荫,就像走出山洞一样,海滩的阳光显得格外的灿烂。那里已经聚集了很多人,白人和黄种人都有,他们大多裸体面对大海和西下的阳光,或走或站或躺,或男女聊天,或奔跑打球,或静静地躺在那里读书睡觉,连卖纪念品、冷饮的小贩,捡易拉罐的人也都一丝不挂。那些寻常看不见的器官,不管是丑陋的,还是优雅的;是象征图腾的,还是显示骄傲的;是令人浮想联翩的,还是让人不屑一顾的,都无拘无束地在哪里活蹦乱跳,任意晃荡。那些穿行在坐着躺着的人之间的小贩晃荡得尤为厉害,特别是在交易的时候,他们的腹部离购买者的脸非常之近,购买者的视线都无法不触及他们的隐秘之处,可谁也没有不自在地遮掩和避让。可以看得出,他们中的很多人是同事、朋友和同学,平素大家都以衣冠遮蔽身体,保持着一定的距离,现在如此天体相见,其中必有许多新鲜好奇,将来的关系也一定会有微妙的变化(至少按照我们的眼光判断),但我却没有从他们的神态举止上发现丝毫异常。

有人说,裸体者大多体形不佳,否则他们怎么舍得让人家白看,这是典型的中国式小家子气的思维。我看到的许多金发碧眼的窈窕淑女,她们可能就是UBC的学生,不仅曲线玲珑,而且白得耀眼,照样脱得一丝不挂,丝毫没有羞涩忸怩之态。当然,体态臃肿和瘦骨嶙峋者也有,但比重似乎还小一些。可见,裸体者只是为了在这里晒太阳,裸露本相,与大自然融为一体,根本就不在乎周围人看不看、怎么看。我们在男女大防、授受不亲的文化中长大,我们的眼光就是,春光外泄已经是给旁人占了便宜,更不用说一览无余了。她们却只顾自己便宜(方便适宜),哪管外泄春光让旁人怎么想。不仅在这个海滩上,即便在教室里,还有其他公共场合,也都可以看到穿着上下短了很大一截衣裤的女孩,前面露出肚脐,后面则在弯腰时露出腰部以下一大块,配上白得耀眼的肤色,实在让我们这种文化泡大的人感到头晕目眩,可她们却没有丝毫的不自在。

为了表示对周围人的尊重,我们也假模假样地脱掉上衣,穿着短裤,戴上墨镜在海滩上游走起来。照理我们也应该脱光了像旁边人一样,但是,我们的心理障碍太严重了,以至于没有任何国人监管的情况下,我们也不敢越过雷池一步。戴上墨镜则是为了避免眼球乱转引起旁人的注意,可以更好地观察、了解和欣赏这样的文化。来这个海滩的不仅有成人,一些年轻的父母甚至带着小孩参加在中国少儿绝对不宜的活动。我还看到两位警察在那里巡逻,他们那副轻松悠闲的样子,就像是赶麻雀的稻草人,这就足以证明这海滩秩序的井然了。

十多年前,我在上海东方台作谈话类节目的嘉宾,曾经信口胡说过,为什么其他动物都有发情期,人却365天都能做爱,就是因为人穿衣服,想象力刺激了他们的欲望。没想到我的信口胡说还真成这个海滩上的真知灼见了。面对那么多全裸的女人、那么动人的曲线和肤色,我居然心平如镜,丝毫没有半点有关性感或占有之类的冲动。这是没有到过那里的人所不相信的,也是我自己很惊讶的。我不是道学先生,也绝对没有柳下惠那种"坐怀不乱"的功力,但是,这样的环境就是让人"思无邪"。即便是"寡人有疾"齐宣王到了这里,也肯定是"眼中有色,心中无色",这就是公开和坦然的效应。但若反过来"眼中无色",则难免"心中有色"了。中国文化的遮遮掩掩、半推半就、欲说还休、犹抱琵琶半遮面,才真的撩得人心旌摇荡,难以自持。所以鲁迅先生当年要嘲弄国人,一看见短袖衫就想起白胳膊,就想起全裸体,想起性交,想起杂交。可是,他没有说,可能不知道世界上还有这样的海滩,一看到全裸体就什么也不想了,就像谣言止于智者一样,想象力也止于什么都看见。显然,所有的问题都产生于不让看,不让看才刺激了想象力,并使其变得过度夸张,甚至有些不太健康。而在这样一个天体的环境中,人的心态则会变得平和、坦然和纯洁。这也从一个特殊的角度证明改革开放的重要。当然,这样的坦然平和也减少了骚动和刺激,与性相关的快乐满足程度势必有所下降。至于这种快乐和满足的基础是否完全健康,那就另当别论了。我们在海滩上逗留了半个小时就往回走了,此时山阴道上目不暇接,赶去海滩的人络绎不绝,好像那里热闹的高潮还没有开始。

显然,把我们的理念转移到他们的轨道上去确实具有非常重要的意义,但是,我们在很长的时期内都不会出现类似的天体海滩,因为我们未必能承受这个转轨过程中的震荡和紊乱。当然,我们不能只看到这种过程中的紊乱,而认为"祖宗之法不可变";也不能只看成功后的得益,而低估转轨的成本和代价,所以必须逐渐、稳妥、充分考虑社会承受力地推进转轨和改革,这不仅是对天体海滩而言,它对其他转轨和改革也都具有普遍的意义,我想。

2005 年 6 月 25 日

缴税换福利

温哥华是 BC 省的一个城市,许多移民说,这里的福利制度好得像社会主义一样。仔细听他们解释,你会发现这并非夸张的溢美之词。尽管他们的税率也很高,但是,这个制度确实有值得我们思考和学习的地方。

温哥华的税收体系非常复杂,不是专业人士几乎很难搞清楚。他们每年都有一本大开面的小册子,介绍有关税率,以及公众应该缴纳的税收和税种。可以拿来与我们作简单比较的是:他们个人所得税起征点为年收入 8000 多元,相当于每月收入 700 元左右。家庭成年成员之间的免税额可以共享,超免税额部分才开始纳税。此外,还有许多可以抵扣税的项目,如孩子教育基金、读大学的学费、看牙齿等不在医保范围内的医疗费和捐款等,各种抵扣费用加起来甚至可以达到 18000 元。他们的收入达不到起征点,不仅无须纳税,甚至可以退还部分购物缴纳的 7% 的联邦消费税。

低收入家庭的孩子每月可以享受最高达 250 加币的牛奶费,这样的补贴金额足以满足成人一个月的伙食费。随着收入的增长,税收累进也增加,年薪 70000 以上的,要纳将近 29% 的税。从数字上看,低收入家庭的税负比较轻,高收入家庭的税负就相当重了。但是,根据《福布斯》杂志对世界各国税负包括痛苦指数的排名看,加拿大还是比较靠后的,而中国则跟在法国后面排在世界前列。尽管对这种排名的合理性不无争议,但是,中国税负较重恐怕没有问题。所以,加拿大的排名可以在中国的后面,可能与其高社会福利有关。

BC省永久居民可以获得一张医疗卡,每月需对此卡缴纳40元左右加币,3人以上都是150元,平时看病要付药费,生病住院就无须缴纳任何费用,包括吃饭费等。该卡覆盖的范围很广,除了看牙齿的费用外,竟然包括所有器官移植费。该卡的月费通常由雇主代缴,低收入家庭则可以免费持有此卡。

在温哥华,我看到过几次一些人在排队。当地人告诉我,这是贫困家庭在那里领牛奶和面包,不需要任何凭证,只要站在这个队伍中,就能拿到所需的食品。

温哥华人失业,满足一定工作量和失业金量条件的,可以得到一定数量加币的补贴,但补贴金额随时间的推移而递减,其目的是促使失业者努力找工作。65岁的人可以领养老金。居民住满40年后,政府会给予500左右加币的补贴,此外还有各种收入补贴,加上公司平时提取的养老保险金等,两夫妻的各种补贴可超过2000多加币,可以生活得相当舒适。病人、残障人士还可以得到各种名义的补贴和保障。小孩子读到高中毕业,除了买文具外,不需要付任何费用。甚至流浪汉也可以有很好的去处,不仅有足够的食品,还可以洗澡和取暖。所以,当地人认为,流浪汉大多是些心理有障碍的人,他们不是贫困和无奈,而是自己选择了这种生活方式。

一些华人移民说,加拿大的税负确实很重,但是,有这样的好山好水好环境好空气,缴纳这样的税也值了。确实,政府要保持这样的环境,保证每个社区都有很大的免费图书馆,保证有上百个免费的社区和国家公园、先进的体育设施,以及美丽的小区环境等,要承担相当可观的费用。

温哥华几乎无法逃税,因为税制严格和惩处严厉。同时,每一笔收入都要纳税,基本点为22.5%,年底算总账,如果没有达到起征点,这部分税收全额退还。现金交易可以逃税,但是,他们都不愿意这么做,不仅因为支票和刷卡比较安全方便,更因为政府对现金的使用有很严格的管制。我刚到温哥华,将10000多加币经费存入银行时,银行负责人就对我盘问了很长时间,尽管他一再对我表示歉意。

相比较而言,中国的税负不轻,所得福利却比较有限,这恐怕是中国税负排名比较领先的一个重要原因。2005年,我们个人所得税的起征点是800元,即便沿海地区加上地方财政补贴后的起征点仍要比加拿大低很多。我们没有什么抵扣项目,读大学的费用必须由家庭自己负担,中小学义务教育阶段也有不少支出。我们看病虽然有医疗保险,但自己必须承担比较可观的部分,而且可覆盖的范围比较有限,几乎不能承担器官移植的费用。我们的养老金比他们低,流浪汉的待遇、环境漂亮程度都不能与之相比。如果考虑农村的情况,差距就更大了。农民要在城里缴纳所得税,回到农村还要交各种费,用于农村福利的财政开支非常有限。以向总理说实话而著名的李昌平说,国家财政是市民财政,农村的基础设施都是农民集资办起来的,但产权却属于国有。我国的税负不仅不尽合理,而且我们征税的跑、滴、漏、冒相当严重,因为我们的现金交易相当普遍,货币体外循环的现象也比较严重,税务部门并没有将应收的钱都收上来,所以,我们的实际税负要比名义税负轻。但是,能够得到这种好处的却往往是应纳高税率的人群,这又与税负的公平原则相悖。

也许这样的比较并不具有实际意义,如果他们的劳动生产率比我们高很多,他们可以筹集到比我们多得多的资金,然后他们可以给公众提供较为优越的保障。但实际情况是,他们的劳动生产率固然较高,但更重要的是,我们财政资金的使用方向问题不小。据说我国已经达到26个人养一个吃财政饭的历史最高水平;每年请客吃饭,公款消费达到每年吃掉12艘航空母舰的地步。在这样的开支水平上,想要降低税负,不亦难乎!所以,要理顺我国的财政收支关系,就要从控制财政支出入手,但是,这是个长期而又非常艰巨的工作。

加拿大也有财政支出不尽合理的问题,提高穷人的生活保障,让富人承担较高的税率,这固然有利于社会公平,却会使生产效率下降。因为,穷人缺乏努力找工作的动力,富人则因税后收入增长缓慢,而不愿进一步扩大生产规模,这就使得社会生产水平低于它潜在的应有水平,几乎所有的国家都没能很好地解决这个问题。

2005年7月6日

不敢恭维的工作效率

加拿大人的工作效率实在令人不敢恭维,特别是服务质量。但是,这种低效率在很大程度上并非懒散和吊儿郎当的结果,而实在与他们人工太贵,有关法律规定太死有关。

我们有位访问学者,来了两个月后才拿到办公室的钥匙,我觉得很不可思议。拿钥匙再简单不过了,可是,他们的程序很多,最后我的钥匙也是两个月后才拿到的。温哥华的公交系统很发达,但是,时间间隔很长,8分钟几乎是最短的,晚上更要长达半个小时,最麻烦的是它还屡屡误点,且与网页上公布的时间不一致,以至于我们常常要在车站上心急火燎、六神无主地等上半个小时。在中国绝对不会有这样的焦虑,因为几分钟内可以有好几辆车到来。另外,他们大多数银行的工作时间是早上10点到下午4点,周六周日完全关门,这在国内也是不可思议的。我们银行的不良资产虽多,但是,工作的勤勉程度却远远超过加拿大同行。他们的公共事业电话都是很难打通的,包括东航驻温哥华的办事处,我常要拨打几次,耗费很长时间才能接通。特别是最后要求电话局中止电话,提前付款时,在拨通后50分钟还让我听音乐,没有人来处理我的事务。在国内我还未曾有过类似的经历和感受。

旅馆服务更是糟糕,我们去班佛国家森林公园旅游,一路的旅馆服务都不见长。最后几站,甚至洗澡热水只供应一个小时,可以喝的冷水都没有,更不用说是开水了,我们只能到超市去买水喝。对此,加拿大人居然没有抱怨的,可见他们已经司空见惯了。相对而言,中国的旅馆服务要比他们强多了,不要说饮料、茶叶和咖啡全部到位,若有抱怨,经理都可能会如临大敌,认真对待。最可笑的是,因为没有防滑垫子,我们有人在浴盆中摔倒了,同行者颇有怨言。旅行社的人居然说,这一路的旅馆服务不行,我们回去向上司汇报,下次不与他们签约了。好像下次不与这些旅馆签约就能弥补我们这次的损失一样,其思路简直混乱。我们提出这个问题,他们也很不以为然。还有一次,交大的一个学生团来到UBC,他们是2点多到的,学生旅馆的柜台上说,要3:30才能进房间,因为房间还没打扫好,最后我们等到3:50才进了房间,搞得刚下飞机的学生怨气冲天。这种情况发生在国内,恐怕是不小的事故。

然而,请不要把这里的低效率与工作态度不佳联系起来。由于经常进出这里的办公室,我发现人们都非常认真忙碌,没人闲聊或者玩电脑游戏等。这种景象在我们的办公室委实并不多见,我们总难免有人在哪里闲聊,心不在焉,甚至玩电脑游戏等。为什么都在勤勉地工作,其服务质量仍然如此低下?有次我在电话里抱怨的时候,另一头的工作人员告诉我,人工费太贵了,老板为了节约成本,就少用人,所以无法及时应答客户的提问。而之前我遇到的一件事更使我明白,他们的法律由于过于繁琐细碎,也成了他们工作效率的制约因素。

那天,我在车站等了15分钟,总算幸运地等到了7路电车,正暗自高兴时,这电车的"辫子"就脱位了。驾驶员下车,试了几次都不成功,最后他上来宣布,车子出故障了,大家都下去,等下一班车。下车后的一干乘客等都乖乖地在车站上等下一班车,只有我心急火燎地看着驾驶员在那里努力。电车"辫子"下面的绳索缠住了"辫子",使得这"辫子"挨不着上面的电线。驾驶员在下面直甩绳索,试图将其解开。以我多年锻工生涯的经验,看得出在下面甩绳索是无法将其解开的,所以,我对驾驶员说,只有爬上去才能解开。他回答我,法律不许可爬上去。尽管如此,他犹豫了一会,最后还是试着爬了一下,可是因为个头太大、动作笨拙,没有成功。我自告奋勇地爬了上去,帮他把绳索解开,电车开动了。驾驶员高兴地与我握手,大声地称赞道:你真是条汉子,以后坐我的车不要买票了。不过,临下车时,他还加了句,今天的事要保密,因为我们没有梯子就爬上电车顶部是违法的。法律居然管到了这种最细枝末节的日常工作操作,这本身就有些荒谬。因为,法律工作者不可能真正知道哪些日常操作有危险、哪些是安全的,他们只能做一个一般意义的规定。由于实际情况差别很大,大量没有危险的问题与少量有危险的问题一齐被搁置一边,工作人员解决问题的积极性和创造力就会受到最大限度的束缚,工作效率自然无法得到提高。当然,劳动者的安全确实得到了最大的甚至是毫无必要的保护,消费者的利益则相应遭受损害,他们只能毫无必要地浪费大量的等待时间。不仅于此,他们的文化也制约了问题的解决。在中国,乘客中一定会站出很多人来,七嘴八舌地为驾驶员出谋划策,甚至各显其能,哪像在加拿大,只有我一个人站出来,"上蹿下跳"。其他人都是事不关己,高高挂起的冷静看客。群众发动不起来,工作效率提不高,那也是非常正常的。

中国的服务质量和效率明显要比他们高多了,其中很重要的一个原因是,我们缺乏统一的标准,更不用说法律对具体事务的干预了。每个人按照自己的理解处理事情,确实可以大幅度提高效率，但是，事故发生概率相对也很高，这就有事故损失大于提高效率好处的可能。加拿大的情况正好反过来，标准太统一了，个人发挥能动性的空间很小，大家都不作为，效率低，事故发生概率也低，于是降低效率的损失可能大于减少事故的得益。可见，中加两国都要努力，中国要在保持效率的基础上降低事故，加国则应在控制事故的前提上提高效率。当然，说起来容易，如何确定效率和安全的边界仍然非常困难，因为不属于本文讨论范围，所以只能就此打住了。

2005 年 7 月 13 日

我的房东唐太太

到温哥华5个半月多一点的时间内,我按计划完成旅加散记20篇,所以决定封笔不写了,但是,在机场登机时,我又有了憋不住要写我的房东太太的强烈冲动。因为在她身上,我看到了我们民族久违了的传统美德。不把它写下来,不仅对不住我的房东,更对不住这么多年来我们一直对"传统美德兮,归来!"的呼唤。

房东唐太太来自台湾,她长得高挑、丰腴白皙,加上爽朗的笑声和干脆利落的动作,将近六十岁的年纪,看起来也就只有五十出头,我常说她保养得好,驻颜有术,她却大呼冤枉,说是从来不保养。唐太太祖籍河南,父亲是国民党军官,带着她一家退到台湾。二十多年前,唐太太一个人带着三个孩子来到温哥华,最小的儿子只有四岁,举目无亲,口袋里没有几块钱。她从非常底层的工作做起,搞过清洁,刷过油漆,吃了不少苦,后来开了房地产公司,有了很大的家业,给三个儿子每人两幢 house。唐太太常常说,她基本上已经退休了,但是,她还是每天出去忙碌,出门前她总是给孩子们做好饭。她说,这是对孩子们的补偿,因为她过去太忙了,没有很好地照顾孩子,现在要尽可能做得好一些。她的孩子有时也惹她生气,可她还是宝贝宝贝地叫,让我们这些外人平添许多羡慕和感动来。

唐太太对我们房客都非常友好,有好吃的经常与我们共享。

可惜上海人太会假客气,即便非常想吃,没有人家三四次的邀请,我们还是假模假样地谢绝。偏偏唐太太像西人一样直率和坦诚,你不吃她也不坚持。最后我只有眼睁睁地看着她把好吃的东西收了起来,心里实在有说不出的遗憾。有一次他儿子舀了我锅里的饭,以为是他妈煮的,第二天她又是煎饺又是糖糕地补偿给我,这一次我吃得最为自在了,只可惜他的儿子再也没有舀错饭。知道我喜欢看电视连续剧,她就把家里许多的盘片都借了给我。她很羡慕我能在计算机面前从早到晚不间断地工作,她自己只能持续一两个小时。她更佩服我能在看电视的同时写出那么多文章,特别是能写出值得她非常赞赏的文章。她很喜欢孩子,常常很关切地了解与我讲英语的 UBC 学生的情况,邀请他参加她家聚会。在与小朋友说话时,她眉宇间有一份浓浓的化不开的慈祥和关爱。只可惜她的孩子都没有结婚,如果有第三代的话,她一定会是个非常开心非常慈祥的奶奶。

知道我要走了,她提议用车送我去机场,并邀请我吃饭,还要我带上我的儿子和那位小朋友。最后我们开车去了很远的唐人集聚的地方吃大龙虾,一顿饭吃掉了 199 块加币,其中酒还是她从家里带去的。转换成人民币,这顿饭要 1300 多块。吃的时候她还再三表示歉意,说是没有估计到今天饭店有这么多人,本来可以让我们吃得更好些。听说我想了解同性恋酒吧,她就打算带我去见识见识,只可惜那天晚上是温哥华的烟花节,我们要去的地方交通堵塞,所以没有去成。饭后她坚持要送我那位小朋友回家,多开了近一个小时的路。后来,她还要送我儿子去 UBC,若不是我们坚决推辞,一来一去,她又要多耗半个小时在路上。其实,我的良心也算很不错,也很愿意帮助别人,但怎么也做不到她那个份上。最让我感动的是,今天早上她对我说,胡先生,我可以不可以把你的菜刀买下来。我奇怪地问,为什么?她说,另外两位房客都喜欢用你的刀,我想买下来让他们用。她已经给房客们提供了各种各样的刀具,只不过房客的偏好有所不同,她没有义务再为他们买刀,可是,她还是想让房客们更高兴些。听了这样的回答,谁的心都会发软发烫。现在有太多的人为了降低自己的成本,不惜赖掉自己最基本的责任,哪有像唐太太这样,为了让别人高兴,而宁可承担额外开支的?

我生在阶级斗争的岁月里,长在不要与陌生人说话的氛围中,提防别人、不要吃亏的动机似乎已经成了我们的本能。用我们的思维无法解释唐太太的动机,因为我要回家了,以后远隔千山万水,我们之间几乎不会有利益和方便的往来,这就决定了她现在承担的友好成本不太可能有回报,她也肯定明白这样的格局,但是她依然待我如此友好,这只能说明她就是这样的人,她的品德如此,没有那么多利弊得失的思考和权衡。然而,这样的品德对我们来说,已经变得非常的陌生而又遥远,因为在我们的工作和生活圈子中,能够这样做的人已经非常少见了。就像鲁迅先生当年面对劳动者的品德高大,感叹自己的"渺小"从皮袍下面被压了出来一样,我,面对这样的房东,面对这样生活在加拿大土地上的中国人,更是感觉我和我们许多人,甚至我们这一代人的灵魂都被烙上了"渺小",而且无法遮盖,无处躲藏。

使我感到庆幸的是,我一直坚持到最后,也没有说关于押金的事,因为我的朋友和家人都提醒我,千万要强调押金,免得房东假装忘记不还你,因为现在这种情况很多。我被他们说得心里有些发毛,但又实在说不出口,因为,说出这个话来就是对唐太太的不信任。果然,临走的时候,她主动签了张支票给我。要是我贸贸然对她强调押金的事,她肯定不会说什么,我却一定不能原谅自己对她的冒犯。

我不知道我是不是还能再去温哥华,如果不能再去的话,我要在上海遥祝她风韵永存,孩子早日结婚,给她生下满堂孙儿。如果我能重返温哥华,我一定带上一把菜刀送给她,因为这次我已经把菜刀送给了另一位房客;另外送她一叠上海最新的盘片,因为她喜欢看大陆拍的电视连续剧。

温哥华时间 2005 年 7 月 31 日于飞机上

聪明反被聪明误

外国人不见得比我们聪明,这已经是不争的事实。早在改革开放之初,就有人说外国的工程师只会做好他们的日常工作,哪像我们的工程师,"买、汰、烧",还有木工、电器活等等,你能想到的他都行。当时,我以为是我们的社会服务系统不及人家,什么都得自己干,当然能有比人家更为全面且更强的技能。后来我到温哥华呆了半年,我儿子也去那里读书,我们发现问题绝不那么简单。

有一次,我在温哥华坐电车,"辫子"脱落了下来。驾驶员叫乘客都下车,然后试图把"辫子"对准电线,没想到他竟然将下面的绳子缠住了"辫子"。驾驶员汗流浃背地甩着绳子,却怎么也解不开。我对他说,只有爬上去才能将绳子解开。他却说,法律规定不可以爬上去。话虽这么说,他还是被我这个智慧的提议所诱惑,笨拙地爬了一下,没有成功。我忍不住替他爬了上去,解开缠绕的绳子。车子启动了,他对我跷起大拇指,当着一车人大声说,你是个真正的男人。我真想告诉他,我是中国一所著名大学的教授,不过我怕他的嘴会惊讶得合不拢,因为对分工很明确的社会来说,教授好像不应该具有这种跨专业的才能。

我儿子在国内不过是成绩一般的大二学生,可到了温哥华哥伦比亚大学留学,不仅帮白人补习数学、物理,甚至还补习经济学。他说,他们学的东西比我们简单得多了,所以,他在国内的那些知识很有用武之地。外国人给他最高每小时 25 加币,乘上人民币汇率,比国内普通大学的副教授挣的还多,乐得我儿子屁颠屁颠地,在我面前说话都有些忘乎所以,我在 MSN 中提醒他,不仅商品有期货,欠揍也有期货,不要回来后让我加倍修理。儿子告诉我,像他这样在学习上有优势的华人并非个案。我在温哥华时也发现了这点,许多朋友也告诉我同样的感受。

为什么个体上有优势的中国人加总起来却不及个体上没有优势的外国人?这是个涉及面很广、很值得深入分析的问题。本文不讨论与中国人"窝里斗"的文化秉性相关的内耗损失,而只想从制度功能和经济行为的角度作一点分析。确实,社会配套服务系统发达,对个人的技能要求就会下降,个人才能难免相应下降。在这个意义上,美国人嘲弄小布什总统低智商的大不敬,在一个侧面反映了他们制度的健全、完善;我们领袖人物的伟大,则在一定程度上表明我们的制度建设存在不少欠缺。这种个人素质与制度的关系很像是人和武器的关系,冷兵器要求个人炼成踢腾跳挪,甚至金钟罩,先进武器则只要个人会扣扳机,甚至不需要瞄准。当然,这样的解释还不够,还需要从以下方面展开。

外国人往往按照规则而不是智慧行事。那个电车驾驶员就是个例证,如果不是我的怂恿,由于法律禁止他爬上车顶,他就不会有这样的尝试。他们按规则行事和我们的由智慧导向在此可见一斑。按规则行事就是不能越过规则的限制,不管在这个背后有多大的利益。而由智慧导向则只要成功就可以做,利益越大越可能不顾一切。按规则行事比较容易建立起诚信、良知和正义等规则来,因为规则要求遵循,而不问是否违反个体的效用或利益最大化,甚至智慧止于规则,只要有限制,就不必思考为什么。这种对规则的敬畏大概就是康德所说的"内心神秘的道德法则"。智慧导向则只要能够规避损失和代价，就很可能无所不为，伦理问题随之堕落为技术问题，滥用智慧很可能会越过道德底线，于是制假贩毒、哄骗欺诈、阴谋诡计、假冒伪劣、坑蒙拐骗等层出不穷，泛滥猖獗。对个人来说，用苏丹红4号染红蛋黄、用避孕药喂粗黄鳝的智慧绝对令人惊叹，但如果大家都这么行事，则一定引来相互提防，这就极大地提高了交易成本。个体聪明实际上是群体的愚蠢，外国人的个体智慧止于规则，不能做的事就不能做，不要问为什么，也不可以权衡利弊，大家都按规则行事，就能形成相互信赖，交易成本大大下降，个体的不聪明反而成了群体的最大聪明。

外国人往往在更高的层面上以简单的方式解决问题，而不像我们在较低的层面上运用智慧。譬如，我们用了九牛二虎之力从经济增长的角度证明产权明晰、生产要素包括劳动力和资本自由流动，以及个人在银行系统之外汇聚和集中资金的重要性，外国人则用一句"自由、平等、博爱"，就从根本上和更高的层面上轻而易举地把我们竭尽全力已经解决和没有解决的问题都解决了。因为只要把这句话写在社会的旗帜上，产权就一定明晰，劳动力和资本一定可以自由流动，汇聚和集中资金甚至成了个人的权利，他们就可以在"自由、平等、博爱"的平台上研究它的完善和落实，以及以此为基础的高端问题。我们只是在经济层面上理解产权明晰和要素自由流动的意义，这就制约了我们对这些概念的文化伦理价值的理解，而没有文化伦理价值理解的支撑，仅仅在经济层面上，则未必能很好地解决这两个问题。可以说，外国人对产权明晰和要素自由流动的理解未必比我们透彻，但是，他们的智慧却有很多超越我们的地方。就像外国人的自行车未必比我们骑得好，但是，他们更会驾驶汽车,所以他们能跑在我们前面。

为什么我们在低层面上思考问题,他们却能在高层面上解决问题?因为我们还没有摆脱"普天之下,莫非王土;率土之滨,莫非王臣"的制度和文化惯性,以致在我们制度文化的各个方面和各个层面上都可以看到这种惯性的烙印。譬如,之所以要强调产权明晰的重要性,就是因为产权不完全为个人所有,国产和私产之间还有着"剪不断,理还乱"的关系,资金只能控制在国家手中,因此只能从经济效率角度强调产权明晰的经济意义;由于过去劳动力不能自由流动,甚至也不该自由流动,现在资本流动还要受到许多行政限制,一旦个人可以积聚资金则一定会扰乱国家的金融计划,所以只能从对国家有利的角度说服管理层允许劳动力和资本自由流动,允许个人进行集资活动。所有这些证明都不是建立在个体利益,而是建立在国家利益之上的。从国家利益的角度证明这样做的必要和合理,根据这样的思路形成的规则往往符合国家利益,却未必符合个体的利益。尽管在长期中和本质上,国家利益与个人利益有着高度的一致性,但是,只有有限生命的个人等不及未来长期和本质利益的实现,他们只能用智慧来实现和张扬自己现在的利益,这就会突破既定规则,从而引发许多超出本文所列举的弊端。相对来说,外国人的规则以个体权利和个人利益为基础,遵守规则首先符合个体的权益,然后才是群体和国家的利益,所以他们滥用智慧的压力相应要比我们小得多。

如果我们处在外国人的位置上,发挥我们的智慧,我们一定能将问题处理得比外国人好。但是,我们却没法这样运用我们的智慧,因为,一旦处在他们的位置上,我们面对和需要解决的是完全不同的问题,我们的智慧既不会形成,更难于持续。于是,我们就可能变得像外国人一样"笨",但是,我们的整体效率却有希望像外国人一样高了。

2007 年 2 月 20 日

渥太华的国会山

据说加拿大的首都曾经换过好几个地方,但最终定在渥太华,是因为维多利亚女王认为这个地方离美国最远,可以避免美国人的侵略(我一直以为加拿大是美国的小兄弟,却没想到加拿大会对美国有这样深深的忧虑,我们老祖宗的远交近攻战略真是放之四海而皆准啊)。也正是因为这个首都所在地是英国女王御赐钦定的,所以渥太华国会山特别表现维多利亚时代的建筑风格。同时,作为国家的政治中心,它的许多建筑都凸显着爱国的主题。

加拿大的国会大厦由三栋大楼构成,都是维多利亚时代的建筑。中间那幢最有气派,主体部分有我们房子的近15层楼高,但按照窗口计算也只有八九层高。中间有座很气派的钟楼,每隔15分钟就要播放很有气派的音乐。屋顶是铜绿色的,除了钟楼以外还有若干尖顶和烟囱,窗户上圆拱下方形,墙面上有很多灰暗的水痕,比上海马勒别墅的古堡气派大得太多了,它显示着年代久远,世事沧桑。主楼两边还有两幢造型差不多、很对称的大楼,只是没有钟楼。站在这样的建筑前,就好像站在满脸褶皱、穿戴整齐、扑着香粉、带着假发套的贵族面前,有几分敬畏、几分感慨。国会大厦背靠着一条大河,从加拿大国家博物馆侧面望过去,尤其是在细雨霏霏之时,远处高耸的钟楼、河上雄跨的桥梁、岸边婀娜多姿的垂柳,还有鲜花绿树环绕的雕塑都在烟雨朦胧之中,很有一种高贵典雅气派的美。

在三幢大楼的中间是很大一块绿地,有两个足球场大小,养护得非常好,青翠碧绿,非常厚实,踩在上面就像踩在羊毛地毯上一样。绿地的中间是宽宽的走道,靠街的一面,有个很大的圆盘,中间有水在流动,水上面有火在燃烧。圆盆的边上刻着纪念日期,落款好像是2006年,这火已经烧了3年了。因为火是靠天然气烧起来的,所以火飘在水上,即便下大雨也不会熄灭。这里的水火交融,不知有没有更深的寓意,是不是说连水火都能交融,还有什么社会矛盾不能化解的呢?非常有意思的是,在这个火盆的旁边就有抗议示威的人,一帮老太太们胸前戴着黄丝带,好像是在抗议政府派兵出去的时间由一年延长到两年了。在右边的草地上坐着一个老爷子,他旁边竖着一块牌子,写着要尊重上帝的旨意,反对同性结婚,反对堕胎。在靠近钟楼的下面,有三五个年轻人,男女都有,他们站成一排,用红胶布贴着嘴。他们肯定在抗议什么,但是,没有文字没有声音,我也没有明白他们的诉求。

在广场上来来往往的人,包括那些穿着正装、很有官员气势的人从这些抗议者身边走过时,甚至连看都不看上一眼,透过这种不以为然可以看出政府的无所谓。无所谓就不会有禁止,抗议只停留为不满的本身,而不会轻易激化成对政府的不满。但如果过于紧张,轻易禁止抗议,就会刺激抗议,引发对政府的不满。可见,在禁止什么的时候一定要千万当心,因为禁止在阻遏制约目标对象的同时,也会激化不满,甚至使之远远超过初始的不满。所以非得禁止什么的时候,也一定要采取某种方式尽早地放开,才能避免不满的蔓延,并将其消弭于无形之中。加拿大国会山上平静的示威场景就是个很好的证明。

加拿大国会大楼虽在办公,但并不妨碍对游客开放。为了控制游客的流量,不影响办公人员的工作,他们规定每两个小时领票进入,可以配讲解员讲解,而且可以进入图书馆和地下室等很多场所。我们错过了最佳的进入时间,只能作为随时进入的游客参观有限的几个地方。在楼道和电梯之间的狭窄区域的边缘,有警察守在长长的走道边,以保障旅游和办公两不误。这种对游客开放办公楼的情况在 BC 省的省会蒙特利尔古镇也有。我们顺着旋转的楼梯走上三楼,那里有个开放的电梯可以直达 8 楼。那是钟楼的尖顶部分,里面有着大钟的主机部分,能看见有关齿轮等各种部件,而在电梯上来的两层可以看见巨大钟摆的连杆。钟楼是这里最高的建筑,四面望去,高屋建瓴,远眺近瞧,风景四面都好。有趣的是,当你置身于这个小小的钟室,离声源最近的地方,在外面听起来特别悠扬洪亮的钟声,却没有一点震耳欲聋。

从钟室走下来,我们进入一个小小的大理石墙面的房间,屋顶很高、尖尖的,彩色的窗玻璃拼出宗教故事,整个房间像是个做弥撒、安息灵魂的所在。四面墙上镌刻着很多人的名字,靠墙的玻璃柜子里也陈列着一本本厚厚的打开的书,看得出也是名册。中间高高的柜子像一口棺材,玻璃盖下也是本很厚的名册,这些都是加拿大历史上四次战争阵亡将士的名字。尽管他们参与的韩战与我们很有些过节,但是,我还是对所有这些名字肃然起敬,毕竟他们都为国家献出了生命。我不能说他们政治家的决策都对,但是,士兵为国家而牺牲的精神还是应该得到普遍的尊敬的。很不容易的是,他们居然能留下这么多阵亡士兵的名字,我们遗漏的恐怕有很多很多,不仅因为牺牲者众多,更有不得不的故意忘却。

走出国会大厦,过马路的左边是个战争纪念碑,这个纪念碑不像美国人的战争纪念碑,美国人用半地下拐角的曲线与无数牺牲者的名字表现战争的沉重,加拿大人则用自然的造型,像他们的枫叶旗一样,表现他们对英雄气概的理解。这个纪念碑是个巨大的门洞,里面挤着好多青铜雕塑的士兵,他们牵着战马、举着旗帜、扛着枪炮,像是要破此大门而出。在这个大门的顶上,有两个长翅膀的天使,象征着士兵的勇敢和对国家的忠贞。

尽管有关战争的雕塑给人强悍骁勇的美,但实际上,和平时期平淡朴素的美更具有"人间正道是沧桑"的意义。此时,我向国会山广场望去,一位容貌非常清秀白皙的女子,举止优雅,语音秀美,正在给游客分发旅游小册子,介绍国会山的景观特色。望着游人围绕着她的和平快乐景象,我突然明白了,这种平淡朴素的美也许更应该是人类追求的目标。

2009 年 6 月 26 日

不变甚至比多变重要得多

我的一位移民温哥华的朋友对我说,三十年前我来到这里,就是今天这个样,他们不像我们一直在变,而是基本保持不变。我去魁北克走了一下,也强化了朋友给我的印象。尽管我国在宣传上一直是为我们这些年的发展快,为日新月异、旧貌变新颜而自豪,但是,从历史的发展看,不变可能比多变更重要,因为不变意味着持续和稳定,而多变则往往是回到历史的起点,再重新出发。

在魁北克的古镇,我们看到窄窄的、弯弯曲曲、起伏坡度很大的街道,两边的商店数量不多,街上行人也很少,显得特别空旷和整洁。大多数汽车都被挡在古镇之外,街上跑的基本上是马车。大洋马的马背差不多有一人高,这比我们的蒙古马确实要气概非凡很多。走到海边的平台,那里有好几座古炮,炮口对着大海,当年法国人就是在这里对付从海上来的英国人,这才在加拿大整个作为英国殖民地的情况下保住了魁北克作为法国的殖民地。在古城的外面是个很大的宾馆,因为傍山而立,又因为特别高大的缘故,感觉好像紧贴着海边。这大楼有许多尖顶,逐层拔高,好似层峦叠嶂。古镇中间的商业步行街,窄得只算得上上海比较大的弄堂,那里有很多商店,卖什么的都有。也有人坐在街椅上弹着竖琴,很自在地唱着我们听不懂的歌。街边小酒店里坐满了客人,他们悠闲地喝着饮料,漫无目的地看着来往的行人。走出这条步行街,有个小小的广场,中间有个塑像,不知是什么年代的。旁边有个三四层楼高和见宽的墙面,画着很多年以前当地人在这里的生活,有商人的叫卖、牧师们的祈祷、少男少女们的对歌、孩子们的嬉戏等,其服装打扮都与现代人差不多,只是男士的袖口长了些,盖住了手背,还有就是比现在的街景少了许多游人。漫步在这样的街道上,你会感觉自己走进了已经消逝的历史画卷中。古城的外圈也有一道城墙,爬上青草覆盖的绿色斜坡,可以走到箭垛的边上,看不远处市政厅的喷水池,就好像爱丽丝梦游欧罗巴,一切都那么的整洁、精细、小巧。一点没有我们站在长城上,面对残垣断壁,"天苍苍,野茫茫",禁不住要仰天长啸的历史沧桑感。在城墙之外都是现代化的建筑,而古城之内,则让你回到悠远的过去。站在古城之内向城门洞望去,时而有汽车开过,时而有马车在奔驰,很像是进入了时间隧道,不同时空的东西会交错地从你眼前很快地掠过。

离开这个古城,我们准备去看蒙特利尔银行总部,它有200年的历史了。导游说,这家银行可能在大修,我们本以为会比较遗憾,可去的时候却发现它在营业。蒙特利尔银行坐落在一条小马路上,充其量只能相当于上海江西路和汉口路这一带,对面是个小广场,不过几百平米而已,中间有个雕塑,不同的侧面分别是印第安人和白人探险家的青铜像,过了窄窄的马路就是蒙特利尔银行,它的门洞不算很大,你怎么也想不到这个世界著名大银行的总部就在这个小马路上。进门有个柜台,坐着相当于引导客人的女士,在她的身后是个加拿大士兵雕塑,两米多高,像是白玉的,士兵提着步枪,背着行囊,眺望着远方。两边的墙上镌刻着一些话,表达了对加拿大历史上历次战争中为国牺牲士兵的怀念和崇敬。类似的雕塑和话语在许多地方,如旅游景点、商场服务中心,甚至连尼亚加拉瀑布公园都可以看见。没有听说加拿大有什么爱国主义教育基地,但是,他们的爱国主义教育就是不动声色,落在实处,润物无声,让人感到一种厚厚的、重重的、浓浓的、化不开的、不是刻意却又是无处不在的情结、氛围和真诚。比较起来,我们有很多爱国主义教育基地,但是更有不少为国捐躯者身后凄凉,蒙羞被辱几十年最近才获得远远没有到位的尊重,这不能不使人为之扼腕叹息。

蒙特利尔银行的客服大厅非常宽敞,大厅有四五层楼高,无论是柜面服务,还是个性化服务的空间都非常宽敞,所有人说话都轻声细语,走路都悄然无声,动作举止相当优雅。就连那位制止我们拍照的人,他那份客气友好和温文尔雅也让我们心诚悦服。客户在那里会感受到这家银行的气派非凡、气势恢宏、气魄远大,而这些又会转化成客户对这家银行的信心、信念,甚至信仰,然后才把他们的家当存进来,并能使这家银行200年来屹立不倒。相比较而言,我们外滩银行大楼的气派不仅一点不输给蒙特利尔银行,甚至有过之而无不及,但是其中的内涵不能不让人感叹多变给我们银行甚至是国家造成的伤害。当年,为了与资产阶级划清界限,我们把今天浦发银行大楼屋顶彩色马赛克的顶画用石膏覆盖掉,差不多过了50年才让它重见天日。更为荒谬的是,也是为了突出无产阶级的革命性,当年我们将全国银行的记账员集中到新疆去培训,为的是用"增""减"这两个字去取代与资产阶级相关的"借""贷"符号,结果,账户操作行不通,"增"的科目下资金减少,"减"的科目下资金增加。于是再把那么多人集中在新疆,用"收""付"取代"增""减",但问题还是没有解决。于是将错就错,拖到改革开放,外国人看不懂我们的账户,最后我们只能改回到"借""贷"。历史转了一大圈,又回到了它的起点。

连仅仅是符号,而没有特别内涵的字符都要经历这样的折腾,更不用说其他有特色的银行的运行和操作了,我们金融系统倒退之程度则无论怎样想象都不算过分。如果不是邓小平同志说,要把我国的银行建设成真正的银行,我们的金融系统不知道还要在荒谬的轨道上徘徊多久。尽管我们今天已经将"不折腾"写进了党的文件,但是,这并不意味着我们可以顺理成章地跳出"折腾"的怪圈,不信请看,大到公交改革先是推向市场,现在又回归财政负担;小到马路经常开挖,而又不断重填。这些不能不让我们套用法国大革命时期罗兰夫人的名言来感叹:"改革,改革,天下多少折腾假汝之名以行"。

西洋人的不变更集中体现在他们的服装上,我在加拿大博物馆中看见的 200 年前的西装与今天比较,看不出有明显的差异。不像我们,从大清帝国的长袍马褂到假洋鬼子的西装革履,然后是象征革命的中山装,更有代表革命出身的土黄色军装,你方唱罢我登场,结果辛辛苦苦、忙忙碌碌,又统统回到西装上去了。尽管当时当刻的每一项改革都有它的道理,但是,放到历史发展的长河中去,我们不能不说,与其如此劳而无功,浪费时间、精力与资源,不如将"破字当头,立在其中"的观念调整到不求屡有突破,但求经过时间风雨冲刷,而无须后退再找出路。这就是西洋人几十年基本不变给我们最重要的启示。

2009 年 8 月 15 日

魁北克的圣父大教堂

在魁北克的北山有座巨大的教堂。在遥远的高速公路上,即便看不见这座山上的其他建筑,也能看见这座大教堂的铜绿色圆尖顶在太阳底下闪烁着绿莹莹的光芒。魁北克圣父大教堂的出名不仅在于它是北美最大的圣父大教堂,更在于它还供奉着安德烈修士的骨殖。正是这位修士的祈祷使得许多瘸子扔掉了拐杖,站起来行走了,这就极大地提高了这个教堂的世界级声誉。

在这个教堂入口十几二十米长的走道两侧,密密麻麻地排放着好多排数也数不清的陈旧手杖和双拐。据说,正是在安德烈修士的祈祷下,许多双腿残疾多年的人站立起来,把手杖和双拐留在教堂里,凭自己的双腿走回家了。在这个走道的旁边有个小房间,正面的墙上有张安德烈修士的照片,他那瘦削清癯慈祥的脸相很能使人相信,他的祈祷一定能让这么多残疾人恢复健康。在这张照片的对面神龛中,有个半人高的黑漆棺材,里面放着安德烈修士的尸身。有个中年妇女正趴在这个棺材上,捂着脸喃喃地、非常虔诚地祈祷着,旁边还放着一束鲜花。

在这个走道的尽头是教堂的大厅,这个大厅比我们常见的教堂大厅大得多。因为不是周末,教堂里的人很少,这就更显得教堂的空旷。在教堂的前排正面有雕刻很精细的圣父抱着圣子的塑像,前排的座位后面也有几个信徒跪在那里祈祷。空旷的大厅、高高的穹顶、孤零零的信徒,更显示人类的卑微和渺小,这就更需要圣父圣子的庇佑,更需要依傍在圣父圣子的旁边。在六楼的一个小间中,靠墙的栅栏门里有个透明的盒子,里面供奉着安德烈修士的心脏,因为光线比较暗淡,心脏的形状看上去有些模糊。不知道这个教堂为什么要将安德烈修士的尸身和心脏分开供奉,但可以肯定,对信徒来说,则增加了可以祈祷和膜拜的对象。在三楼和六楼都有与一楼同样大的大厅,这在我所见过的教堂中是不曾有的。大多数教堂只有一个大厅,而这个教堂可能还不止三个大厅,因为我们走的只是三个楼面。在六楼走道的橱窗里贴着很多照片,介绍了安德烈修士的生平。他的祈祷感动了全世界,他去世时,教宗二世和全世界200万信徒来参加葬礼。这可以是他的祈祷让那么多残疾人站起来的重要佐证,否则,凭什么他能赢得人们如此狂热的崇敬呢?

在教堂主楼的旁边有幢两层小楼,这是安德烈修士祈祷和生活的地方。底层是个小小的经堂,供奉着微型的圣父与圣子的塑像,看得出安德烈修士生前在这里祈祷过。从外面的小楼梯走上去有两个小小的房间,好像只有七八平米一间,一间是起居室,安德烈修士生前使用的锅碗瓢都很随意地放在这里,好像他刚吃完饭出去了;另一间则是卧室,摆着安德烈修士生前使用过的窄窄的单人床,简朴整洁,很符合修士的个性。可以想象,在全世界有那么多信徒的安德烈修士完全有条件过更好的生活,但是,他却选择如此简朴的生活方式,其精神境界和道德品行之高尚,足以让我这个世俗中人汗颜。尽管我没有选择腐败的生活方式,但是,非不为也,乃不能也。如果我拥有安德烈修士那么多资源,我想会很难抵御世俗诱惑,而选择他这种生活方式。

教堂的正面可以将魁北克的很大一部分尽收眼底,远处是浩瀚的安大略湖,在太阳光下泛着蓝荧荧的光芒,近处的建筑都依傍着各色各样的大树,使得整个城市充满着盎然的绿色和无边的春意。在教堂的正门是一个很大的广场,中间是块很大的绿地,另外有两尊青铜塑像,显示着教堂的主题:圣父圣子无边的爱和安德烈修士博大的仁慈。从这个广场延伸到脚下有99级台阶,这个台阶宽有八九米,被分割成均匀的三个部分。两侧是供信徒们用脚走上来的,中间的一部分则是让最虔诚的信徒跪着上来的。因为不是周末,没有信徒来朝拜,中间部分用栏杆隔离了起来,不让旅游者走上去。我们看不到信徒跪着上来的撼人景象,但是,我还是看见台阶的中间部分被打磨得特别光滑。我曾经在天主教教堂里跪过软软的小凳子,没有几分钟就疼得让我永远铭记在心。所以,可以想象跪着爬上99级台阶,其疼痛程度绝非普通人所能承受,如果不是非常的、无以复加的虔诚,这99级台阶怎么也无法用跪的方式爬上来。

让瞎子复明、让哑巴说话、让瘸子扔掉拐杖,这是《圣经》里的故事,我却在这个教堂里找到了不可思议的实证。不相信安德烈修士的祈祷能让瘸子扔掉拐杖,那是对教宗二世和200万信徒智慧的嘲讽,因为这要确定我比他们都更聪明,但这是不可能的。相信他们的判断,则是对我自己头脑的嘲讽,因为患过小儿麻痹症的人,两条腿有粗细,不要用脑子,用脚底板想也知道,他们不可能扔掉拐杖正常地走路。所以,只要想判断这件事的真伪就一定会陷入两难境地而无法自拔,而要摆脱这个困境,则只能置这件事的真伪于不顾。因为真伪有时并不重要,尽管科学讲真伪,但是,科学不是生活的全部,生活的更大一部分是艺术和宗教,艺术讲的是美,却往往不真实,谁也不会怪罪"白发三千丈"的夸张;宗教讲善,只要安德烈修士为拯救受苦受难的人而祈祷,带动大家都积德行善,那就足够了,为什么要太在意这种祈祷效果的真实性呢?不过多强调真实性,我不仅把自己从两难的尴尬中拯救了出来,而且在某种程度上化解了科学与宗教的矛盾。其实,我们不必用科学的真实去否定宗教的虚妄,只要它有足够的善良就可以了。

2009 年 6 月 22 日

尼亚加拉大瀑布的感慨

尼亚加拉大瀑布大概算得上世界最著名的瀑布了,它要比我国黄果树大瀑布在宽度和气势上更胜一筹,尽管我们的特色也不容小觑。此外,通向尼亚加拉大瀑布道途的很多美景,也可以引发很多历史文化的联想。

尼亚加拉瀑布在美加边境上,河的那边就是美国。美国人当年侵略他的小兄弟,就打到河的这边来了,难怪维多利亚女王出于安全考虑,要把加拿大首都定在不在美加边境的渥太华,也许两个大国的接壤本身就是问题的根源。加拿大人奋起反抗,有个负责后勤运输、连枪都不会拿的将军牺牲了。导游说,如果不是这个将军的牺牲激怒了加拿大人,大家一起抗争,尼亚加拉瀑布这边的土地都是美国人的了。

通往瀑布公路的两边山清水秀、绿树成荫、鲜花成片、鸟语花香,大树后面不时可以冒出形态各异的乡间别墅。徜徉在如此美景之中,不能不对"引无数英雄竞折腰"的心态有新的、更为深刻的理解。汽车开了很长一段时间都能看到远处的山上影影绰绰有个纪念碑,是个人像站在个圆柱上。他的手遥指远方,好像是号召加拿大人一起把侵略者赶出去,也像是对美国人说,国境线在此,不得逾越。

山道弯弯的绿树环抱之间有个平面,因为紧靠着水库,有座用水力推动的花钟。它以35度的倾斜躺在地上,指针长有2米,走得与我的电子表一样准确。它的钟面和数字由各色花朵构成,不同季节开不同的花,钟面颜色随之发生变化。大钟的背后有一个小门,进入其间可以听到水力推动指针转动的声音,到底用什么原理促使指针走得准就不得而知了,但肯定不是用电,否则不会有流水潺潺。两边墙面贴着很多照片,都是这个钟面在不同季节的变化,其色彩之艳丽、变化之狡黠,不能不让我们这种看惯刻板钟面的人叹为观止。当然,更美的还在于周围的环境,在山道的尽头,除了游客之外很少人迹到达,远处是安大略湖的天水一线,近处是深林覆盖、山道弯弯。尽管有游客嬉闹声,但是,我们还是能用耳朵和心灵感受山水森林的静谧的美。

很有意思的是,在公路的一旁有个袖珍的教堂,据说是全世界最小的、全木质的,尖顶十字架、木栅栏等一应俱全,只是仅有一人高,我们要弯着腰才能进入这个教堂,容人可坐的位置有五六个,前面也有个小小的讲经台,上面还放着一本《圣经》。这个教堂并非只是供人观赏,它仍然发挥着教堂的实际功能。我们正准备离开时,来了好几辆轿车,车上下来的年轻人都穿着黑色的西装,是一帮年轻人到这里来举行婚礼。因为时间限制,我们来不及等婚礼的举行。后来我们在尼亚加拉瀑布又碰到了他们,新郎新娘穿着礼服,走在中间,笑得很甜很幸福的新娘还是咱们中国人。可见,小小的教堂不仅有小小的情调,更有举行仪式的实际功效。

尼亚加拉瀑布实际上在尼亚加拉河道的尽头,它由三个瀑布构成,最左边的那个100米宽,紧贴着旁边的那个有30米左右,再往右500米,也就是说,河道尽头的拐角是个200米宽的大瀑布,其高度大概也就只有50米。因为河道的对岸是美国的领土,瀑布悬挂在美国河岸上,美国人要看这个瀑布,则只能在他们的河岸上修个廊桥,站在廊桥上看。因为河道的一半是加拿大的领地,所以美国人只能修个半桥,否则就越境了。这大概也是美国人的"廊桥遗梦"了,因为在半桥上看,终究不能完全尽兴啊。

站在加拿大这边岸上看美国那边的瀑布,固然很是了得,但主要在于瀑布的宽度,在于水量的充沛和飞流直下的气势。要论瀑布的秀美、逶迤、悬空的长度和山势的空蒙,我们黄果树瀑布要强多了。黄果树瀑布从五六百米高的山顶悬挂下来,顺着山势逶迤而下。尽管水势没有人家的宽大,但是,其长度可以让人联想到美人的秀发披肩及腰,而尼亚加拉瀑布只能算是烫过之后底部起卷的短发。黄果树瀑布后面有个山洞,隐隐约约、半遮半掩的,游人可以进入山洞看飞流直下,这就更能引发花果山水帘洞的联想。尼亚加拉瀑布尽管气势非凡,却又有些平铺直叙,缺乏联想。比较起来,黄果树瀑布有些像"十七八女子,执红牙板,歌唱'杨柳岸晓风残月'",而尼亚加拉瀑布则有些像"关西大汉,铜琵琶,铁绰板,唱'大江东去'"。

我们从加拿大这边的河岸下去,坐船驶向对岸,在瀑布底下看瀑布,别有一番感慨在心头。仰望悬崖上成千上万吨的水从悬崖的高处倾泻下来,你能看到,它不是水的板块垂直地、直挺挺地砸下来,而是密集的水柱凌空而起,飞流激越,烟雾滚滚,轰然落下,打在下面的岩石上,又飞溅起来,"惊涛裂岸,卷起千堆雪"。不知在瀑布中有什么好吃的,一群群雪白的江鸥紧贴着瀑布飞翔着,画出一道道像五线谱那样却又是动态的曲线。我们穿着旅游船主发的雨衣,一阵风刮过,细细密密的水珠从我们脸上穿过,贴着脖子进入,把我们的衣服都打湿透了,甲板上则传来阵阵欢乐的惊呼声。特别是船行到河道拐角的地方，前方左右三面水帘滚滚而下，白练道道，雾气重重。游人的欢笑和兴奋与瀑布的水珠水流交织在一起，成为尼亚加拉美景的重要组成部分。

　　回到加拿大这边的岸上，从高处看尼亚加拉瀑布上面的景象。你会发现，原来尼亚加拉瀑布处于伊利湖的边缘，伊利湖就像一盆水，这个盆边上出现了缺口，水顺着这个缺口涌出来，就成了尼亚加拉瀑布。站在高处，极目远眺，水从天边缓缓流来，浪头起伏，波光粼粼，在临近瀑布的地方，有一大块滩涂，水在这里分流，然后一部分水流拐个弯，与另一部分水流又汇聚到一起。千千万万的浪花像是铁甲千里、旌旗十万，浩浩荡荡，直奔到瀑布口。然后不顾千难万险，不顾粉身碎骨，纵身惊险一跳，化作滚滚雾气，翻腾扶摇直上，形成巨大彩虹，汇聚不散，悬空定格，引来游客的阵阵惊叹。

　　导游说，他在这里做了很多年的导游，只看到一次紫色的虹在三种颜色的最上面，其余都是绿色的。没承想，我们就去一次，这紫色的虹就高高在上瞧着我们，不知是我们的运气特好，还是导游编出故事来逗我们乐，反正所有的游人都像我一样，都沉浸在对大自然鬼斧神工的感叹之中。

2009 年 6 月 30 日

巍峨冠盖今安在,革履西装满眼帘

魁北克的一个重要景点是加拿大的国家博物馆,它完工于20世纪90年代,展品非常丰富,从原著民的图腾柱,到欧洲殖民主义者的各种器具;从原住民当年的生活场景,到加拿大今天的发展成就,反映着不同文化和解交融的过程。当然,不仅在这个博物馆中,而且在许多城市的雕塑中都凝结着文化的和解和交融的精神,尽管仍然有一种文化始终占据着主导地位。

在博物馆底楼的大厅里可以看见一根很高的独木雕刻的图腾柱,她那简约古朴的线条、大大的圆脸、尖尖的鼻子,把鸟的形象与人结合在一起。还有巨大的独木舟、原住民打猎的场景,以及他们的鱼骨装饰、贝壳钱币等,都显示着造物主给了他们这块富饶的土地,让他们生活得悠然自得。但是,欧洲殖民主义者来了,他们的枪炮打破了原住民生活的宁静,使得他们进入截然不同的发展轨道。接下来的有各种仿制品和蜡人蜡像显示第一批到达加拿大船员们的艰难、疾病和死亡,对家乡亲人的思念,以及永远回不去的凄凉和无奈。还有持枪荷弹、拉着小炮武器的军人的蜡像,以及在加拿大的欧洲人的各种物品,如服装、装饰和各种日常器物。接着是各种捕鲸鱼熬油的各种器具,有一头很大的鲸鱼吊在那里,还有装着鲸鱼油的各种桶和加工这种桶的工具等。然后是加拿大各种产业的发展情况展示,有纺织、印刷、报业和各种服务业,还有教堂、医院、修女和法官等各种机构和社会人士的形象。渐渐地,马车让位给了汽车,火车也出现了,甚至温哥华国际机场的一角也展现在博物馆中。

尽管博物馆构架很有气势、人物蜡像栩栩如生、各种展品琳琅满目,可以让所有的游客对加拿大这个年轻的国家留下深刻的印象,但却不能让我感到震撼。因为在去温哥华之前,我刚去看过三星堆和金沙遗迹。三千多年前中华文明所达到的高度足以让当今世界所有其他文明黯然失色。三星堆人制作的青铜人头大的成吨重,小的不过一个拇指大,即便在今天,要作木模沙模,将铜矿石加热成液态进行浇铸,还不能有气泡,也是很不容易的。还有金沙遗迹中用金箔做成的太阳鸟,它的奇特之处不仅在于它的外围圆得整齐规整,鸟的造型也那么精美和富有想象力,更在于它薄得只有头发丝的几分之一,即便在今天,运用现代化的工具也很难做到。然而,这一切都发生在三千多年前其他文明还茹毛饮血时。如此精美的展品极大地提高了我承受心理震荡的阈值,使得我面对其他未能超越和突破的文明时,最多只是表示由衷的崇敬,而很难有新的震撼。

不过,欧洲人的西装还是给了我非常另类的遐想。两百多年了,欧洲人的西装还是它当年的样子。不仅于此,从孙中山到毛泽东,都参照西装改造了中国人的服装,但是,今天中山装却已近乎消失了。所有正式场合大家穿的都是西装,不仅是平头百姓,党的总书记也是如此。衣服虽普通,但它却是一种文化的集中体现,所以要改变一种文化,往往要从衣服开始。如赵武灵王胡服骑射,清军入关易服留辫,以及太平天国运动和武昌起义,还有"文革"时破四旧,剪除奇装异服,到现在将西装革履说成什么正装,都是在改服饰上大做文章。如果用强力推行一种服饰,这表明外来文化本身的征服力还不够,而一旦人家自觉地穿上这种服饰,则表明外来文化的强势已经到了无须强力推行的地步。毋庸讳言,印第安人的皮毛装饰、中国人的巍峨高冠都让位给了革履西装,这表明西洋文明正在通吃高度发展的中华文明和相对发展较低的印第安文明。

非常值得深思的是,强势文化与弱势文化的关系已经不再是征服与被征服的关系,而是一种融洽、和睦共处的关系。在这个博物馆中,我们看不到殖民主义者对原住民的欺诈和掠夺,至少没有展品来证实这段历史,不过,我们还是可以从探险家们拥有的巨大财富中感觉到这种可能的存在。这种文化的和解还表现在加拿大社会的很多细节中。在魁北克古城的市政厅外有一组雕塑,墙上的很多雕塑基本上都是欧洲探险者,他们有的拿着单筒望远镜,有的举着枪炮和旗帜,保持当年寻找殖民地的状态。同时,喷水池边上,处于雕塑群中心的则是几个印第安人,他们抱着孩子,举着弓箭,划着独木舟,表现他们的平静生活。按照我们的思路,印第安人的塑像最大,所处位置最为正中,这至少可以表明当地政府很把印第安文化当回事。不仅如此,在 BC 省省会的大草坪上,右边是个巨大的印第安图腾柱,左边是加拿大士兵的雕塑,中间是维多利亚女王的坐像,大楼的屋顶上则是温哥华船长拿着望远镜四处瞭望,这至少表明两种文化处于并列、处于同等重要的地位。

按照阶级斗争的观念,提高土著文化的地位不过是表面文章,是为了掩饰欧洲殖民主义者对土著居民的欺诈和压迫,篡改这段不光彩的历史。实际情况未必完全如此,加拿大有很多印第安人保留区,政府给他们很多补贴,以补偿他们在历史上遭受的不公平待遇。据说,他们不需要很辛苦地工作,可以比一般加拿大人过得舒适得多。我就在一个保留区的不少居民后院看到好些游艇。当然,这也可以说成是土著居民斗争的成果,但毕竟白人文化还处于强势,所以这种补贴是主动选择,而不是被斗败后的无奈,所以有理由认为这是文化和解的表现,是奴隶主的儿子与奴隶的儿子坐在一起畅谈人类未来的结果。

加拿大与其他殖民地不一样,它不仅不愿意脱离英联邦,而且仍然认可英国女王为其国家元首,这就决定了在加拿大人的价值观念中,殖民主义并非非常丑恶。确实,殖民主义有其血雨腥风、哄骗欺诈的一面,但是,作为向外用力的文化,它也有开发未知领地,构建市场经济秩序的一面,我国香港地区和新加坡市场环境之好世界有名,但这种市场秩序并非横空出世,而是从殖民地文化与管理中生长出来的。此外,加拿大地广人稀,为争夺这块土地,殖民者杀害土著居民的数量相对有限。不同于我们这种向内用力的文化,"引无数英雄竞折腰"的兄弟阋墙,不仅打烂了老祖宗留下的财宝,兄弟们死伤狼藉,而且至今也建立不起期望的市场经济制度。在这个意义上,向外用力的文化甚至比向内用力的文化更有可取之处,只是我们至今意识不到这点,批错别人、妖魔化人家事小,阻碍自己进步,走上不当的发展道路再掉头则事大,不仅悔之晚矣,甚至无法后悔。

2009 年 6 月 18 日

颇有灵气的毕业典礼

我在温哥华作访问学者时,多次看到 UBC 在图书馆广场前搭起白色的帐篷,许多学生穿上各色毕业服举行毕业典礼,只不过与己无关,所以只是远远地望一下而已。这次参加儿子的毕业典礼,经历了相关程序以后,才感受到他们的毕业典礼很有灵气,与我们的有很大的不同。

毕业典礼在一个圆形的像是剧场一样的建筑中举行。离典礼的正式开始还有一个多小时,会场外面已经排上了很长的队。因为每位毕业生有四张带亲友的票,超过的需求还可以付钱购买,所以,参加毕业典礼的亲友要远远超过毕业生的总量,这在我国是比较少见的。果然,会场中留给毕业生的座位不到有木栏围起来的中心座位的一半,剩下的一半,还有木栏外的,以及二楼三楼的座位都给毕业生的亲友占据了,西人对孩子大学毕业的重视由此可见一斑。相对而言,我们的亲友,甚至毕业生对典礼的重视还都处于较低的水平,以至于有毕业生不参加典礼,亲友则更少参加,而我们的会场留给亲友们的专席也只是后排很少的几个。

主席台上摆着三四排嘉宾座位,这与我们一样,是给老师和学生代表留着的。第一排中间那个座位最是威严和气派,不仅因为它比其他座位更高更宽,更因为它是黑色,椅背边缘有着一排黄灿灿的圆钉,上面有很多雕刻。给你的感觉是坐在这个椅子上的应该是国王或教皇,而不是大学的校长或校董。后面的墙上平挂着一面很大的蓝色 UBC 校旗,它的蓝底金黄色的字符给与会者留下深刻的印象,左边则是一排国旗和省旗等。在典礼开始前半小时,主席台前的三楼进来了一支管弦乐队,一个指挥在娴熟地指挥着,他不时转过头来注视我们大家,不知是乐曲的要求,还是因为他对毕业典礼也很有兴趣。乐曲交替着欢快与庄严,让人感受到典礼的气派和格调。我们的毕业典礼,一般只是播放音乐,基本没有专门乐队的演奏,其气派和格调不能不相形见绌。

主持人宣布典礼开始以后,一大群毕业生从左侧的正门进入,本科生穿着黑色的毕业服,戴着方形的毕业帽,整体上与我们的差不多。但是,仔细观察,他们毕业服的做功比我们考究精细得多了,特别表现在衣服的一些褶皱上。我们的帽子戴在我这个大脑袋上有些摇摇欲坠,他们的帽子在我的脑袋上则相当妥帖。他们的博士服的基调也是红色的,但是,帽子圆圆的,像是女士的礼帽。这个典礼由此增添了乡村娱乐的气息,与庄严神圣的典礼有着某种程度的不和谐。

领导和教师们从会场入口右边的门进入。尽管主席台的两侧有边门,但是,他们还是选择从离主席台最远的门进入,好像是简化的绕场一周,与我们让领导方便就近入座有很大的不同。走在队伍前面的老兄穿着紫色的典礼服,肩上还扛着一根很粗大的圆棍,主体部分相对较细,前端有 50 厘米较粗。我一直不理解它的含义是什么,直到在维多利亚 BC 省的办公厅,看到议会开会时要将一根相似但又明显细小得多的权杖放在会场中,我才想到这大概是象征着知识的权杖,由于议会的权杖得之于女王,知识的权杖只能得之于上帝,所以它的粗大结实要远超过女王授予的权杖了。

队伍中的典礼服什么颜色的都有,除了紫色以外,还有黑的、红的、蓝的,最醒目的是位女士,穿着淡黄色的典礼服,上面还绣着很多花纹。后来才知道她就是这场仪式的最高领导——UBC的校董。穿黑衣服的那位先生则是UBC的副校董兼校长。教师进场的队伍拉得很长,与各种典礼服交织在一起,很有天主教举行仪式的入场气派,只是十字架被知识的权杖所取代了。

主持人宣布仪式正式开始后,乐队的演奏戛然而止,然后是全体起立,唱加拿大国歌。重新入座以后,校董讲话,她没有特别强调金融危机的影响,以及就业的挑战等问题,而是大谈全球化的重要性。她以瞎子摸象为例,说明每个人从自己的角度、自己接触的方面作出判断也许都对,但是,合起来却又都不对,因为世界是多元的,涉及的面非常之广,没有全球化的眼光就无法作出正确的判断,所以她要求所有毕业生不仅要有全球化的眼光,甚至还要做全球化的公民。接着校长发表讲演,他要求所有的毕业生要有崇高的道德理念,坚持众生平等,也要热爱自己的家庭。他举达尔文为例,达尔文之所以研究进化论,就是想证明上帝创造人没有高低贵贱之分,而之所以人会发展出很大的差别,就在于环境的不同。达尔文将他的研究成果压了20年,就是不想让他聪明的表妹被说成是发育得最好的猿猴,可见达尔文爱家庭更甚于自己的学术成就和名望。院长要求所有的毕业生都应该拥有和坚持这样的道德情操和爱家人的感情。

与我们领导在毕业典礼上的讲话相比,他们校董和校长的讲话有些玄而又玄,不着边际,没有实际意义。所谓全球化、道德境界能帮助我们解决目前的就业困境,能促进学校现在以至于将来的发展吗?我们的领导讲话一定会强调要有信心应对目前暂时的金融危机,相信乌云很快就会散去。还要常回家看看,今天你以学校为荣,将来学校以你为荣,大家一起促进学校的发展,云云。虽然我们讲的话题比他们的要务实有用得多,但是,就精神境界而言,我们显然要比他们略逊一筹。

接下来,毕业生排队上台接受学位,与我们不同的是,他们的学位证书都已经拿在学生手中,学生拿着证书递给一位宣读者,由他大声地读出来,对在场的人广而告之。对博士和硕士的介绍稍微多一些,有师承的老师和研究成果的简要说明,对本科生的介绍就只剩下名字了。读到名字的学生还要走向台上的校董和校长,校董和校长分别与每个同学说,"我承认你"和"我祝贺你"。在这个过程中,没有台上嘉宾将毕业帽上的帽繸由右边移动到左边(在我们这里标准的说法叫掀帽繸,这个文字意义不通,掀者,打开之谓也。帽繸不是盖头,如何能打开?),象征毕业这一说。只有校董将象征毕业的坎肩披在博士生肩上。有趣的是亲友席上的反应,只要报到相关毕业生的名字,亲友们就会站起来,大声欢呼,吹口哨。在如此庄严的典礼上有此反应,在我们的观念中,是刺耳的和不和谐的,但是,他们却处之泰然,不以为忤,这是我所不能接受的。

名字报完,主持人要求全体毕业生起立,向后转,向支持他们学习、帮助他们获得成功的亲友鞠躬致意,亲友席上报以热烈而又激动的掌声。然后,典礼结束,还是那位扛着知识的权杖、穿紫色典礼服的老兄领头,其他嘉宾跟着他从进来的门鱼贯而出。他们走完之后,那帮喜气洋洋、充满朝气的毕业生也从原路退出。然后是亲友们紧随其后。对于典礼,最难能可贵的是校董和校长,因为台上的嘉宾是有可能替换的,他们两人则每场必到,在6天中,几乎每天 4 场,连续 23 场,他们场场都要作讲演,要与数不清的毕业生握手。据说,握手太多会握出腱鞘炎,我信此言非虚,他们的腱鞘一定会面对严峻的挑战。

走出会场,外面的阳光格外明媚,站在枫叶旗下,北面是大海、雪山,南面是一大片绿地,延伸到望不到底的远处。两侧的图书馆,一边是气派的现代化风格,另一边则是优雅的维多利亚时代的造型。到处是绿树成荫、古木参天,还有许许多多说不出名字的花朵争相绽放,小松鼠则趴在树干上,隔着树叶注视着我们,雪白的海鸥在我们头上盘旋。靠海的一边,竖着一面近一人高的 UBC 旗帜,它的图案都是用鲜花镶嵌出来的。大家都在那里拍照,都想把自己融入这个美丽的风景中去。我却觉得,此时的良辰美景依然虚设,纵有千种风情,也抵不上充满青春朝气的毕业生,他们怀着美好的憧憬,有着远大的前程,带着幼稚的傻呵呵的笑容才是这个广场上最美好的景色。

我们的毕业典礼无疑是从他们的毕业典礼中学来的,从形式上讲,两种毕业典礼的差距很有限,但是,内涵的差距却很大,它们的内涵中有上帝,我们的则是无神论。固然我们可以说,旧瓶可以装新酒,西瓶也可以装中酒,但是,剔除宗教的内涵,则必须注入我们的理念,否则,内涵的缺位或错位也可能造成瓶子的塌陷或裂缝。然而,这个问题至今没有很好解决,以至于我们的典礼,在细节上、在意境上,特别是在感恩性和神圣性上要比他们的逊色很多。

2009 年 6 月 13 日

改革需要价值层面的突破

我已经是第二次去纽约、华盛顿和费城了,对于这块异国土地的新鲜感已有所下降,但是,思想的触动反而更加增强。在那里,我感受到我们的改革要在价值层面上寻找突破,而不能只是停留在工具层面上,解决人家无须考虑的问题。

在华盛顿的中心区域有块很大的绿地,南北两端分别是白宫和林肯纪念堂,还有杰斐逊和其他一些人的纪念堂,两边则是美国商务部、外交部、美联储、参议院众议院的办公大楼。这里没有商场、饭店,政治中心与商业活动保持着适当的距离,这可避免商业活动对政治中心的侵蚀和干扰,从而更显政治中心的庄严与超脱。

中心区的绿地修整得非常平坦整齐,数十步间隔就有成荫大树,它们不是玉树临风,不是亭亭玉立,而是巍峨傲然、冠盖如云,很有气势。中间有个几百米长、数十米宽浅浅的水池,有好些野鸭和鸳鸯在嬉戏游玩。漫步在这样的草地上,感受着树荫下的清凉,看着野鸭和鸳鸯的悠然自得,不由得也生出对闲云野鹤自由自在生活状态的期望。在这块绿地的深处,有个汉白玉的华盛顿纪念碑,有上百米高,线条简洁明了,象把"刺破青天锷未残"的利剑,直指蓝天白云,无声地显现着华盛顿当年的建国功勋。

在华盛顿纪念碑南面有座圆形的美国二战胜利纪念广场,周围一圈的廊柱上挂着五十个青铜的花环,代表着五十个州对这个国家作出的巨大贡献。中间的水池喷射出高高的水柱,象征着这个国家的后劲与活力。出口的两端墙上有着长长的青铜壁雕,刻着诺曼底登陆和珍珠港事件中美国的军官和士兵以及平民在战争中遭受的苦难和作出的巨大牺牲。

在二战纪念广场两侧不远的地方分别是韩战纪念碑和越战纪念碑。韩战纪念碑旁有十几个真人大小的美军士兵雕塑,他们披着斗篷,带着钢盔,手持武器和通讯器材,一个个神色紧张凝重。据说他们的脸型都是从真人脸上拓下来的,表现了这场战争给士兵造成的痛苦与压力。紧靠着这个雕塑群是一堵打磨得像镜子一样的黑色大理石墙,墙中反射出这些士兵的影像,影影绰绰很有些幽灵般的感觉,显现着生命不愿逝去的顽强。现在有解密资料表明,韩战第一枪是金日成的士兵打响的,这使我们的心情变得非常的微妙、复杂,甚至有些沉重。

越战纪念碑是个半下沉的墙,它在地平面下削去一块,形成一个夹角,一边是大块的绿地,伸向远处;另一边夹角的垂面是堵黑色大理石的墙,上面镌刻着越战阵亡士兵的名字。这堵墙的尽头有个拐角,延伸着这个墙面和逝去士兵的名字。两个夹角,一个走道,加上半地下墙面的名字,不仅线条简洁明快,更蕴涵着这些士兵已经在地下,这里有一堵悼念他们的"哭墙"。我们在那里看到不少鲜花、照片和蜡烛,还有些年轻人趴在那里念墙上的名字。可见,战争早已结束,但是,人们并没有忘记逝去的亡灵,他们心头的伤口仍没有完全愈合。

白宫只是幢不算不起眼的大楼,有四五层楼高。透过围墙的栅栏往里看,院子里有大大的喷水池、修剪得非常整齐的绿树灌木,个中情景一览无遗。栅栏门口围墙边有很多游人在拍照,也有个警察在那里维持秩序,不过基本上是无所事事地走来走去。四年前我看到一对老夫妇,搭了个帐篷在那里坚持了很多年,抗议美国政府轰炸中国驻南斯拉夫领馆。这次我没有看见,不过据导游说,因为我们这次在白宫的后门,而那对夫妇仍然坚守在白宫的前门。这不能不让我们心生感慨,在中国的要害部门,甚至富贵人家都是深宅大院,高墙壁垒、门禁森严,哪有像美国佬这样,敞开着一览无余。另外,且不论那对老夫妇抗议的内容如何,我们则是绝不会允许什么人在政府的眼皮底下安营扎寨,鼓噪反政府口号的。美国政府没有这么做,此非不为也,乃不能也,因为政府的权力止于公众的权利。既然公众享有自由表达意见的权利,不管它的方式和内容有多么让政府难堪,政府也无可奈何。

  在林肯纪念堂高高的台阶上,有座汉白玉的大厅,其圆柱和平顶的造型与我们的毛主席纪念堂非常相似。大厅中端坐着林肯的汉白玉塑像,比真人大一些,配上底座,差不多有两层楼高,两端的廊柱和高高的顶穹,使得很多伟大尽在不言之中。在他背后的墙上镌刻着这样的话:人民将永远记住这位拯救美国的人。两边墙上还有很多赞美他拯救美国的话。对于维护和保持国家统一的领导人,确实怎样褒奖都不算过分。我们有位学生在小声地说,林肯对南军说,投奔北军吧,我给你自由,南军就瓦解了。毛泽东对农民说,投奔共产党,我给你土地,国民党军队就瓦解了。确实,就胜利的本身而言,他们几乎一样伟大。但是,就胜利的本质而言,他们却有着差异。林肯维护和肯定了人的基本权利——自由与不受压迫;毛泽东则放弃了中国几千年发展的私有制,这就使得中美两国走上了不同的发展轨道。美国人沿着林肯确定的方向持续地往前走,我们则在划一条长长的弧线,上面还有很多间断点。

在林肯纪念堂的左侧是杰斐逊纪念堂,他是美国第三任总统和《独立宣言》的起草者。纪念堂在宽阔的湖边上、一大片绿地之上,它是一座高高的汉白玉圆顶建筑。纪念堂宽敞的大厅里站着杰斐逊三四米高的全身铜像,他深邃的目光注视着远方,也许他预见到了这个并没有让他特别满意的《独立宣言》,已经奠定了这个年轻国家至今仍然可以高速发展的基础。纪念堂四面的墙上镌刻着他的话,其基本思想是:感谢上帝给我们生而自由、生而不受压迫的权利,并拯救了我们。尽管我在很多地方都看到和听到过这句话,并且很不以为然,但是在杰斐逊的塑像前面,我很难再像亚瑟那样①,把上帝当做泥雕木塑的东西。毕竟杰斐逊他们就是靠着对上帝的信念,建立起了一个伟大的国家,这不是可以用唯物主义观点进行简单批判的。更何况,上帝也真的拯救了我们,不是他给了我们与生俱来的权利,我们希望得到的自由和不受压迫就不属于我们。而要获得不属于我们的,则不仅动机可耻,方式可恶,结果也一定可悲。一旦有了天赋权利,人类的行为就有了正义与非正义、文明与野蛮、捍卫正当权益与剥削掠夺之分,然后,人类才能从弱肉强食的丛林法则中走出来。我们可以怀疑人类社会以外某种绝对精神的存在,但是,我们非常需要,也确实感受到了天赋权利这个人类社会之外的前提对人类社会的支撑,以及对人类的拯救。

作为一种立国原则,"生而自由,生而不受压迫",其实并没有完全落实到位,但是,我们还是可以到处看到这种原则的表现和象

---

① 在小说《牛虻》中,亚瑟发现他是蒙太尼里主教的私生子后留下一张字条就离家出走了。字条上写着:"上帝是个泥雕木塑的东西,我一锤就把它打得粉碎,而你却一直拿谎话在欺骗着我。"

征,如自由岛上的自由女神像。四年前我还能上岛游览,尽管当时也不能顺着自由女神像内部的梯子爬上顶端,而现在船甚至不能靠岸,只能沿着自由岛开上一圈。尽管如此,大日头下码头上还是排着长队,游人的兴致依然不减。同样,在费城自由钟博物馆的门口也排着长队,尽管看到的只是一口很普通的钟,上面还有一条长长的裂缝。其给人视觉的触动远不如自由女神像,但是,排队参观的人依然络绎不绝。这种热情不仅是对重大历史事件的缅怀,更是寄托对"生而自由,生而不受压迫"的向往与追求,当然也包括至今没有完全实现这个目标的遗憾。

  中国的改革开放已经大大地趋近了人类的终极目标,但是,我们的努力主要在工具层面,而不是在价值层面上,这就会使得我们疲于应对人家不会遇到的问题,从而延误深化改革的最佳时机。譬如,我们从要素自由流动有利于资源合理配置和经济增长的角度,提出并实现劳动力、商品和资本等的自由流动,现在我们又在考虑土地自由流动的经济意义。这些问题的解决确实极大地推动了中国的经济增长与改革的深化,但是逐个解决毕竟耗时弥久,并且每解决一个还会冒出很多类似的问题。这些问题在发达国家基本不会发生,因为在价值层面上确定了人的天赋权利之后,人、商品、资本和土地就是自由流动的,不存在不能自由流动的限制,也就无须解决所谓自由流动的问题。于是这些国家可以集中精力解决更高层面的问题,不像我们只能盘桓在解决低层面的问题上。可见,价值层面的突破才具有高屋建瓴、纲举目张和一劳永逸的意义。所以,我们的改革也应该在价值层面上寻找突破,而不能停留在工具层面上,满足于一项一项的突破与成功。

2008 年 6 月 9 日

需要并接受管理的 EMBA 学生

这次出游美国,原本期望跟在院长后面,学习他与外国一流商学院院长们怎么谈判交流,而我只要准备几句"hello,hello",再握握手就可以了。没想到领导改变了主意,让我去担任 EMBA 的领队,工作压力一下子增加了很多。不过,回来以后,清点梳理一下,发现在这个过程中,"失之东隅,收之桑榆",我还是学到和领会了很多宝贵的东西。

作为 EMBA 游学团的领队,我的主要任务是让团队在 16 天的旅途中团结紧张,严肃活泼,守纪律,重形象,而要做到这些有相当的难度。因为,我们的 EMBA 学生大多是企业的高层领导,下属员工成百上千,身价上亿者不在个别,给班委会活动经费的捐款,出手就是十余万。他们习惯了颐指气使,挥斥方遒,管理员工。即便处于学生和被管理者的位置上,他们也往往不经意间冒出一些居高临下的"王者"气概。加上在国内作为领导自我约束久了,到了境外,特别需要放松,因而格外反感外在约束。所以受命管理这个特殊的群体,就像是被放在炉火上烤。不严格管理,无颜归来见领导;严格管理,又会把这么重要的同学得罪完了,早晚会被弃之若破履。加上我这个人很有些迂腐,不擅长"捣糨糊",协调各方关系,这就非常可能引起同学的不满,然后将我这些年积累的口碑毁于一旦。值得庆幸的是,我这次领队不仅没有遭遇同学的不满,甚至还得到他们高度认可。有两位同学说,尽管我管得严,但是他们还是挺喜欢我的,还有几位同学陪我买了很增添风采的衣服。所以能严格管理而不招致不满,首先在于我们学生的素质优良,他们需要管理、理解管理,更接受管理。

外出活动的最大问题就是不能迟到,不能拖三拉四,否则隙从中来,大家就会互相抱怨,队伍也就离心离德了。我们一开始就强调迟到者要唱歌,以此薄施惩戒,这方式可能让人恼羞,却未必会成怒,从而形成适当的约束,保障我们团队步调一致。当然,恼羞而不成怒,这也是剑走偏锋,拿捏不当也非常可能引发矛盾。在我们游学的过程中,但凡有迟到的人,不管是几分钟,我都坚决要求他们唱歌,没有通融或例外。同学们也非常合作,不会唱歌的就给大家讲段子,逗乐,或者表示愿意给大家买拉斯维加斯的筹码。有一位同学迟到后,与一帮子同学牌战正酣,他不想唱歌,牌友更不愿意受到干扰,但我走过去"执子之手,偕子同行"至唱歌位置。他还是唱了起来,歌声算不上非常优美,但是,那一声"朋友"的呼唤却非常真挚。还有一次一帮家伙午饭后打牌,过了下午上课的时间,我去找他们,他们马上放下了牌,回到教室,没有一个人说等我们打完这副牌再说。

最为夸张的是,有一天两位同学叫早的电话出了问题,迟到了将近半个小时,我在车上对着整个团队,相当严肃地批评了他们,他们还要解释什么,我便打断了他们的话头。因为语气很重,我的助手踢了我一下,提醒我留点余地,我却一意孤行,一发不可收拾,尽管搞得气氛有些尴尬,但是,没有人表示不满或抗议。第二天早上,没有一个人迟到,队伍提前出发。导游感慨地说,我们是他带队多年以来纪律最好、最讲团队合作的队伍。

我们的管理能够有效,不仅在于学生的优良素质,更在于他们的理解和支持,虞班长就说:"我们出来不能把自己当做领导,更不要当做老板,我们就是普通学员。不能迟到,否则就是要受罚。"有天晚上12点多了,车子出了故障,把大家晾在马路上一个多小时,没有同学抱怨发牢骚,大家都表示宽容和理解。在台湾导游说话有些生硬的时候,马同学说,请大家给予包容与宽容。在司机们手忙脚乱的时候,一些同学七嘴八舌地出主意。也有同学说,不要用我们的经验去影响他们,相信他们都是行家里手。在卸车的时候,经常有同学当装卸工,这不仅提高了工作效率,更是提高了团队的凝聚力。

当然,在这个过程中,我的表现也颇有可圈可点的地方,否则,同学们也未必接受我的管理。具体来说,管理应当注意以下一些方面:

(1)要有良好的平常心态。老师们的收入、在管理阶梯中的地位都比这帮老总低。加上老师们只是坐而论道,而学生们则在市场中斩获颇丰,很有成就,所以老师面对这帮学生难免有些英雄气短。在国内教学时,老师们往往不敢严格管理,更不用说到特别崇尚自由的美国游学了。面对这种地位和成就的落差,老师需要保持良好的心态,这就是在精神和人格上与所有成功人士保持平等,按照职责要求,该说什么就说什么,该怎么说就怎么说。既不妄自菲薄,畏缩不前,也不自以为是,傲慢无礼。

(2)把荣誉感作为管理的基础。有人说管理就是胡萝卜加棍棒,但我认为更应该是荣誉感的激励。在第一次的碰头会上我就说,出国游学,是EMBA国际化的重要环节。国际化有两个方面,一是用我们学过的知识,看外国人是怎么回事;二是向外国人展示富起来的中国人的风采。特别要强调第二个方面。不能让人家认为我们第一代富起来的人有暴发户的心态和行为方式,而要让外国人明白,中国人不仅富裕了起来,还有领先的理念和 Gentleman 的风度。而要做到这点,则必须从谦恭、低调、遵守纪律做起,否则,我们就是除了钱以外,什么也没有。在这方面,我们一定能做得很好,因为我们是交大的 EMBA。所谓荣誉感的激励,实际上也是孔老夫子思想的体现,悠悠万事,正名为先。

(3)一以贯之,不失偏颇。制定规则容易,实施规则很难。每天至少有三次不能迟到的时间,但每次总有人会迟到几分钟,坚持要他们唱歌多少有些尴尬,不仅人家有些烦,你自己也会有心理障碍,毕竟我们处在人情社会,谁都有面子薄的时候。不坚持唱歌则队伍会散乱,所以我还是咬紧牙关,一以贯之,既未让规则形同虚设,更没有砖厚瓦薄之嫌。

(4)充分肯定,高调表扬。我有意识每天在车上举行晨会,对前一天情况进行小节点评,高调表扬,"上纲上线"。如对有迟到理由,但仍然主动唱歌的同学,表扬为维护团队规则,可堪嘉许。对车出故障时的宽容和宽厚,强调为展示交大 EMBA 的风采,再加上一句,尽管我谁也代表不了,我还是要说交大感谢你们,祖国人民感谢你们。于是引来满车掌声一片。

(5)思想领先,精神至上。一路上我给同学们讲了很多内容,从美国货币银行制度到美国大学文化,从产权明晰到市场均衡,从无限生命到经济学帝国主义等,这样做既是为了让移动课堂名至实归,更是为了显示知识与思想的深度、力度、高度和广度。实际上也是"狐假虎威",借知识、思想之虎来彰显自己,赢得同学们的认可,为严格管理提供保障。在表达这些思想的时候,要表现出精神高度和力度,显示更为强大的凝聚力。

（6）寓教于乐,诙谐幽默。游学者,旅游与学习兼而有之。所以不能老讲很严肃的话题,但也不能为了让大家开心,而说些与教师身份不相匹配的话。因此,我选择用经济学理念解释纳妾有利于家庭稳定,因为它可以避免二奶取正妻而代之;结婚收聘礼也有利于婚姻的稳定,因为作为定金可以提高毁约的成本;早婚早恋也有利于后代的繁衍,特别是人的寿命比较短的情况下,可以保障对后代的抚育。这样的话题都行走在"色"与"不色"之间,太色有失身份,不色就没人爱听。[①] 拿捏得好可以受欢迎,拿捏得不好则势必自毁名声,其中虽然有风险,却也有屡试不爽的效果。

以上这些想法和做法其实也可落实在平常教学管理中,教学是服务,也是管理,要用服务来落实、体现和实现管理,这就需要有理念。同样的服务,有理念的引领,老师就成为精神领袖,就能赢得学生的景仰;没有理念的引领,老师很可能沦落为"菲佣",服务很好,却未必有崇高的地位。可见,管理的成功与有效全在于一念之差,老师的自我充实与提高因此变得至关重要。

2008 年 6 月 17 日

---

① 齐白石说,作品之妙在于似与不似之间,太似为媚俗,不似为欺世。

罪恶之城,希望之城?

在我们以往的意识形态中,赌博往往与人性的堕落、倾家荡产联在一起,所以作为赌城的拉斯维加斯在我国一直臭名昭著,但实际情况却并不如此。这次我们游学团虽然只作了短暂逗留,但拉斯维加斯还是给我留下了深刻的印象,赌城的规范有序和整洁漂亮表明它不仅不是罪恶之城,甚至非常可能是希望之城。

拉斯维加斯坐落于沙漠之中,没有资源,非常缺水,当年就是因为没有经济增长点而获得联邦办赌城的许可。现在这个城市非常漂亮富饶,许多著名酒店宾馆汇聚在这里,其房间之多可以让一个小孩从出生开始,每天住一个房间,长到17岁还没能完全轮个遍。在市中心的十字路口,北面有高达四五层楼的铜狮子;西面对街有座按1/3比例制作的自由女神像;西南方向则有一排各种色彩和古堡形建筑的儿童神话世界;再往南则是法国埃菲尔铁塔与埃及金字塔遥相呼应。夹杂在这些建筑之间的是高高的、笔直的棕榈树,更是增添了很多异域热带风情。

有一条长达500米的街,两边的霓虹灯丰富多彩得让人目不暇接,更妙的是街的顶棚安装着几百万个液晶显示器,由6台电脑控制,每隔一个小时,当音乐声响起,顶棚上显示器里就播放着各种各样的故事,游人到此无不驻足观望,待脖子酸了,正好到旁边上的赌场宣泄一番。街上还有非常绚丽多彩的音乐喷泉,每隔一个小时,伴随着音乐声,许多水柱子翩然起舞,激越之时,水柱直上九霄(有八九层楼高);婉转之时,有赵飞燕掌上起舞的婀娜;平和之时,则有大珠小珠落玉盘的利落。路边河中还有英国皇家海军与海盗船搏斗厮杀的表演,枪炮声、欢呼声、尖叫声,声声入耳;船只冲撞、烟翻雾滚、搏斗厮杀,一幕幕场景吸人眼球,勾人魂魄。

在一个非常之大和极其豪华的酒店二楼大厅中,天花板被灯光装饰成蓝天白云,如果不是晚上进入这个大厅,还真以为这天花板就是外面的天空。地上的地砖被烧制得像是湿漉漉的,以突出威尼斯水城的主题,但实际上却完全是干的,而且一尘不染。街道两边是西班牙风情的房子,阳台上有浪漫女子与英俊少年对歌的身影。广场的中间有一女二男在演奏,看到中国人来了,他们很快将乐曲切换到《茉莉花》和《中华人民共和国国歌》上来了。最妙的是大厅中间有条婉转的威尼斯河,水清凌凌的,清澈见底。水上有条小船,穿红白相间水手服的水手一面划桨,一面唱着花腔,客人则非常惬意地斜靠在船上,向岸上的人招手示意,显示他们生活的富足与悠闲。上次我还去过另一个大厅,看过特洛伊木马,也许它要比古希腊传说中的要小一些,但三四层楼高的木马矗立在一个大厅里,其气势足以震撼所有的游人。另外还有一个百花园,大厅里摆放着许多鲜花,装饰成各种图案,其壮观和气派足以让所有花团锦簇、分外妖娆、雍容华贵等形容词都黯然失色。

几乎所有宾馆的底层都是很大的赌场,其中不仅有发牌赌桌,还有转盘的赌轮,更多的是吃角子老虎机器,几百台汇聚在那里。屏幕上显示着诱人的图案和色彩,耳朵里充斥着赢钱时筹码大量掉下来的声音,空气中弥漫着一股"下注吧"的诡异气息。我们很多人都迫不及待地加入到赌博者的队伍中去了。我也选择了一台从1美分起板的机器,先投5美元,输完了再投5美元,以寻找一些感觉。果然赌博并非一输到底,绝无回报,而是在几次失败后有一次成功,给你加上几毛钱。然后又输了几笔,突然再给上一笔可观的奖金,其数额甚至远远大于你的初始投资。接着你可能会看着钱又一点点少下去,并期待着下一次的"咸鱼翻身"。所谓峰回路转,在这里得到最为充分的体现。难怪有那么多人会沉溺在赌桌和赌博机前,忘记他们的社会和家庭责任,甚至不怕法律的制裁。

赌场和饭店的服务员大多是上海人所说的"老克勒",他们头发梳得一丝不苟,举止轻柔得体,说话温文尔雅,服务精致到位。我的钱被机器吃进去了,向一位服务员表示了一下,他马上叫来一个维修人员,把我的钱取出来,再试一下还有问题,就把这钱拿到前台去换一张新的,直至问题全部解决,他才悄然离去。整个过程干脆利落、轻重适当,这不能不使我感叹我们服务的粗糙简单、生硬僵化、呆板低效。当然,他们也会出错,而且错得非常离谱,竟把我们两位男士分在一个单人房里,并且连换了三次后还是只有一张床,不知道他们潜意识里有什么偏好,并且期望顾客与他们一样。

我在赌博机前也感受到了赌博的刺激和快乐,每次我都满怀着发财的梦想按动按钮,并且期待着奇迹的出现,尽管屡屡失败,但是发财的梦想依然伴随着我。这个过程浓缩了全部人生的感受、希望和忍耐。不仅于此,因为同一个按钮动作可以有无穷个结果,这就表明这个结果与我的行为无关,而为另一个世界的意志和力量决定。它可以让我贵上九天,也可以将我贱下九地,这就促使我们都想窥测另一个世界的意志,并与它沟通交流,以了解或实现我在这个世界的发展。在这个意义上,赌博是人的天性使然,所有人都有赌博的内在冲动,它与意识形态和道德观念没有直接必然的联系。不提供这样的赌博场所,人们的内在冲动仍然会寻找其他出路,在生活、工作中赌上一把,甚至几把,然后造成更为严重的隐患和后遗症。提供这样的赌博场所,不仅是以人为本,体现对人本性的尊重,更是将人的赌博天性引导到游戏领域,引导到小赌怡情上来,从而实现社会损失的最小化。当然,赌博过度,倾家荡产的案例也时有所闻,特别是在不允许赌博或允许赌博的早期。但是,随着参赌者理性程度的提高,过度赌博的倾向可以得到缓解,小赌怡情将占主导地位。因为担心放开赌博可能出现早期的弊端,而完全禁止赌博,则相当于害怕从矿井中救出来的人受阳光刺激可能短期失明,而永远不让他们见阳光一样荒谬。

退一步讲,加入机会成本的思考,即便赌博会造成不良的社会影响,但比之不需要财政支出就能建造出如拉斯维加斯这样美丽的城市,可为社会提供180万个就业机会,每年给财政增加几百亿的收入,还有位居美国大城市之首的好的社会治安等,这种不良影响与成绩也是"一个指头与九个指头"的关系。更何况180万人没有工作,可能滋生的犯罪恶性要远超几个输红眼赌徒的铤而走险。

在这个意义上说,赌博之城不仅不是罪恶之城,而且非常可能是希望之城,它可以释放人们内心的欲望,聚集闲散资金,促使社会走向规范有序。当然,到底赌城利弊如何,这不是取决于事前的分析,而是取决于过程的管理,管得好可以化腐朽为神奇,赌博可以成为新的经济增长点;管得不好则难免变龙种为跳蚤,赌城就成为罪恶的渊薮。所以,在没有做好充分管理准备之前,不能轻易进行建设赌场的尝试。

2008 年 5 月 10 日

独立不羁,与尘世保持距离的大学

我们 EMBA 游学团在短短 16 天的行程中,访问了美国十余所一流大学,尽管走马观花,浮光掠影,但还是能透过校园的美丽,感受到这些大学的独立不羁,以及与尘世保持距离的文化,这正是中国大学在国际上排名偏后的软肋所在。

(一)

哥伦比亚大学坐落在纽约市中心,现代化建筑的线条明快和构图气派自不待说,校园里有个很威猛的雄狮子雕塑,它张牙舞爪地显示着学校的后劲与潜力。图书馆正面有个很大的露天市场,好像是学生们交易多余物资的地方。有个学校创始人的塑像立在图书馆的台阶上,他俯视着市场,好像冲着市场中忙碌的人发笑。走过这个市场十步,可以看到一排六七口棺材模型,上面覆盖着美国国旗。有两个女孩,一个在敲小小的丧钟,另一个则在大声地讲演,主题是反对伊战。尽管没有人特别留意她们,她们还是坚持着。一边是和平繁荣和兴高采烈,另一边则是凄惨悲切和愤怒无奈,这两者居然和谐地结合在一起,展现出美国校园文化的多元性。

普林斯顿大学的校园非常漂亮,许多房子都有文艺复兴时期的造型,有圆形的、教堂式和古堡式的建筑,置身其间让人好像回到遥远的年代。普林斯顿大学的总办公楼外面古色古香,门口有两个铜狮子,它们不是毛发密集威猛的雄狮子,而是脑袋小小的雌狮子,底座上刻着捐献学生的班级与年级。总办公楼门很高大,是双层的,关得非常紧密,进入其中,就只能靠灯光照明。顶穹显得相当之高,四面墙上有着在一战、二战、韩战中牺牲的学生名单,左右两侧墙上悬挂着美国国旗和普林斯顿大学的校旗,显示着历史的凝练与厚重。左右两边的通道通向校长办公室和各职能部门。中间的大门打开,又是一个大厅,里面有一排排像是教堂里的长凳,墙上挂着一人多高的半身肖像画,布置得非常庄严肃穆,这大概是他们的校史陈列室,这些肖像画应该是他们的历任校长和作出杰出贡献的人。不仅在普林斯顿大学,在美国其他大学校园也都可以看到代表国家精神的旗帜和在学校历史上作出重要贡献人物的塑像,但是,我们却没有看到领袖的肖像和塑像,这不能不说是大学与世俗甚至政治生活保持张力的表现。

(二)

耶鲁大学的设计者则刻意制造窗户玻璃的裂痕、瓦片的陈旧、雕塑的残缺,以显示耶鲁年代的久远和曾被入侵的故事。对中国人来说,这简直是"少年不知愁滋味,为赋新词强说愁",哪像我们"而今识尽愁滋味,欲说还休",一点也没有编造历史久远被人入侵故事的闲情逸兴。走进一个大的院落,可以看到四面都是古堡式的建筑,底色偏红。一片很大的绿地上有若干学校名人的塑像,许多金发碧眼的少男少女在灿烂的阳光下读书、嬉闹。走进另一个门洞,又有一片豁然开朗的天地,背景底色偏白,四周还是古堡式的建筑,又是一帮金发碧眼的孩子在那里嬉戏、晒太阳,你会怀疑自己是不是回到了维多利亚时代。据说,耶鲁有12个学院,每个学院都有这样非常漂亮且独立的院落。

耶鲁的草坪上有着许多塑像,其中一尊年轻人的立像最为令人动容。他是耶鲁的毕业生,也是美国历史上第一位间谍。他在独立战争时被派往英国,因为拿刀叉的习惯与英国人不同,所以才当了一天间谍就被英国人识破,并且被处死了。后来,美国中央情报局(CIA)想把塑像放在CIA门口,作为其间谍事业的先驱,却没想到遭遇耶鲁的拒绝。他们只好趁着夜色,爬进耶鲁,拓下这张脸,再塑一座像。这个故事后一半的好笑中显示着耶鲁的独立,甚至傲慢。因为同样的情况发生在中国,我们的大学一定非常高兴地举行赠送仪式,并将国家关键部门对我们东东的看重作为大学的无上光荣。确实,我们大学的国家意识比耶鲁强多了,但是独立不羁的精神也差得太远了。

耶鲁的独立不仅表现在对国家世俗的态度上,而且表现在对至高无上的上帝的态度上。耶鲁图书馆的外形很像教堂,据说设计师正是要为耶鲁设计一座教堂,以表达他对上帝的崇敬,但是被耶鲁否定了。设计师无奈,只能按教堂的外形设计图书馆,并按教堂的风格装饰内部。图书馆正面借书的柜台上面有幅很大的画,其中有12个人物。乍一看好像是耶稣和他的使徒们,实际上却是耶鲁12个学院的院长。窗玻璃上的画看起来都像是宗教人物和故事,实际上却是学校里的故事和人物。这样的设计让我们陷入庄子的困惑和疑问中,是耶鲁人物披上了宗教的外衣,还是宗教披上了耶鲁人物的外衣?耶鲁拒绝的不仅是设计师意愿,更是宗教对大学的进入。上帝在西方文化中是地上天上至高无上的,耶鲁居然敢对之说不,其风骨之傲、腰板之硬令人可钦可佩、可感可叹。

比较起来,我们的大学则一直匍匐在国家精神和政权意志的脚下。不能在精神上站起来的大学,其学术很难领先;即便学术领先了,也会因为精神的缺失或疲软而难以厕身世界名牌大学的前列。

(三)

斯坦福大学最为漂亮,不仅在于它的面积是我们清华北大的七倍以上,校园里到处绿树成荫,高尔夫球场随处可见,教学大楼会在浓郁葱茏的大树后面突然闪现出来;更在于在学校的中心地带,有着非常宽阔的马路伸向远方。学校远处有座钟楼,旁边是一片土耳其建筑式的房子,前面是个大花坛,外围是绚丽多彩的鲜花,中心是个很大的喷水池,飞溅的水花构成晶莹透彻的珠帘翠幕。花坛的南面是著名的棕榈大道,两边是高大笔直的棕榈树,如云的冠盖,伴随着大道伸向远方。据说因为加州的气候并不适宜棕榈树的生长,所以斯坦福每年要为每棵棕榈树支付300美元的养护费,要知道这棕榈树不是几百棵,而是一眼望不到边。斯坦福的财大气粗和打造良好环境的气势可见一斑。斯坦福的美还在于校园的安宁和静谧,除了我们这些游人外,其他人很少,以至于我们耳朵里除了鸟叫外,没有别的嘈杂声。在加州世界著名的灿烂阳光和湛蓝天空之下,这种安宁和静谧化解着我们内心的焦虑和浮躁,并让其洒落在斯坦福的马路上。

在花坛的北面有座很大的教堂。入口处有一群十几个与真人一样大小的青铜雕塑,裸露的肩膀上披着坎肩,神态各异,好像是一群古代哲人,在辩驳揣摩上帝的意图。教堂正面的外墙是一幅巨大的瓷砖画,耶稣站在众人间讲道,也有人匍匐在那里,期待着耶稣的摩顶,帮助他们解除苦难。我们走到教堂门口,并没有期望能进去看看,因为教堂的门通常只有在周末才打开,而这天只是周二。但是,教堂里还是出来一位神职人员,他为我们打开了门,示意我们进入并保持安静。教堂里空无一人,仰望着高高的穹顶,一幅幅出自《圣经》故事的画像,从亚当夏娃在伊甸园中到耶稣的蒙难,还有飘忽的蜡烛灯火、色彩鲜明的壁雕和窗花,我们都会感慨上帝的神圣与庄严,以及我们自身的卑微与渺小。

斯坦福是最讲科学精神的理工类大学,著名的硅谷就孵化于此,同时,它也是最具宗教情怀的大学,我所看到最美最气派的教堂也在于此。科学与宗教,在我们看起来是截然对立的两者,但在斯坦福不仅和谐,而且非常紧密地结合在一起。固然,我们可以说,斯坦福大学的创始人——老斯坦福夫妇特别需要宗教的慰藉,因为他们的独生爱子在18岁时因伤寒离他们而去,但是,在最具科学精神的校园里加入宗教情怀,这不仅是个人偏好的偶然,更是制衡人类征服自然能力的必然。没有宗教的约束,科学可能进入一切领域,包括克隆人、人兽胚胎杂交……谁知道会打开哪个潘多拉盒子,召唤出怎样的魔鬼来?我不相信世界上会有离开躯体的灵魂,就像刀之不存,刃将焉附[①]一样,但是,我相信人是需要精神鸦片的,就像不给老斯坦福夫妇宗教的慰藉,他们怎么能走出白发人送黑发人的无尽悲哀?我更相信科学需要宗教的制衡,科学讲控制和征服,而宗教则重敬畏和谦卑。没有宗教的制衡,科学可能无所不为其极,而走向失控;没有科学的发展,人类至今可能还在茹毛饮血,更不用说创造如此灿烂的现代文明。在这个意义上,两种对立力量的并存和制衡才能更好地发展。可惜,我们校园始终

[①] 依据南北朝的范缜在《神灭论》中的话推导得之,原话为:"神之于质,犹利之于刃,……舍刃无利,未闻刃没而利存,岂容形亡而神在。"

只有一种力量主导,即便这种力量完全正确,当它失去制衡时,也非常可能走向自己的反面,至少会失去强劲发展的动力。

(四)

哈佛的校园也挺漂亮,但是,在我们看过耶鲁的古色古香、斯坦福的自然生态与宗教情怀、沃顿遮云蔽日的大树下对人作揖的小松鼠、伯克利阳光下花花绿绿的比基尼加耀眼的白皮肤和玲珑的曲线之后,我们已经审美疲劳了,哈佛校园不过如此而已。但是,哈佛还有几扇其他学校没有的校门,尽管这些门一点没有气派,与我们交大、复旦的门相比简直有雪泥飞鸿之分,充其量只相当于上海的石库门、弄堂门,如建业里的门,甚至比不上新式里弄上海新村的弄堂门。

据说哈佛门口镌刻着这样的话:"风能进,雨能进,国王不能进",我找了三扇门也没有找到这句话,也许它是用拉丁文写的。尽管我们的校门口没有这句话,但是有理由认为我们比哈佛人理解得更深刻,因为他们的先见之明没有经过苦难和曲折的体验。国王代表着世俗和政治权力,他进入校园势必会打乱校园的平静,以及理论逻辑的推演。在没有干扰的情况下,是非黑白、真理谬误一目了然。加入了国王,则为了权衡利弊和保持稳定,是非黑白、真理谬误难免会被表述得扑朔迷离、似是而非、黑白相间、亦真亦幻,历史也沦落为任人打扮的小女孩。更不用说,一旦国王以院系大调整,拆分合并,甚至是以"文化革命"的面目进入大学,则会给大学造成沉重的、数十年都喘不过气来的打击。我们常常以我们大学历史的悠久、文化的积淀而自豪,殊不知一旦国王挟雷霆万钧之雄风,在校园里穿梭横行,"扫除一切害人虫",大学历史就会被切割成三明治中薄薄的肉片,大学文化与学术积淀势必归零,甚至从负开始,既没有凝重,也没有深厚;大学精神更是会被阉割得雌雄莫辨,既没有独立不羁,更谈不上强项与傲骨。在这个意义上,我们不能不佩服,美国那些建校的先哲们,他们竟然能在几百年前就预见到"国王进入"会给大学发展留下的太多遗憾、尴尬和扼腕叹息。

我们已经开始瞄准世界一流大学努力奋斗,但是,我们至今还没有明确大学要与现实生活拉开距离。大学文化要包容不同的理念,大学的运作不能让任何力量挟制,而要建立各种力量之间的有效制衡。缺乏这种理念引领的努力,能在多大程度上使我们的大学趋近世界一流的目标,我心存疑虑。

2008 年 6 月 10 日

游荡在闹市墓地的幽灵

说起墓地幽灵,很容易引发人对那种形体虽毁损但阴魂依旧不散的想象,这实在有些瘆人。但若它是在墓地中凝聚的精神,既无所不在,又看不见摸不着;既不断地向四面八方发散,又时时聚拢回归,这就不仅不瘆人,甚至还能催人昂扬,并且激励人们为这样的精神而牺牲。这是我走在波士顿的两块闹市中心的墓地的感慨。

沿着波士顿街道上的红色箭头,油漆的或者红砖砌成的,我们走了一段自由之路(Freedom Trail),中间有两块墓地。两块墓地都建在高楼林立的中心区,其地段应在我们的淮海路和南京路之间。两块墓地都小小的,三面高楼包围,一面临街,被铁栅栏围着,这样的大小、这样地紧贴大楼,不经意间就会被当做是哪个有钱人的私家花园。在繁华喧闹的城市中间,蓦然看见这样的墓地,感觉甚是奇怪。死人世界插在活人世界中,阴阳两隔变成阴阳共处,这很不容易为中国人接受。来美国前几天上海晚报上有这样的报道,说有人因为墓地太贵,就在自家的天井里为父母立了块碑,周边邻居们都很愤怒。我非常理解他们的感受,但是,看到老美的做派,大楼下、古树边,墓碑连成片,这比天井里立块碑不知要夸张和过分多少倍了。对照之下,我们邻居的抱怨似乎有些无厘头了。当然,即便没有文化的差异,我们的闹市区也不可能出现这样的墓地。

因为这样的地段绝对是开发商的肥肉,早就被他们一口吞下,不留一点点渣渣。

两块墓地都很有些年头了,最早安葬的是与独立战争相关的人。大树底下,一排排墓碑,它们大多高不过膝盖,宽不过两尺,不是洁白凝重的汉白玉,而像是灰暗的油母页岩,缺损的地方看得出材质的层层叠叠。好些墓碑已经有些残破,字迹也很模糊,不弯腰看不出一个大概。还有几个长长方方的水泥棺椁放在泥地上,看得出躺在其中的人已经两三百年未受到干扰。阳光穿过树荫,洒落在墓碑上,斑驳陆离,不仅没有阴气重重,反而很有些蓬勃朝气。因为很多墓碑的旁边都插着一面面小小的美国国旗,红色的线条和闪烁的星星给墓地增添了许多庄严肃穆的感觉。有一块墓地的中间只有一块高大的三角形的墓碑,方方正正的,占地面积是周边墓的两三倍,这是富兰克林父母的墓。旁边的铭文写着富兰克林家族的事迹。可以想象,即便晚间在这块墓地间走走,也能比较悠游从容,无须特别紧张。

我们去的时间是周二,至少不在我们理解的假期中,但有许多小孩排队而来,带着笔记本一个劲地在记,好像也是在进行爱国主义教育。有趣的是,那个讲解女老师也许是为了突出讲解的效果,竟穿着维多利亚时代的长裙,戴着那个时代的圆边帽子,很像是《简·爱》里的女家庭教师。还有个男的穿戴着很像独立战争时期士兵的红上衣,戴着拿破仑式的帽子,脚蹬长筒靴,腰间挂刺刀,手提毛瑟枪。我们都热得穿短袖体恤,他却厚厚地全身披挂,全副武装,一面擦汗,一面认真地为小朋友们讲解。在墓地中间有条走道,走道与泥地之间有着很多铭文,上面写着为了保护我们的遗产,请不要踩在泥地上。

美国人对为国捐躯者的敬重无所不在,从哈佛的教堂,到麻省理工的圆厅、耶鲁校长室,还有各个学校可以用来纪念的地方,甚至在一些银行的大厅中都镌刻着与他们学校和单位相关的为国捐躯者的名字,从学生到员工,从南北战争到二战,从韩战越战到伊拉克战争、阿富汗战争,无所不在。他们对为国捐躯者的敬重又汇聚在墓地中,让我们有深深的感慨、难言的遗憾。

我们不仅不尊重死者,甚至也不尊重烈士,尽管我们的传统文化强调死者为大。"文革"中,我在上海虹桥路的一家锻铁厂当工人,工厂的对面,在虹桥路和番禺路口就是虹桥公墓。当时的公墓已经被夷为一片平地,所有的树木都被砍得精光,所有的坟墓都被挖掉,还有些棺椁被留在地面上,上面图案精美、气派豪华,显示出墓主人家的富贵。有个棺材盖子打开半个,下面是块玻璃,因为年代久远,玻璃被下面的水汽弄花,看不见下面的情况。有个人拿块砖扔过去,玻璃碎了,下面尸首的脸也砸碎了一大块,旁边的人都欢呼了起来。那些棺材就在地上放了好多天,日晒雨淋,后来不知被搬到哪里去了。有天我们在那里进行民兵训练,休息时我爬上一堆由蒲包堆起来的小山坡上,不小心滑落下来,手蹭破了一个蒲包,里面露出了骨头。我吓了一大跳,原来这每个蒲包里面都包着由墓地里掘出的死人骨头,蒲包山就是由死人骨头堆起来的。看得出当年这虹桥公墓的气势之大,远远超过今天这十来个美国人城里的墓地。我们毁掉的远远不止这个虹桥公墓。20世纪80年代我去曲阜的孔林,那里所有的坟墓都给挖开了,一个个洞连着一个个土包,感觉特别瘆人。连我这个与逝者绝无亲属血缘关系的人也禁不住对掘坟暴尸行为的愤怒,更不用说当事人的遗属后裔了,他们感受到的肯定不仅仅是仇恨。不能向受害者诚恳致歉不可能有和谐社会的建设,因为在中国的文化中,挖人家祖坟是最为残酷、最让人家恨得咬牙的事。然而,至今我们对这些问题还避而不谈,不能给先人和他们子孙一个交代,就是没有给中华民族一个交代。

对于敌方或疑似敌方的墓地我们破坏唯恐不及,对自己的烈士,我们也缺乏应有的敬重。据说,为建立共和国有三千万烈士牺牲,至今有名有姓的不过三百万,更不用说在抗日战争中牺牲的国民党士兵了。这一点不像美国人,他们耗费巨资在全世界寻找失踪者遗骨,让他们回归故土,并享有国家对他们的褒奖。我们这边的情形则是,一个农民竟然在地摊上买到5张烈士证,他花了许多时间和精力寻找烈士的家人和墓地。在媒体对他的义举大加褒奖的同时,另一张连长的烈士证却在路上走了55年才到他家人手中,但民政部却说无法给予他家人相应的抚恤金。

走在美国闹市区的墓地,仰望著名院校纪念堂墙上一排排的名字,我们不能不感叹我国改革道路的漫长,它不仅涉及经济、政治方面,更关乎人文价值观方面,而后者的展开完成甚至要比前两者要困难得多,因为至今我们还没有明确和认可人文价值观的改革方向。

2011年6月29日

芝加哥印象的颠覆

在我过去对芝加哥的印象中,芝加哥是个黑人很多,地铁乱糟糟,工人罢工频仍的城市。这次借 GMAC 会议之便,去实地看了一下,以往的印象遭遇彻底的颠覆,因为芝加哥是个气势恢宏、规范有序且又非常漂亮的现代化城市。

漂亮的建筑

现在的芝加哥是在 1871 年 10 月 8 日的大火之后重建的,因为聚集了最好的设计师,所以后来学建筑的人都要到芝加哥,以便从它们的精美漂亮中吸取艺术创新的灵感。

作为外行人,我看不出建筑的门道,只是体会视觉的愉悦。芝加哥中心区的大楼非常壮观,大都有四五十层的高度,且形态各异,基本看不到相似的大楼。所有的楼顶都不一样,有圆形的、拱形的,还有哥特式的,很有宗教气息和历史人文的底蕴,尽管整个美国的历史也就不过短短两百多年而已。耸立的大楼没有"刺破青天锷未残"的刚硬,却有漂亮的楼顶把蓝天白云的边缘裁剪成姑娘裙边绣花的柔美。相对而言,纽约的建筑却有些低暗灰沉,望着纽约大楼的窗口,我总是禁不住会想到上海的提篮桥,说不清两者具体在哪个方面像,但总的感觉是芝加哥更显明快、阳光。芝加哥大楼的外墙大多用大石块砌成,尽管也有玻璃幕墙,但是衔接之处相当光洁、柔美,且华润和优雅。与上海的大楼相比,其犄角旮旯的精细有很大的优势,我们许多大楼的做工就明显不如人家了。即便很有特色的大楼,也缺乏人家宗教底蕴的内敛与典雅。当然不谈外滩的那一段,因为它们都是舶来的,而不是土生土长的。

市中心的千禧公园(Millennium Park)就在艺术博物馆的旁边,其中有两个堪称地标的建筑。一个是 Cloud Gate,有两层楼高、二十多米长、七八米宽的巨大甜麦圈,中间空心,两头上翘。通体像镜子一样反光,我用手敲敲,声音沉沉的,没有铁皮的空空声,但也不像完全是实心的。我不知道这个艺术家的创意,但是可以肯定它很受欢迎,因为许多人都在那里拍照嬉玩。另一个是 Crown Fountain,由两堵墙构成,它们是两个有两层楼高、五六米宽的巨大屏幕,画面不断地变化。如果是小溪,则水从屏幕的上方喷出;如果是一个孩子或一个壮年人,则水分别从其嘴里吐出。我们去的太晚了,没有等到水从嘴里吐出,但许多孩子还在那里随水的喷涌而起舞,热闹非凡。

在芝加哥也能见到一些乞丐或是流浪汉。我早上出去散步,看到在沿河的长凳上一些人躺在那里睡觉,长凳下面都有个小包裹,估计是他们的日常用品。在芝加哥河的桥头上,也坐着个乞丐,他举着个牌子,好长时间了,一动不动。虽然这些人都衣冠不整,胡子拉碴,但是,没有人面黄肌瘦,衣衫褴褛,说明他们的流浪乞讨生活并没有特别糟糕。这些乞丐或流浪汉中有黑人、有白人,就是没有华人。这不仅说明华人的勤奋智慧,更说明作为乞丐或流浪汉未必完全是生活所逼的无奈,而非常可能是一种价值观或者心理状态使然。

精彩的博物馆

芝加哥有五个著名的博物馆，涉及科学工业、艺术、自然等，我的时间不够，只能选择科学工业博物馆。短短两个多小时的参观，使我对美国的经济文化实力有了比较深入的了解，也很能理解山本五十六在发动珍珠港事件时的担忧。

博物馆中有精致绝妙的城市模型，小火车则在高楼间不停地穿梭运行。馆中有巨大的转盘，里面放着细沙，转动起来，细沙的运动可以表现雪崩形成的原理。有一道直径20厘米的雾，从地上升起，盘旋一人多高，表现龙卷风的形成机制。有人体解剖模型，精细地展现人体每块肌肉、骨骼，甚至每条血管。有制作非常精细的木帆船，一米半大小，有近上百艘，从18世纪到现代的都有。另外，馆中还有火车、飞机、航天器等模型。

最让人震撼的是像坦克车那样的大型收割机，其块头之大，以至于只能在广袤无边的原野上使用，根本无法在分割成一小块一小块的土地上施展技能，更不用说小块土地无法承受使用它的成本了。在收割机的旁边，有与奶牛模型放在一起的自动挤奶机。有趣的是，在奶牛模型的旁边居然能闻到牛粪的清香。与这个模型放在一起的是奶厂的微缩画面，奶厂里不是一头奶牛，而是数以万计的奶牛汇聚在一起，这种强大的气势是在小农经济环境中长大的我所无法想象的。

有个微缩的贵族生活的模型，是个两层楼的古堡，带着一个漂亮的庭院。大门非常气派，贵族徽章、煤气灯等一应俱全，庭院中还摆着一辆马车。二楼是几间卧室，布置着卧床和精美的家具。一楼则是个很大的客厅，有沙发和钢琴。右边房间有个很大的厨房,除了巨大的餐桌外,还有着个几乎占一堵墙的大烤炉。由此可以想象高朋满座的盛大场面了。也许,只有在这样的环境中才能产生出高雅艺术,因为丰衣足食后,感觉会越来越敏锐越细腻。如果,成天胼手胝足地劳作,神经和感触难免变得粗糙和迟钝,如何高雅得起来?贾府上的焦大纵然会爱上林妹妹,但为生活计,他只能选择脸盘红红、身板结实、骨节粗大的厨娘。可见,文学艺术要是完全围着劳动大众转,则只能创作出厨娘的哼哼唧唧,而不会有林妹妹的吟诗作画,我国几十年没有什么传世之作的原因似乎可以在这个贵族的庭院里找到些许证明。

博物馆内还有个专门建造的大厅,陈列着二战服役过的潜艇,编号是U535。它静静地躺在那里,庞大的身躯能让走到边上的游人感到强烈的震撼,特别是屏幕上显示它在珍珠港事件中幸存的传奇,以及在二战中的赫赫战功。望着这像是雪茄又更像是海豚的身躯,可以想象它在海面上的乘风破浪、在海底深处潜伏的虎视眈眈,以及一跃海面的壮观。有着这样潜艇的国家是很难打败的,不仅在于这个潜艇本身,更在于它背后比坦克还要庞大的收割机,以及可以承载这种收割机的广袤无边的土地,还有产生于贵族客厅的悠闲文化。难怪山本五十六在发动袭击前就担心,如果不能一下子把美国人打趴下,一旦他们喘过气来,后果很严重。

优美的社区

我的朋友住在芝加哥的卫星城Naperville,那里环境优美,生活悠闲,人与自然的和谐相处,决定了良好的社会治安、愉悦的心情和融洽的人际关系。

Naperville绿树成荫,草地青翠,别墅成片,因为行人很少,而显得格外的静谧。那里有个很棒很大的公园,园内有各类活动中心,还有一个很大的游泳池,洋人们很悠闲地在那里游泳、晒太阳,不过游泳的动作可比我差劲多了。那里的草地比住宅区中的更为青翠、更为宽阔,向着很大的斜坡延伸开来。树木修剪得非常齐整,一个个气派不凡。洋人或躺在草地上,或不断地将飞碟扔向远处,小狗欢快地奔驰过去,享受衔回飞碟后主人的宠爱。园里有条两公里多长的小溪,水流平缓、清澈。数十只野鸭子、野鹅排成长队,拍打着翅膀,唱着欢乐的歌,顺着潺潺溪流而下。这种情况,在上海是不可思议的,因为这些野鸭、野鹅一定会成为什么人的盘中餐、口中肉。即便有安保的全面监管,也挡不住饕餮之徒的血盆大口。公园中心有座钟楼,其中大大小小有72座钟,不知这数字与中国人的天罡地煞有什么关联。半小时敲一次的钟声非常圆润、悠扬,可以传得很远很远。因为周围也没有什么高楼,登上钟楼可以远眺一个小时车程外的芝加哥。

  我朋友家底层是排很大的落地窗,屋内笔记本电脑、大屏幕电视机一览无余,只要踹上一脚,就能将室内的东西搬走。但是,我的朋友却毫不担心,他们有时晚上会忘记关闭车库门,外人很容易从那里进入房间。社区内并无保安、门卫、电子探头,只有警察偶然会提醒他们。但大多数情况下,他们要到第二天早上才会发现车库门没关。周围邻居也大多如此,大家都缺乏应有的警惕性。不过,话又说回来,他们的房屋都是几合板钉出来的,门禁搞得再严也无意义,真有宵小之徒,随便打个洞都能进入。从芝加哥回来,我就去了趟深圳,看到装到八九层楼的防盗栅栏,不禁感叹我们社会发展和管理水平的技不如人。虽然上海的治安算是全国最好的,但若真把我朋友的别墅搬到上海,也很可能遭遇盗贼的劫掠。

良好的生存环境决定了良好的人际关系,那里陌生人之间也相当友好。电梯中、马路上,陌生人不仅互相打招呼,甚至还亲切友好地交谈。这让我这个生长在"不要与陌生人说话"的环境中的人大惑不解。多年前,我在温哥华,遇到那些与我这个陌生人打招呼的洋人,以为他们是一路走来就碰到我一个人,所以有些激动,而不像我们这种习惯在人海里穿梭的人,看到陌生人的反应难免有些迟钝。这次我终于理解,他们对生活的愉悦溢于言表,因为压力较小,日子悠闲,当然乐意与陌生人说话了。如果生活压力很大,咽泪装欢,甚至像甄妃那样时时要防卫出击,则看到熟人也会心烦,更不要说是陌生人了。

行走在芝加哥的蓝天白云下,心头很容易响起"解放区的天是明朗的天"的旋律,只可惜这个天虽明朗,却既不是我们的,更不是解放区的。

湛蓝的湖水

芝加哥有个很大的一望无际的密西根湖,与这个湖连接在一起的是芝加哥河,逶迤穿过芝加哥的市中心,湖河连接在一起,像是条巨大的蝌蚪,显示这个城市可以由一种生命状态向另一种状态升华的巨大活力和潜力。

密西根湖的湖水特别清澈湛蓝,站在湖边望去,水天一色,一望无际。近处望去,波光粼粼之中,可以看到水底的沙石,间或还有小鱼在岩石间游来游去。浪头也在不断地拍打着礁石,但却相对平和,没有海浪那样奔腾激越。空气中既没有海风的鱼腥味,也没有我们太湖在蓝藻泛滥时的阴沟气息。芝加哥河向市区延伸,宽度与上海的苏州河差不多,陡峭的岸边就是一幢幢大楼,河岸的嵌入处是长长的地下行车道。与我们苏州河最大的不同在于芝加哥河水的清澈,不带一点点土黄色,其颜色之鲜艳就像翡翠色的腰带,环绕镶嵌在芝加哥城,给这个城市增添了些许妩媚。

晚上,我们泛舟在密西根湖上,身边是穿着海盗服装的船员,桅杆上悬挂着鼓足风的三角白帆,夜帆风驰。头顶是无数湖鸥在翻滚飞行,发出阵阵令人愉悦的叫唤声。向湖边望去,岸上的大楼影影绰绰,在室内光的照耀下,湖水显得有些晶莹透彻。左边的远处是海洋馆的穹顶为标志的一系列建筑,右边则是以一个大飞轮为代表的海军码头(Navy Pier),它们都在灯光的照耀下显得格外的璀璨耀眼。静静地坐在这里的甲板上,感受着湖风的轻抚,听着船长叙说着有关海盗和贩私酒的故事,其感觉要远超在黄浦江上马达轰鸣的游轮上,尽管黄浦江两边的风光并不逊色于这里。

下船时,那个"海盗"船长说了一通希望得到小费的理由,然后一个个游客从他面前走过,但凡给小费的,他都说了声感谢,而没有给小费的,他则说了声"excellent"。我不知道这个词在这种情况下的精确含义,但可以肯定是友好的。之前我们在科技馆门口碰到一个卖冷饮的老爷子,他给我们拍照、指路,虽然我们没有买他的冷饮,但他依然对我们非常热情友好。相较而言,我们国人的表现就不如他们了,在动员买他们产品时的服务确实不错,一旦成交,则服务水平一定下降。如果不成交,则难免是脸难看,话难听。

乐不思蜀的小朋友

在芝加哥,我遇到了我一位同学的孩子,她毕业于国内名校,在芝加哥大学获得硕士学位,父母期望她回去,她却更喜欢芝加哥,这样的感情和表现不是句简单的崇洋媚外所能概括与批评得了的。

我去这个小朋友的居住地看了下,在市中心一栋大楼的45层。她们三个女生合租了一套两室一厅的房子,她住在客厅里,用个屏风隔开,比她父母家的条件差多了。但是,她喜欢芝加哥更甚于上海,喜欢芝加哥大学更甚于她的母校。我很能理解她的心情。在我与她上下电梯的时候,电梯里的陌生人都热情地打招呼,友好地交谈。而在我们的电梯里,一般谁也不会主动与谁打招呼,电梯里往往是静静的、冷冷的。陌生人的疑虑和询问眼神常常像是用冰山的精钢炼就的"九阴之剑",不小心被扫上一眼,就有一股寒气从心头升起,向四肢弥漫。问题不仅在于电梯中的这个场景,而在于这种场景可以表现在生活的方方面面、点点滴滴之中。

小朋友的乐不思蜀质疑了爱国主义教育的价值,爱国主义不是教育出来的,而是体会出来的。无论我们的教育有多么成功,只要与生活的方方面面、点点滴滴背离,已经形成的爱国主义感情都可能冰澌溶泄,土崩瓦解。譬如,揣着一张护照全世界免签,即便从来没有受过爱国主义教育,也会迸发出爱国主义热情。如果揣着的这张护照,不仅上哪都要签证,而且还要看使领馆门口那个保安的脸色,那么已经形成的爱国主义感情都会受到严重的伤害。所以,与其将有限的金钱、精力用于爱国主义教育,不如用于改变我们生活的方方面面,但这个难度太大,旷日持久,于是我们最后只能进行这不做不行但做也不解决问题的爱国主义教育。

2012 年 7 月 8 日

芝加哥大学的灵气

芝加哥大学在经济学领域很有地位,他们有个芝加哥学派,著名的哈耶克、乔治·施蒂格勒和 M.弗里德曼等重量级人物都是这个学派的代表。我有幸去芝加哥大学逛了一下,感慨良多,尤其对"物华天宝,人杰地灵"有了更深的理解。

芝加哥大学在市中心有座大楼,紧挨着芝加哥河,在著名的论坛报大厦(Tribune Tower)的对面,与周边商业大楼融为一体。不知道是不是学校的书卷气镇住了商业区的繁华和喧嚣,使得整个商业中心都显得典雅、平和,没有小富就找不着北的急切和骄狂。像国内的大学一样,芝加哥大学的总部,作为精神象征也在向郊区转移。芝加哥大学总部的氛围和气息,更使我感觉只有在这样的环境中,采撷天地钟秀之灵气,才有芝加哥学派的人才辈出,群星璀璨。

芝加哥大学总部并无明显的校门,汽车穿过那里著名的贫民窟,就进入了校园。中间是宽阔的通衢大道,两边是教学办公楼。在两条车行道的中间是宽阔的草地,杂花生树,绿叶成荫,虽没有群莺之乱飞,却有名人塑像之端坐。走在这样的林荫之下,感受的不仅有自然的清澈怡人,更有书卷的清纯宁和。校园里行人很少,却有两个年轻人穿戴着头盔护胸在击剑,炎炎烈日之下,剑气飞扬,龙腾虎跃,更显校园的朝气与活力。

穿过教学楼的走道,出门像个小庭院,那里的绿地显得更厚实,树木更高大,树荫更浓郁,婆娑之中,透着丝丝凉意。正点钟声敲起,简单几个音符,"2,4,3,1　2,3,4,2　4,2,3,1　1,3,4,2",没有雄壮嘹亮,响彻云霄,却能悠扬地传得很远很远,感觉不是以空气的震动为介质,而是通过人心的感应来传导的。据说,这个音乐来自威斯特明斯特修道院,欧洲历史上不少重大事件都与这个修道院有关。教学楼屋顶四角有尖顶楼阁,上面大多有个十字架。钟楼在屋顶的中间,尖尖顶四四方方的。窗框门楣呈半圆弧形,很像是维多利亚时代的建筑,更有教堂的气息。教学楼墙面几乎爬满了爬山虎,只剩下很小的一块,让人缅怀曾经属于人类的全部。庭院中间摆放着长木椅,浓阴下,木椅上,捧上书一本,感受庭园的恬静怡然,还有定时敲响的像是天籁的钟声,此时悠然自得地呼气吐纳的似乎已不是尘世的俗气,而是来自天外的仙气。骚动的灵魂可以平静下来,有所净化,有所皈依。如果再有个苹果掉在头上,砸出一个震撼人类的伟大思想也就毫不奇怪了。

不知道是西方大学有意识营造这样的氛围,还是他们的宗教文化顺理成章地导出这样的气息,美国大学几乎都有净化灵魂的通灵的所在。耶鲁将为学校作出贡献的人画得像是上帝的使徒一样,刻在图书馆窗玻璃上;斯坦福教堂的一堵瓷砖画墙,表现上帝布道等,都给我留下强烈的印象,特别是他们校园里的静谧恬淡更是我们校园最缺乏的。不要说上海交大徐汇校区的商业气息已经涤荡了书卷之气,就是在闵行校区,通灵的所在也所剩无几了。社会的浮华喧嚣正在入侵和吞噬校园的宁静,学生的课还没有上完就满世界找实习找工作,浮躁得连课桌椅似乎也按捺不住要迈开四条腿了。

据说,人的智慧是从天上"偷"来的,信哉斯言。但凡精彩的思想和句子都不像是努力得来的,而是"得来全不费工夫",此非从天上"偷"来而何?如果大学保持静谧恬淡,它就离上帝和天堂近了,我们会有更多的"得来全不费工夫"。如果大学不再是象牙塔,而变得像宾馆、机关,或者红旗猎猎的革命大会场,我们就没有机会从天上"妙手偶得之",或者无论怎样搜求仍然头脑空空。所以,大学一定要与世俗保持足够的张力。风能进,雨能进,代表世俗的国王不能进。这样的大学才能通灵,才能产生伟大的人物和伟大的思想。所谓"灵",不管是精灵神佛,还是智慧才气,都不仅不能产生于且一定会迷失于世俗之中。世俗生活只是关注肉体的需求,而不会考虑灵魂的安顿,结果灵魂就飘飘荡荡,不知何往。

在芝加哥大学,几乎每个庭院里都竖着醒目的报警电话。据说,芝加哥大学紧挨着贫民窟,无所事事的人闲逛校园时,非常可能忘记尘世的束缚,而让本能溜将出来,这就容易发生滋扰性事件。竖上醒目的柱子,固然是便利报警,更是告知,这里的庭院也与尘世连接,切不可忘乎所以,让本能溜出笼子,为非作歹。那个贫民窟有一片比较低矮的房子,路口站着好些晃来晃去的年轻人,据说这里酗酒、吸毒和斗殴屡有发生。比较学校的氛围与这里的状况,反差如此强烈,天堂地狱居然毗邻而建。到底是环境决定了人的素质,还是人的素质决定了环境,此乃与鸡生蛋蛋生鸡一样难以回答的问题。但可以肯定,如果贫民窟建设得与校园一样美,或者校园破败得像贫民窟一样糟糕,则那里人的素质一定会颠倒过来,至于是人的改变,还是人的换位,本文不作细究。但中国古人所谓"物华天宝,人杰地灵",一定有着子孙们应该永远铭记的道理。

中国大学要实现国际一流,在硬件上的成就自是有目共睹,但是,在构建通灵的氛围上,我们的缺口甚大,问题颇多。就像我们已经穿上了宽大的毕业袍,也有领导为毕业生将帽上的流苏由左移到右,但其宗教文化内涵却鲜有人知,更不用说传承了。说这是沐猴而冠,有些刻薄,但肯定是仅得其形,而未得其神。所以,创一流大学,不仅在于大楼的雄伟、氛围的优雅,更在于精神的通灵,在于阻挡商业俗气的侵蚀,在于去掉学校的官场化衙门化,这才是最难最难的啊。

2012 年 8 月 14 日

新加坡印象记

莱佛士广场在新加坡河的边上。新加坡河实际上是个小小的海湾,长度有限,宽不到百余米,靠海的那段河上有两座挨得很近的桥,其中一座"年事已高",只供步行,不能通车。一百年前有个叫做莱佛士的英国人登上了新加坡这块土地,开始了对它的开发。为了纪念这个英国人,莱佛士广场上树立起莱佛士的塑像,他站在那里注视着前方,好像还在寻找贸易交换和海洋文化尚未到达的地方。尽管在英国人登上这块土地之前,早就有马来人繁衍生息在这里,但是,没有西方文化的冲击很难有新加坡今天的繁荣。

在这河的两边有很多青铜雕塑,河的南边有个带着瓜皮帽、留着小辫子的中国人坐在桌子前打着算盘,马来人则扛着货物在过秤,一个欧洲人在一边看着他们,这表现了当年开埠交易的景象;河的北边有几个中国人在欢迎一辆牛车,里面坐着他们的家小,还装着一些农具,表现华人与家人团聚的温馨;河岸上有一群光腚小孩,他们正争先恐后地跳到河里去戏水,显示着这块土地的活力和生生不息。不管这些塑像的设计者是怎样构想的,我们确实可以得到这样的感受,即是中国人、马来人、印度人和欧洲人共同走进并开发了这块土地,铸就了它今天的繁荣和辉煌。

越过两座桥往西就是可以瞭望大海的平台,平台上有个象征新加坡人图腾的狮头鱼身的塑像,它的嘴在向外喷水。在马来语中,狮子就是"新加",而城则是"坡",据说,最早的马来人在这里看到狮子,于是建起了这座狮城。尽管在南亚的热带雨林中能否看到狮子还是个很有争议的问题,但是,这并不妨碍这里到处可以见到狮子像。南洋理工大学的校徽上也有个很有些像中国舞狮中的狮子,颇为可爱,却没有威猛之气,也许走出丛林的人类,原本只需要可爱,而用不着威猛了。可为什么狮头之下要有个鱼身,这我就不得其解了。

这个瞭望大海的平台实际上还处在更大的海湾的这边,对岸正在大兴土木,据说是在造个大赌场,也正是由于这个项目,新加坡的房地产大涨,经济进入最好时期。前两年我来的时候,新加坡经济状况不佳,政府在呼吁要搭中国经济的顺风车,现在赌场开工,居然整盘棋都活了。新加坡一直是个禁赌不禁娼的国家,现在赌场也要开出来,这说明只要能推动经济增长,没有什么意识形态是不能超越的。据说,他们的妓院是应良家妇女们的要求而合法化的,因为这可以减少男人对良家妇女的骚扰和侵犯,特别是这种国际化城市,有许多男人会经年累月不回家。事实上,这个古老的行当难以消除,与其放任自流,不如将其管起来。将这个机构合法化确实不雅,但却有提高妇女安全感,避免疫病流行的功效。对于同属儒家文化圈的新加坡,开妓院和赌场都要遭受极大的谴责和压力,可新加坡政府还是这么做了,并且取得了相当积极的效果。虽然我并不苟同他们的做法,但却非常赞同他们的想法。也就是说,做什么事情都只能以有利于民族福祉的提高为依据,不仅不能受意识形态的束缚,还要根据提高民族福祉的要求,调整和改革意识形态。

在新加坡河北面是新加坡的金融街,那里高楼林立,最高的一幢据说有七八十层楼高,集聚着将近二百五十家新加坡国内外银行,也汇聚了亚洲的大部分美元,特别是在东南亚金融危机之后。仰望这幢高楼,真有帽子会滑落的担忧,因为高楼下的广场较小,站得离大楼太近了,非得把头仰得很厉害不可。我们浦东金融街大楼下的广场就要大得多了,站在远处看88层的金贸大厦,只要斜睨一下,甚至不抬头都没有关系。虽然新加坡河的壮观远不能与我们的黄浦江比,大楼广场的气势更是小巫见大巫,但是,新加坡能够聚集的亚洲美元可远远超过了我们。最近这些年,我们一直在努力把上海建成国际金融中心,但是,即便再有十数年的时间,我们也未必赶得上新加坡,这不能不使我们很有些英雄气短,扼腕叹息了。

新加坡是个资源短缺的国家,粮食、蔬菜、天然气,甚至连淡水都来自邻国,但是,他们老百姓的生活不仅比周边国家富裕得多,甚至有些奢侈,他们的空调打得特别低,冷得不行了还不能关闭,晚上要盖被子,教室里要穿外套。同学们打趣说,新加坡只有两季,空调内的和空调外的,不是非常富裕肯定承担不起这样的耗费。也许正是因为他们的资源短缺,逼得他们充分开发另一种资源,即制度的完善和官员的廉洁。我也遇到过新加坡人和中国人对新加坡政府不满和抱怨的,但是,一说起新加坡制度的合理和政府的廉洁,他们都会眼睛放光,发出由衷的赞美和感叹。我们很长时间一直强调,科学技术是生产力,后来才意识到,管理也是生产力,但至今我们还没有强调,制度和廉洁是最大的生产力。比较起其他类型的生产力,制度和廉洁才是关键性的和根本性的"道",其他都只是"器",只有在制度和廉洁的支撑和保障下,科学技术和管理的作用才能得到充分的发挥,且不会迷失方向。

新加坡的交通相当通畅，至少我没有遇到过塞车，这固然与其管理的高效和国民的自觉有关，但更重要的是其车辆密度还没有达到我们的份上。我没有数据可以支持我的判断，但是，我看到社区里有许多比足球场还要大的绿地，大街上有许多原始森林，公交车要在这森林中开上几分钟，才能开到南洋理工大学。上海绝对没有这样的空间去长草和培育原始森林，在所有的空间都已人满为患的情况下，车辆的密度一定大为提高，马路塞车也就在所难免了。也正是还有这样的空间，新加坡的绿化才做得如此动人。当然，上海这些年"螺蛳壳里做道场"的绿化也有它的妩媚所在。

新加坡的房价比我们的便宜多了，我的一个从国内出来六年的学生就花23万新币买了一套政府提供的100多平米使用面积的组屋，相当于我们120平米的建筑面积。小夫妻两个没有压力，公积金足够还贷款，一点没有我们国内房奴们的郁闷和焦虑。新加坡的房价也涨得很厉害，但是，由于组屋是房屋供给的主体，且为政府控盘，所以，比较我们的涨幅也是小巫见大巫。他们工薪阶层的收入也不过两三千块，但是物价要便宜多了，4元新币的午饭比我们8元的还强。

比较新加坡，我们并非完全没有优势，我们公交车的站牌和坐车的服务就比新加坡强多了，站在新加坡公交车的站点上，你既搞不清楚你所处的站点名称，也不知道下一站在哪里，更不用说终点站了。上车之后，更是窗外四顾心茫然，因为一路上没有任何提示告诉你到哪个站了，更不用说双语报站名了。另外，他们的公交卡只能坐公交车，不能打的。我特别为我们公交系统的服务而自豪，因为它做的比以管理和服务见长的新加坡更好。

2007年7月25日

新加坡的绿色

新加坡的绿化优美与其管理高效和打违法者屁股一样世界著名,车子一出机场,你就会对这里的绿色留下深深的印象,这种绿色的养成不仅因为赤道炎热与湿润的气候,更在于政府的远见和高效的管理。

车子走在机场大道上,马路两边是参天蔽日的大树,青翠碧绿,婆娑多姿,迎风摇曳,逶迤延伸,好一派南国风光。大树的华盖可以遮云蔽日,上海的衡山路也有这种情况,但是,这里的更加高大挺拔,枝叶在五六层而不是两三层楼高的地方伸展开来。它给人的感受不仅是有挡住当头的烈日的功效,更有仰望宫廷的穹庐,远甚于普通居室的屋顶的气派。路中间的隔离带也覆盖了绿草,隔四五米就有棵大树,虽然比较道路两边的大树相形见小,但是,其伟岸挺拔也能给人轻松愉悦的感受,特别是在赤道的烈烈炎日之下。尽管上海高速两旁也有很多树木,但比较起新加坡来还是太小了,以至于高速公路两旁显得有些光秃秃的。

新加坡的大树底下种着许多不知名的植物,有热带雨林的宽叶植物,也有在北方才能见到的针叶状植物。有的植物就像我们家中的吊兰,它们不是一棵,而是延绵着一大片,这对习惯面对一两棵吊兰而抒情感怀的我们,无疑别有一番感受。在这些齐腰高、类似灌木的植物中,星星点点地开着许多红颜色的小花,它们大多有四个叶片,好像是万绿丛中星点红。还有一些从宽叶丛中独立出来的小白花,它们长着细细长长的叶瓣,像流苏悬挂在哪里,颜色黄里透白,平添一份娇嫩典雅。间或也会遇到一些横跨公路的人行或车行的高架,它们也都被各种植物覆盖着,花花绿绿的,悬在车道上,好像一伸手就能被抓到一样。在有的路段上,树木不算特别高大,但被修剪得特别密集和整齐,你感觉到的就是一堵绵延不断的绿色的墙。行走在这样的公路上,尽管车流也一望无头、非常拥挤,但是,你感觉不到特别嘈杂和喧闹,也许是绿色使你的心情平和了下来,也许就是这些植物吸附了各种嘈杂和喧闹的声浪。

在新加坡的闹市区,如乌节路(Orchyard)、牛车水(China Town)等地方的树木更加高耸入云。两边的商场是由许多大楼连成一片,每个商场都像我们徐家汇的港汇广场,但是,它们的不是一个,而是一座连着一座,你可以在里面沿着一个方向连续走,而不是慢慢地逛,几个小时都走不出来。商场外面的大树相比较其他地方更大、更直,华盖撑得更大,也更能令人感慨。有一个晚上,我经过在乌节路上的总统府,往院子里一望,那么多大树,枝叶缠绕,华盖层叠,很像是天上的云层下到人间。在灯光的照耀下,影影绰绰,很有《侏罗纪公园》的洪荒气势,美得摄人心魄。

新加坡的地铁穿过闹市区后行驶在高架上,沿途风景中给我留下深刻印象的不仅是十几层高的组屋和公寓比比皆是,也不是大楼底层只是由几根柱子支撑,而是大楼和大楼之间的绿地足足有三四个足球场那么大,而且几乎是随处可见,每个居民区都有。地铁也像公交车一样,时常要驶入可以引起你丰富联想的原始森林。这原始森林一眼望不到头,因为路是有些弯曲的,放眼望去都是茂盛层叠的植物。也望不见太阳,因为这里的树太茂密了,华盖撑得太开了,挡住了太阳。人行道的一边有一排一人高的树,挡住了树后面的原始森林,从这树的缝隙中望去,高低不同种类型的植物杂乱无序地聚集在一起,显得非常的原始蛮荒和超乎想象的深沉,跑在森林的这一段,我会下意识地加快步伐,好像担心这森林中会跳出一只斑斓大虎。

这里的大树树叶是小小的,但是,它还寄生着或者说套生着许多枝叶宽大的植物,是鸟类将其他植物的种子带到大树干上,随着就在大树上长成新的植物。大树上还缠绕着许多菌类植物,它们的茎叶从树干上垂淌下来,把大树装点得像是长着长长眉毛和胡子的土地公公、寿星爷爷。比较起来,南洋理工大学校园里的一些大树长在修剪得非常平整的草地上,很有"绝世而独立"的美男、少妇的优雅。校内小路的一边是坡地向上延伸出去,你可以看到非常开阔的绿地,近处是一两棵大树,远处则是一大片树林,层(峦)绿叠翠,大树的背后隐约可以看到大楼的红色屋顶。小路的另一边,也是一大片绿地向下延伸出去,近处有各类植物,远处也是一大片树林,绿色构成校园里凝固的背景音乐。我从我居住的教师活动中心出来,要在这绿色的草地上和绿色的森林中跑上一大圈得花20分钟,几乎看不到任何房屋。在似有若无的晨雾中,遥望着远处的森林,跑在绿地花丛之中,听着小鸟在你耳边叽叽喳喳地叫着,看着它们在你脚边欢快地跳跃着,个中美好和舒畅就绝非言语所能表达,也是不亲临其境者难以想象的。不知是不是如此绿色可以增加空气中的含氧比重,反正我的喘息声比在上海跑步时要轻松得多,甚至还有无休止跑下去的力量。

我住的房间周围更是一大片绿色,所谓"窗含坡前大片翠,门长远处千层绿",绝非虚语。我去一位同事的家,硬是"窗前推出香蕉黄,水边倒影艳花红"。也许是热带雨林的缘故,这里地上的草也有着小小宽宽的叶子,而不像北美的草叶子细细的,这就使得这里的绿地是薄薄的一层,没有在北美的绿地上有踩在厚厚地毯上的感觉。我还去过好些公园、山坡和旅游景点,它们都绿化得非常好,而且整洁干净,有的地方甚至相当典雅。这里的动物与人也非常友好,只要有人出现在河边,乌龟、天鹅和金鱼都会游过来。我把手放进水里,那金鱼会吸吮我的手指,那种柔柔的、嫩嫩的、滑滑的嘴唇,可以刺激最浪漫的想象,让你的心像含在嘴里的巧克力一样化掉。

新加坡确实是个园林国家,这说明新加坡政府的管理非常有远见。绿化不仅是给人美的享受,促进旅游业的发展,而且能调节当地的气温,使得赤道海洋性气候早晚也能凉爽宜人,更是给城市留下明天发展的空间,避免将来无处修路和造房子的尴尬。新加坡人的成就不仅在于政府的廉洁高效,更在于他们的建国思想与理念,如果他们也以"解放全人类"为己任,那么不管政府多么廉洁高效,都建设不到今天这个程度,这是值得许多国家,尤其是我们学习和深思的地方。

2007 年 7 月 30 日

中国山水,泼洒有章法

连接历史与现实的都江堰

从小我们就知道,李冰父子建造了人类历史上最伟大的水利工程——都江堰,但是,我们对它的理解只是停留在文字概念上,既不知道都江堰是怎么回事,也无法真正体会李冰父子的伟大所在。这次到都江堰一游,把历史和现实连接在一起,都江堰的概念才变得饱满和鲜活起来。使我感到震撼的不仅是李冰父子造福成都平原人民的这项工程本身,更是它所体现的顺乎自然、取法自然的道家思想的深邃与匪夷所思。

都江堰边上有座供奉和祭祀李冰父子的二王庙,在李冰塑像边上还有李冰夫人的塑像。夫妇的塑像被一起供在庙里的现象很少见,因为二王庙实际上是道观,道家讲究阴阳调和,男人的军功章里也有女人的一半,李冰庙中有了夫人的像才算和谐。李冰儿子的塑像被供奉在正殿里,他的地位甚至比李冰还要高。尽管历史上的李冰并没有儿子,但是,成都人民还是将李冰的儿子塑成灌口二郎神的形象。更妙的是导游的解释,灌口二郎神就是人民,只有人民才有建造都江堰的力量,而官员与百姓的关系就是父子关系,所以李冰就是二郎神的父亲。离二王庙不远的地方是禹王庙,供奉着大禹的塑像,他看起来格外坚韧、刚毅、风尘仆仆,这是非常少见的,因为神像大多有些养尊处优,这大概与大禹结婚三天后就离家治水,十三年三过家门而不入有关。庙宇门口的横匾和对联都是孙中山手书的"上善如水"、"养天地正气,法古今完人"。之所以水为上善,是因为水低调、负重、锲而不舍、润物无声、以天下之至柔克天下之至刚,人品如水,善莫大焉。而要达到这样的境界,则既需天地正气的滋润,又要有古今完人的楷模。中国历史上有的是伟大人物,但能望及大禹项背者鲜有所闻。

北门的入口是座观堰楼,它的古色古香、雕栏拱斗、飞檐流枋,简直像是有几百年的历史,其实不过是2004年为了便利近处观察都江堰全景而建造的。站在观堰楼上,可以把整个都江堰尽收眼底。所谓都江堰,指的是在岷江上筑的一道坝,这道坝的起首被称为鱼嘴。从岷山下来的水流,到成都这里来了个急拐弯,水流碰到鱼嘴就一分为二。外面一半进入外江,可以让岷江上游水流向下游;里面一半为内江,通过这里的水可以满足成都平原灌溉的需要。当年的灌溉规模为200万亩,现在已经达到1200万亩。其余的水就沿着外江,到达乐山,与大渡河和青衣江汇合流入长江。在都江堰建成之前,岷江发生过很多次水涝灾害。都江堰建成两千多年来,成都平原再没发生过洪涝灾害,难怪成都人对李冰父子感激不尽。他们认为没有都江堰,就没有成都平原的旱涝保收,也没有成都人爱摆龙门阵、打麻将的悠闲生活。当然,今天都江堰已经用钢筋水泥替代了当年鹅卵石和竹篾等围堰材料,但是,它的主体部分和基本思路仍然是李冰父子留下来的。

都江堰的伟大不仅在于它是目前世界上唯一还能够发挥作用的古代水利工程,更在于它匪夷所思的设计理念,即无须人为调节干预,都江堰都能自动地保证枯水时节的有限水量尽可能多地进入内江,洪水时节过多的水量尽可能多地进入外江。因为枯水时节,上游的来水少,水的惯性较小,拐弯时冲往对岸的力度有限,

60%的水顺着此岸就缓缓进入内江;洪水时节,上游冲下来的水的惯性很大,碰到拐角后,急剧冲向对岸,60%的水会顺着彼岸进入外江,40%的水进入内江。尽管有这样的初次分洪机制,60%的水量仍然可能过多,所以都江堰还有两个分洪机制。首先,在鱼嘴后面内江两百多米飞沙滩的对面江底放上一块直径20厘米、长2米左右的铁块,称之为卧铁。对面飞沙堰比卧铁高2.15米,如果水位高过这个位置,它就溢过飞沙堰,流向外江。这是避免成都平原供水过多的二次分流。其次,在宝瓶口设置三次分洪。这里原是一座山,没有水的通道。李冰父子带领堰工在山体上挖了40米深、20米宽、数百米长的口子,口子的对面脱离了原来的山体,这就是著名的离堆。如果上游下来的水太多,水位上升,则可以通过离堆边上另一个泄洪口流向外江。

　　现在的离堆是个很大的公园,历史上它曾经是历代四川高官的私家花园,里面的草木秀丽、郁郁葱葱,还有各类一人多高的盆景、各种形状的奇花异卉,给人留下了微缩自然界山水和似鸟似鹤似鹰一飞冲天的丰富想象。院子里还有十余座分成两派对保护都江堰有功的官员的青铜塑像,从诸葛亮到丁宝桢,他们有的明昭日月,有的或有瑕疵,但个个都栩栩如生,配上青铜颜色,更使人感觉他们保护都江堰的坚毅和历史的凝重。走在离堆公园的路上,我仿佛看见几十万堰工在李冰父子的带领下辛勤劳作,他们胡子拉碴、筋肉暴突、衣衫褴褛,不管是风雨如晦还是烈日暴晒,他们坚持几十年,艰难地用炭火把山体岩石一段段烧红,再猛地浇上冷水,让它爆裂,就这样几乎一寸一寸地挖出了这数百米长的宝瓶口,其艰难不易,怎样想象也不算过分。更不易的是,他们竟然知道利用水流大小的惯性进行初次分流,知道在卧铁上的2.15米水位是成都平原灌溉要求的上限，同时竟能算出宝瓶口的宽度和深度是防洪泄洪的最后保障。所以，成都人认为李冰父子不是人，而是神。对此可以想见，在当时的自然科学条件下，人实在不太可能拥有如此丰富深刻的思想。

按照现代人的思想，要防范岷江可能造成的洪涝，无非是在进入成都灌溉系统的入水口装上一道阀门，然后根据水流大小进行调节。按照这种设计理念，就需要有人常年监管和调控岷江水流，如有失误，仍很可能造成灾害。而按照李冰父子的设计，都江堰一经建成，则不需要有人为的管理和调控，水流的大小完全可以由这个系统自发完成，这就是道家顺乎自然、取法自然的思想。不是人为地再追加一个力，改变水流的方向，而是形成一个格局，使之自然而然地实现预期目的。显然，这样的思想不仅有比现代水务管理更高明的地方，甚至还有可以为社会管理所用的地方。

我们现在惩治腐败达到前所未有的力度，但是，腐败的势头并没有得到有效的遏制，其原因在于潜规则太强大，但凡置身这个体制中的人几乎很难超越这个潜规则。有人曾说，不是我们想要搞腐败，实在是洪湖水浪打浪，一不小心打湿了鞋子。这就表明我们现行体制的运行方式有着迫人腐败的一面，然后，再加大惩治力度。这与让太多的水流入并非期望的方向，再进行堵截是一样的。而按照李冰父子取法自然的思想，首先要改变现行体制的运行方式，使其具有促人廉洁的力量，然后即便没有很强的监管惩治力度，腐败的案发率也能有很大的下降。

2006 年 6 月 24 日

风味独特的蜀地文化

尽管我们只是在四川的一两个地方匆匆走过,甚至连走马观花都谈不上,但是,综合我们的所见所闻,我们对蜀地文化多少还有些了解。可以说,蜀地百姓满足于比较安逸的生活方式,而不像沿海地区的居民那样,急切地满大街找挣钱的机会。

四川的麻辣很有名气,什么菜里都放辣椒和花椒,即便对厨房里说了要微辣,一桌子菜吃下来,上海人还是吃得直喘粗气。他们许多吃的地方,包括茶馆等都没有空调,全靠大电风扇使劲地吹,于是,热得流汗,与辣得流汗交织在一起,形成一道非常有趣的风景线。成都的小吃也负有盛名,连出租车司机都非常自豪地盛赞他们的小吃,但实际上却有些"盛名难副"。"龙抄手"虽然只是馄饨,但皮的两边对角一粘,在抽象意义上,确实可以和龙的抄手挂上钩,所以这名字取得相当有文化。相比较而言,他们的赖汤圆、钟饺子的味道比江南小吃"略输风采",杭州的汤团更香糯软、饺子里有更多的汤水,而包子的皮也不那么干硬。

他们宾馆的星级缺乏行业的统一标准,导游一再说,挂的是四星五星级的宾馆,实际都达不到沿海地区的标准。至少我们住的几个房间,盥洗室地上漏水不断。这种漏水不仅会湿掉拖鞋,甚至很可能使人滑倒,一旦发生事故,赔偿的代价就大了,可是宾馆并没有解决的意向。九寨沟和它邻近地区的宾馆,浴盆和淋浴房都带有水流按摩,但是,水管没有接通,看得出这功能在安装伊始就没有使用过,不知它们是不是受骗上当了才购买了这个不能充分发挥作用的设备。

成都的出租车司机非常友好,他们一路上热心地为游客介绍风土人情,对自己生活方式的满足溢于言表。茶馆和麻将是他们生活不可或缺的组成部分,他们喜欢整天泡在茶馆里喝茶、摆龙门阵和打麻将。好些成都人甚至夸张地说,飞机上听到稀里哗啦的麻将声就表明成都到了。之所以成都的生活这样安逸,就是因为都江堰提供了没有洪涝灾害的成都平原,加上没有战争、海啸和地震,甚至连台风也没有,成都人可以非常悠闲地享受生活。生活太安逸了,难免造成积极进取精神的缺失,以至于点心的质量、宾馆设备的维护等技术含量不高的问题长期得不到解决。

成都茶馆的表演很有特色,我们看了场"蜀风雅韵"的演出,因为语言的障碍,我们听不懂他们的折子戏,也不能完全明白"滚灯"表演的许多对话,但是,我们可以看得出他们很优秀的表演动作。譬如,他们木偶戏中的木偶居然能用手抓住帽子上的花翎,摘下花篮上的花朵。表演手影戏的年轻人可以让观众在屏风上看见活泼的小兔子、奔腾的骏马和展翅欲飞的鹰隼等,撤去屏风之后,只剩下一人一双手而已。川剧的变脸和吐火也令大家惊讶不已,也许没有人关心变脸和吐火所表达的剧情,但是,他们心里都有挥之不去的疑问:为什么这吐出的火不会烧伤表演者的嘴巴?为什么一挥手、一转身,面具就整个儿变了?还有个集幽默、诙谐和杂技于一身的"滚灯"更是让观众们忍俊不禁,笑声四起。其基本剧情是一个很有些"作"的老婆,为惩罚在外打麻将晚回家的丈夫,要他点个油灯顶在头上,从凳子底下钻过去。这个丈夫既无可奈何,又阳奉阴违,还"偷工减料",但最后还是吹口气熄灭头顶的灯,再吹口气又将其点燃起来,其能耐大大出乎所有人的意料,其可爱程度也可与既憨厚又狡诈、既质朴老实又偷奸耍滑的猪八戒比肩。那老婆的泼辣、"柾对"以及对丈夫的嗔怪、疼爱、自豪和炫耀也都表现得淋漓尽致,难怪这个丈夫会如此地怕老婆。不过,成都人说,他们的怕老婆叫"粑耳朵",它不是贬义词,而是褒义词。其含义大概就像"滚灯"中的丈夫,表面听话恭顺,骨子里却很有对付老婆的一套。生活悠闲增加了对娱乐的要求,这就促使娱乐质量的精益求精。但是,还是令人不得其解,他们为什么能保持茶馆和折子戏这类很有文化底蕴的传统娱乐方式,而不是转向风靡全球、轻松肤浅的卡拉OK?

成都人的幽默感也挺有特色,我们在都江堰的导游说,他就是典型的成都人,个头偏小,皮肤较白。他还撩起衣袖,给我们看袖口中没有被太阳晒着的一段,果然有着鲜明的分界线。一路上,他非常投入和幽默地为我们作介绍,还说可以免费为我们拍1200万像素的照片,我们都为之感到鼓舞,但是,他加上一句,如果游客喜欢这个照片,并且要拿走的话,则要付钱了。尽管他提供的照片不无缺陷,但是,冲着他非常投入和充满机智幽默的介绍,我们很乐意地接受他的"商业诡计",纷纷掏钱买下了他的照片。

2006年7月25日

晶莹透彻天水来

九寨沟和黄龙的山山水水都很美,但是,相比较而言,它们的水更美得诱人,所以去九寨沟和黄龙旅游者意不在青山,而在于绿水之间也。为了保护自然的恩惠和祖宗的遗产,这些景点中的环保力度也给游人留下了深刻的印象。

九寨沟的水最大的特点是晶莹透彻,像是珠宝一样,镶嵌在云雾缭绕一片翠绿的群山峻岭之中,给群山平添许多俊秀和妩媚。站在树正瀑布的栈道上,可以看到正面的水从山上哗啦啦地向山下奔腾而去,越过一个又一个台阶。这些台阶实际上是一个浅浅的天然水池。高位的水池水满了就溢向下一个水池,如果两个水池的落差较大,就形成了瀑布。一个低位水池可能在许多高位水池的环绕中,许多水就会从四面八方流下来,形成很宽大的瀑布。也有一些水沿着较为狭窄的通道,冲向下一个水池,这就可以看到,许多水迫不及待地拥挤着往下奔去,"逝者如斯夫,不舍日夜"。它们撞在一起,溅起无数水花,水的清澈与浪花的晶莹组合在一起,构成非常漂亮的图画。这些水池中都长着矮矮的灌木,水从它们的根部流过,没有带下一点泥沙。我们实在无法想象,这些植物是如何将根部扎在没有泥土的岩石上的。

九寨沟有很多被称为海的湖,如芳草海、天鹅海、五花海、熊猫海、树正海、长海等等。这些海的水非常清澈,一眼可以望到底,望到不知什么年代沉没在水里的木头,望到水底的各种植物,甚至是它们的颜色。五花海就此得名,因为这些植物的五颜六色,在阳光的照耀下,把湖水折射得色彩斑斓绚丽。其他一些海大都是蓝莹莹的,有的蓝得深沉,显现出墨绿色来;有的蓝得欢快,在阳光下闪烁着蓝宝石的光芒。清澈的湖水中还有许多鱼在那里悠闲地游来游去,这就颠覆了一句中国的古老箴言:"水至清则无鱼,人至察则无徒。"现在"水至清能有鱼",则"人至察也有徒",这将影响我们对待周围鱼龙混杂的宽容态度,提高对生存环境纯净度的要求,而这难免会给人自己平添许多烦恼。还是那里的鱼最令人羡慕,它们没有天敌(禁止捕鱼),没有生存的压力和风险,可以非常悠闲地享其天年。呜呼,生而为万物之灵的人却很难达到如此完美的生存境界。

晶莹透彻的湖水与周围的原始森林、参天的大树、绵延的群山结合在一起,构成非常美丽的图画。长海和犀牛海就是这个样子,左右两边是翠绿的高耸入云的大山,一直向前延伸,在远处重合在一起,湖水就从这重合处一直延伸到我们脚下,并且潺潺地向下游流去。这湖水像是一大块翡翠,流下去溅起的水花,则像是流动的碎玉。这个画面很像我在加拿大看到的维多利亚湖,只是那里比我们这边多了雪山和冰舌,就湖的平静宽大、水的清澈与山的翠绿而言,我们的湖光山色绝不比那里差,甚至更美。可以说,此水只是天上有,人间难得几回见。

九寨沟诺日朗的瀑布、熊猫海的瀑布还有珍珠滩的瀑布都给游人留下非常深刻的印象,前两个瀑布有两三个人高二三十米宽,水从上面奔流而下,在下面激起千堆雪。86版电视剧《西游记》的片首和片尾就是在这里拍摄的,师徒四人"你牵着马,我挑着担……"走在这里很宽的瀑布上。珍珠滩的瀑布尤为特殊,在很大一块岩石结构的斜平面上,有无数突出的小点,水从上面均匀地冲下来,碰到这些突出的点,就溅起无数朵不大不小的白色水花,远远望过去,就像是上天撒落在人间的无数珍珠。

黄龙离九寨沟有两个多小时的路,那里海拔3600米,含氧量明显不足,走在那里的栈道上,步履明显有些沉重。因为栈道为木头修成,有些弹性,走起来比石头山路强多了。这里的水像九寨沟一样清澈,一样飞流直下,一样美得让人心旷神怡。不同的是,这里的水大概含钙量比较多,在一个平面流向下一个平面的过程中,水中的钙会被吸附在平面的边缘,累积堆高,像是水田周边的田埂,但有着非常干净的棕黄色,它们积蓄的一泓清水,更像是山中的梯田。我们爬到了山顶,从观景台望出去,远处最高处有一层平台,围蓄着一泓清水,第二层像是有两三个碗,围蓄着两三泓清水,再往下水面越来越多,一层层地铺展开来。在阳光的照耀下,这水是蓝盈盈的、翠绿色的,还有青白色的,配上周边很干净的棕黄色,博得了五彩池的名头。旅游者中流传着一句话,五岳归来不看山,是因为没有山能比五岳更俊秀雄伟了。我则要加一句,九寨沟回来不看水,至少是不再写水,因为有关赞美水的好词都已经用完了。

九寨沟和黄龙的管理都很不错,地上没有垃圾,水中没有漂浮物,到处可以看到保洁人员在不停地清扫,尽管地面上就只有非常有限的遗留物。那里的厕所很干净,用厕不要钱,只要有人从厕所出来,马上就有人进去打扫。进入景点之前我们都得到比较强硬的告诫,遗留污物、烟蒂和触摸水的行为都要罚款500元,景点中的许多标牌则写着比较人性化的提醒:"你的触摸将用上万年的时间来修复"。在九寨沟景点中穿梭的都是管理局的车,因为一个景点到另一个景点的距离很远,不让别的车辆进入,管理局就可以统一调度,最大限度地缓解交通和景点的拥挤和堵塞状况。在黄龙上五彩池的路上,大概300—500米就有个吸氧站,只要付1元钱买个吸氧头子,就可以免费吸氧,这种很人性化的安排,利用率却不算高,因为我们每个人都在导游的引诱下,花50元买了罐氧气。

在九寨沟旅游的最大遗憾是人太多了,到处都是人流,像是排队一样逶迤不绝,景点的幽静荡然无存,这至少打掉了美感的一半折扣。据说很快就会有飞机直达黄龙,这可以省去从成都到黄龙九寨沟一天路程的劳累,去九寨沟旅游的人就会剧增,这就很可能超过景点接待旅游者的最大限度,所以,这些景点的管理任务会越来越艰巨。

在黄龙上五彩池的路上,有许多掉头向下的游客,有的年纪还不大,因为他们承受不起高原缺氧的压力,尽管他们都知道顶上的美景并非浪得虚名。我们这一行人则全部顺利爬上了顶峰,回到旅游车上后,却普遍感到头疼,这是高原反应滞后的表现。尽管如此,我们还是感到非常兴奋,因为能够登上如此海拔的大山,可以证明我们体力的强健和心血管系统的健康。

2006年7月25日

丞相祠堂何处寻,刘备墓后柏树中

诸葛亮对中国文化和民族心理的影响太大了,到成都而没有到武侯祠,就像是没有到过成都,对外国人来说,简直就像连中国也没有到过。所以,我们这个教师假日旅游团一下飞机就直奔武侯祠,我怀着对千古良相的崇敬去瞻仰武侯祠,希望从中获得精神和文化的传承和感应。

按照杜甫的诗"丞相祠堂何处寻,锦官城外柏森森",武侯祠应该在成都市的郊外,可是,成都市的扩展远远超过了杜甫当年的想象,所以现在的武侯祠几乎就是在市中心的某个位置,就在高楼汇聚的大马路边上。望着门口挂着汉昭烈庙的匾,游人都很困惑。因为这分明是刘备的墓。后来听导游介绍,刘备墓本与武侯祠连在一起,但因为武侯祠的名气太大了,成都人便把这个地方统称为武侯祠,而不说是刘备墓了。没想到生前事主谦恭的诸葛亮,死后却有震主之威、盖主之名,不知他们两人地下有知,会有什么感想。

进入汉昭烈庙的山门,正面的大殿供奉着刘备的塑像,他双耳垂肩,脸相仁和,并没有开国君主的霸气。难怪他手下猛将如云,并有诸葛亮这样千古良相的辅佐,又据有四川这样的天府之地。在两边的配殿中,左边端坐着以赵子龙为首的武将,右边配殿则是以庞统为主的文臣。张飞在正殿的左边,一张漆黑的大脸配上睚目欲裂的眼睛,很是威武。关云长在正殿的右边,因为他在清代被谥为关公大帝,几乎可以和刘备并列了,只不过个头小了点。他脸色偏白,没有书上描写的重枣色,这不是因为颜料褪色,而是因为他也成了帝王,脸色理当白一些。面对刘关张和两旁的文臣武将塑像,我们今天这些游人依然可以感觉到刘备当年朝堂议事的威严和气势。

汉昭烈庙的几十座塑像都是康熙皇帝那个时代塑造的。这不能不令人佩服这位异族统治者的政治智慧,他要统治一个人数众多、地域广阔、文化先进得多的民族,最好的方式莫过于表示对汉民族正统王权和英雄人物的尊重,这不仅能化解汉民族的敌对情绪,而且可以用汉民族正统王权和英雄人物的形象来实现自己的统治目的。譬如,封关云长为关圣帝,就是充分肯定他对朋友的义气和对国君的忠诚,如果所有的官员都有这样的品德,则吏治就能得到整肃,江山就有望万年持续。另外,关云长的忠义也容易引起很多人,尤其是年轻人的热血沸腾、感情激荡,对关云长的谥封甚至比阐述一打有关忠义的理论都更有影响力,因为大多数人都是从感情上而不是理论逻辑上接受某种行为方式的。可惜的是自从我们喊出了打倒孔家店的口号以来,特别是"文革"发展到数典忘祖的极端,我们的社会管理因此不敢也无法动用这丰富的历史资源。

在刘备塑像的旁边是他孙子刘谌的塑像,他的父亲刘禅投向邓艾,刘谌劝说无效,就先杀妻女,后自杀殉国。作为不肖子孙,刘禅不能置身在宗庙中,享受后人的祭祀。刘谌则当之无愧,因为他忠贞爱国,但其杀妻女以殉,则令人不敢恭维。在"911"事件中,从可能撞击五角大楼的飞机上传来的美国人的最后一个电话是:"我们正在投票表决,准备与劫机犯搏斗,……"他们在任何时候都不能主宰他人生命的理念,无疑要高于我们所赞美的杀妻女以殉的忠贞。为了自己的理念可以牺牲妻女,当然也就可能牺牲千百万人,"文革"的荒谬正是这种思想的逻辑延伸。不过,不投降,不屈服,为了国家不惜牺牲自己一切的刘谌依然值得我们尊重,但我们需要以尊重他人生命的思想来取代他的忠贞中主宰他人生命的成分。

据说汉昭烈庙在"文革"期间也没有遭到明显的破坏(都江堰的二王庙、禹王庙也都保存完好),这固然说明成都人对刘备的崇敬和对历史的尊重,但更能说明"天下未乱蜀先乱,天下已治蜀后治"的文化的独立性。谁能设想,形成于中原地带,挟雷霆万钧之力、摧枯拉朽之势,横扫一切神龛寺庙文物和传统文化的愚昧和蛮横,在将全国的文物都陷入灭顶之灾之时,居然会在武侯祠前停顿了下来,徘徊裹足不前了。"文革"可以搞定天下,却无奈诸葛武侯祠,这值得后来所有的人,不仅是管理者的深思。

走出汉昭烈庙的一道门,往下几个台阶就是武侯祠了,这种高低的差别,是为了突现刘备的人主地位。前后两道门的门匾上分别刻着"明垂宇宙"和"千古明相",可见诸葛亮的深得人心。特别是第二道匾,为了避讳清朝的文字狱,不得不把"明"字,写成目字旁的"眀",后人以讹传讹,中国字就此多了一个。尽管,谁都知道清人制造文字狱的可笑、可恶和可恨,但比较起"文革"来,它却仍不过是小巫而已,雍正皇帝最大限度地动用政府机构搞文字狱,但却没有办法将所有老百姓都变成文字狱最真诚最善良的执行者,并且延续达数十年之久。

诸葛亮的塑像端坐在"宁静堂",这个题词引自诸葛亮的《诫子书》中的"非淡泊无以明志,非宁静无以致远",取其修身养性,穷者独善其身,待时一飞冲天,兼济天下之意。诸葛亮的羽扇纶巾、俊秀儒雅、风流倜傥,与我们在书画中见到的、所想象的完全一样。塑像前有两个打着帘子的女子,其中一位模样有些不怎么的,不知是不是那位模样丑陋但才学贤惠齐名的奇女子。

"宁静堂"的门前挂着的是排入中国前十名的对联:"能攻心则反侧自消,从古知兵非好战;不审时则宽严皆误,后来治蜀要深思"。据说,毛主席曾经在此对联前沉思良久,后来有位四川省委书记离京前与毛主席告别时,毛主席就写了这对联给他,可见其对此对联的重视了。确实,综观毛主席的打天下治国,从延安整风到"反右""反右倾",再到"文革",无不可以看到"攻心为上"的影子,甚至可以肯定说,毛主席就是"攻心"的大师。只是他没有充分"审"世界民主之时,坚持"和尚打伞,无法无天"的方略,影响了自己的名声,也耽误了国家民族的发展。

在武侯祠的回廊上镌刻着据说是岳武穆手书的"前后出师表",其字体龙飞凤舞、刚劲有力,表明充沛于诸葛亮胸中的天地正气,从岳武穆的笔端流淌了出来,力透纸背甚至墙背。据说,现在已有学者考证出这笔迹是后人假托岳武穆之名所写,但是,人们仍然喜欢这假冒但绝不伪劣的作品,这里的字体仍然得到人们景仰和赞美。

走出"宁静堂",后面有十数米长幽静的通道,两边的竹林长得很高、很茂盛,太阳光也照射不进来。再往后就能看见刘备的墓。这是直径大概有二三十米的土墩,周边为砖块砌成圆形,顶上长满了密集的树。只是这里所有的树都与武侯祠的其他树一样,都没有杜甫所说的"柏森森"的气势,如果杜甫时代的树能够生长到今天,武侯祠的柏树的高大一定让人不能仰视了,然而,兵败的张献忠一把火烧掉了整个成都城,武侯祠的地面建筑也被摧毁殆尽,现在的一切都是康熙年间重建的。可见,气势磅礴的农民起义确实可以能一再将皇帝拉下马,但是,从某种角度说,它对国家民族的危害比起皇帝老儿来甚至有过之而无不及。

诸葛亮晚年六出祁山,多年用兵,这样的政策显然不符合老百姓的利益,但是,老百姓仍然非常崇敬和爱戴诸葛亮,这更加说明诸葛亮的人格魅力。我们这代人已经不可能成就诸葛亮那样的事业,但是,像他那样,兢兢业业、鞠躬尽瘁做好所从事的工作,赢得周围人的尊敬和拥护,尽可能久地活在周围人的口碑中,也许应该是我们最重要的人生目标。

2006 年 7 月 20 日

空前旺盛的寺庙香火

现在全国所有寺庙的香火都非常旺盛,更不用说很有佛教文化底蕴的峨眉山、乐山大佛这一带了,这说明历史不仅会开玩笑地走错房间,而且也会非常公正地补偿前几十年对神佛的误解和亏欠,其方式是让富裕起来的人们更多地和更为虔诚地匍匐在神佛的脚下。

乐山大佛是我们这次行程中最为著名的神像,它坐落在大渡河、岷江和青衣江三江汇聚的山崖下,有 24 层楼高,是将临江的乐山挖掉很大的一块,然后雕出一个巨大的佛像。据说当年三江汇聚的地方水流湍急,造成船只沉没、人员伤亡。有位大和尚决心造个大佛,镇住水患,于是化缘十年,筹集巨资,雕刻了这座巨佛。其中的艰难不易,远非现代人所能想象。

佛像实在太高大了,在大佛的脚背上就可以摆上一桌麻将。因为大佛临江而坐,所以在大佛脚下仰视大佛的全貌有些难度。我们就坐船拉开距离,拍下了船上渺小的我们与岸边高大伟岸的大佛的合影。远远地向大佛望过去,旅游者像蚂蚁一样,一个接一个,从大佛的右面爬上去,再从左肩走下来,这个过程足足要 3 个小时。尽管艳阳高照,气温在三十七八度以上,但人们仍然乐此不疲,其中不仅有旅游的热情,更有对大佛的敬畏与虔诚。

大佛建成后,水患果然消除,科学的解释是开山的石头掉入江中,致使水流平缓了。这样的解释固然有道理,但是,开凿都江堰的智慧也应能消除乐山脚下的水患,所以舍此智慧而求助大佛,一定有大佛的特殊作用。望着两耳垂肩、慈眉善目,俯视人间苦难的大佛,我很愿意相信他有化解水患的功力,尽管这种功力不能为科学所解释,但不能为科学所解释未必就一定不成立。这就是宗教屡经打压,却总能凤凰涅槃、延绵不息的主要原因。

　　上岸之后,我们搭车去东方神林,那是个新开发的景点,在乐山大佛的背后。进门就是个很大的卧佛,据说是五代的,有四五米长,头脚的线条还很清晰,中间被植被覆盖了看不清楚,据说为了延缓风化的速度,所以听任植被的生长与蔓延。往前走可以看见一个山洞,洞内两边都是神态各异的神龛和佛像。出了这个山洞,就可以进入另一个洞,洞口的上方有两个一男一女的裸体神像,他们的生殖器雕刻得纤微毕露,非常精细。导游说,藏传佛教信奉生殖崇拜,旁边还有个洞,供奉的都是这样的塑像,因为顾忌对游人的影响,所以关闭了。游人中爆发出遗憾的笑声,"限制少儿,干吗关洞啊?"在现在开放的洞中,有个汉白玉的佛像,他面前供奉着很多鲜花和哈达。据说这个佛像将来要放到大佛身上的密室中,以保证大佛的灵验。

　　走出这个山洞,来到同心石的所在。往上有非常陡峭的将近两百个台阶,然后是个很大的山洞,洞中有个三四人高的佛像,这座佛像正在乐山大佛的背面,与大佛为同一块岩石所雕,所以称之为同心石。在台阶的扶手链上挂着许多锁,少男少女们把他们永结同心的期盼永远锁在了这个同心石上。

　　峨眉山是普贤菩萨的道场,在通往金顶的最后几个台阶上,排着两排14座青铜色的一人多高的六齿大象,每边三个象牙。它们或站或跪,更加衬托出峨眉金顶的气势与金碧辉煌。金顶上除了有原来的银殿和铜殿外,还有个6月份刚开光的建筑,在阳光的照射下显得格外金光灿烂。它通体黄灿灿的,据说是铜铸的,不知外面有没有贴上金箔。底部圆形的建筑,上面有个巨大的六齿象。普贤菩萨就坐在这大象的背上,游人可以从不同的角度仰视普贤菩萨的脸。圆形底座的外墙上刻着许多经文与相关的图像。底座的下面有扇门,梵乐和念经声阵阵传出。地上铺着红地毯,游人要脱了鞋才能进入,里面供奉着汉白玉的普贤菩萨的塑像。但凡进入这扇门的人都会精神为之一振,双腿为之一软,看来我们从小所受的无神论教育的功力还不足以帮助我们抵御宗教的震慑。

回到山下,我们到了报国寺,穿着道家服装的女导游非常投入地给我们介绍报国寺的辉煌,说它的有名不仅在于峨眉山佛教的住持住在这里,更因为当年蒋介石下榻这里时写了"精忠报国"的匾。看到这个字体清癯矍铄,很能联想起老蒋年轻时的形象。最令人惊讶的是,当年庙里的和尚对老蒋说过这样的谶语:"胜不出川,败不离湾。"即抗战的胜仗是在四川打的,而在大陆失败后却再也无法离开台湾。不知道是当年确有其事,还是今人的杜撰,反正斯言一出,更增添佛教力量的神秘和宏大。

在所有的寺庙中,我们都可以看到许多双手合十或者手心向上非常虔诚的祈祷者和跪拜者,功德箱中的捐款也相当可观。这不仅因为物质生活改善了,人们更加关注灵魂的需求,更期望健康、平安和长寿;而且因为经济发展不平衡,一些人轻巧取胜,一些人虽竭尽全力,却仍然所得有限,这不能不使人们相信,这个世界的成败和荣辱往往不在于这个世界的本身,而更在于另一个世界的力量。菩萨主宰着另一个世界,所以人们礼佛敬佛,希望得到菩萨的保佑,在这个世界上心想事成。这是现在寺庙的香火越来越旺盛的一个重要原因。

敝人算不上信徒,对佛经也知之甚少,但是,我还是对教义和信徒怀有极大的敬畏和尊敬。因为科学和宗教分属两个不同的思考和感情领域,它们本来就有不易沟通的地方,就像理智和感情永远有矛盾一样,但也没有必要对立起来,非此即彼,或者非得你死我活。另外,对因果报应来世轮回的解说和相信,甚至比法律和道德更能有效地抑恶扬善,净化社会风气。在这个意义上,佛教也是国家管理的重要资源,不管信不信都应该表示充分尊重和积极运用。不过,宗教终究不能生产物质产品,所以宗教的规模应该适当,并且要尽可能保持超凡脱俗的状态,不要为商业化所污染。

2006 年 7 月 26 日

奔走寄情山道弯弯间

从成都出来,我们直奔九寨沟,我们车子在弯弯的山道上要奔走整整一天,还要越过伸入云端的高山,尽管我们不时要打打瞌睡,但是我们还是有很多时间欣赏和感受山道弯弯的美景和藏民生活的改善。

我们的车辆走在沿着岷江水逆流而上的山道上,一边是逶迤延绵的岷江,一边是俊雄宏伟的大山。奔走在傍山的公路上,仰望大山蓝天白云,俯视路边的江水,对于成天蜗居在钢筋水泥森林中的都市人来说,实在别有一番情趣在心头。岷江的江面时而狭窄,水流湍急,浪花如雪;时而江面开阔,水流平缓,微波粼粼。时而江水清澈见底,好像有凌波仙子随时可能凌空踏虚,跳将出来;时而江水有些淡淡的泥青色,很给人一江春水的联想;时而半江清澈半江泥青,中间有条明显的分界线。时而江底裸露,江水成了欢快的溪流,在江底大小的鹅卵石上跳跃着向东流去;时而江水变得深不可测,静静地反射着青山绿水、蓝天白云。我们在江边走了两天,几乎没有看到过一叶扁舟,因为每隔百余公里,江面上就有座水电站,这不仅隔断了水运,鱼的繁衍和捕鱼业的发展一定也受到了限制。西南地区水资源的充分利用带动沿江居民进入现代化生活的轨道,但也使得我们只能从古书字画的描绘中去揣摩"孤舟蓑笠翁,独钓寒江雪"的意境,想象纤夫船工们悠扬雄厚又豪迈的号子了。

　　我们的车子一直奔走在平整甚至是崭新的柏油马路,比我上一次在国内旅游时走的黄泥路不知强多少,只是路面不宽,仅容两车相交,山道弯弯,之字形的路段甚多,两车常常交汇在看不见对面车辆的大山拐角上,因而高音喇叭成了必不可少的行车保障。这里的驾驶员把车子开得飞快,把我们这种大城市的业余驾驶员看得心惊胆战,尽管如此,他们行车的安全性仍相当之高。在我们奔走的几天间,只看到两次事故,一次是两辆车追尾,另外一次是另一辆车把我们车的后视镜蹭掉了,双方驾驶员居然都扬长而去,连停都不停一下。而在江浙一带高速公路上行车,我就在四五个小时中看到过三四次事故。显然,弯弯山道间风驰电掣的风险实际上并不很大。公路边上到处可以看到加固的山体,还有从山上散落下来的飞石,值得庆幸的是,好像并没有什么车辆被击中。

　　到达九寨沟,要翻过不知名的大山。远处望去,这大山高耸入云,云层皑皑,盘绕在半山腰。我们的车要顺着弯弯的山道,爬过这个大山。此时的公路不再傍山依水,而是傍山依着万丈深渊,望着越来越深的峡谷,遐想车轮擦过公路边缘的各种可能,禁不住心里有些发紧发毛。待车子缓缓地爬到了山顶,明朗的阳光消失了,我们被笼罩在云雾缭绕中,往山下望去,山山水水、绿树房屋公路都变得若隐若现,我们居然也有些腾云驾雾似神若仙的感觉。山顶最高处有座一人多高似塔非塔的建筑,上面刻着此处高度为4600米。这个建筑上面系着不少哈达,显示着藏民对山神的敬畏。我们为防高原反应,随身带着氧气罐爬到这个高度,尽管没有派上用处,却也足以证明沿海居民对这个高度的敬畏。

　　不知道当年的徐霞客还有其他文人骚客旅游时有没有爬到过

这个高度,但是可以肯定,他们当时旅游比我们艰难不易得多,因为他们大多倒骑着毛驴,带上一葫芦酒,走在看不见人的小路,甚至根本就不是路的地方,哪有我们在平整的公路上飞驰而过的潇洒。然而,他们的那种旅游要比我们今天的更有情趣得多,因为他们走到哪算哪,根本用不着着急地赶路,遇到环境优美的去处,他们可以停留在那里,醉上几天,不仅欣赏那里的山水风景,而且还可把自己融化在这个山水风景中,变成它不可或缺的组成部分。只有这样才能吸取天地山川锺秀之灵气,吟哦和写就可以传至后世,以至于会有无穷的神来佳句和美妙诗文。不像我们到处赶来赶去,一个景点待不上几分钟,就着急地赶另一个景点,显然,我们人在山水之间,但是,心还没有从城市的焦虑和浮躁中解脱出来,于是难以以悠闲的心态寄情于风景秀丽的山水之间。

  以往坐长途车旅游既不敢吃也不敢喝,因为大小便很不方便,现在的情况已有根本的改善,车子开上一个多小时,一定会停车休息,不仅因为有景点和旅游商场,更因为厕所经济,公路上如厕都要0.5元,一车人20好几,厕所主人可以净赚10元,因为基本无须成本。现在旅游车太多了,常常首尾相衔,每天有个十来辆车不成问题。在厕所附近放上几头白色牦牛供游人拍照,再加上卖水果、玉米和旅游纪念品的收入,有关从业人员的生活可以相当丰裕。为了吸引驾驶员到这里停车歇脚,这些站点都提供免费洗车。

  一路奔走下来,可以看到山体的植被不错,庄稼地则比较有限,这是政府实行退耕还林的效果。每亩退耕田补贴220元,农民得到了实惠,环境也明显改善。两边居民的房子有好有差,但是,电视卫星接收器却到处可见,其密度比城里高多了,验证藏民物质和精神生活得到很大的改善。

晚上我们参加旅行社安排的去往藏民家的活动,喝酥油茶、青稞酒,吃一点没有羊膻味的烤羊肉,听他们唱歌表演,感觉很好。旅游业发展明显改善了藏民的生活。这户人家房子很大,底楼停放着轿车,年青一代有好几个在上大学。主人说,他家在村里只能算中等偏上。越是靠近九寨沟,那里的人家越富裕,因为他们从事旅游业比较早。那些在九寨沟从事保洁工作的人员都很富裕,因为他们原本是九寨沟的居民,现在迁了出来,所以他们除了有份工资收入外,还可以享有九寨沟的红利。想当年,我们将旅游当做资产阶级游山玩水来批判,没想到它居然能如此推动老百姓脱贫致富,只可惜我们领悟得迟了,否则可以有更多的人更早地过上好日子。

2006 年 10 月 22 日

雷锋夕照的重现

从杭州讲座回来没两天,我又作为教育部高职高专指导委员会的专家,再度回杭州参加"十一五"精品课程的评审会议。晚上会务组带我们去游览新建的雷峰塔。第二天早上,我一个人徜徉在湖堤上,也别有一番历史和现实的感慨,别有一番文化和环境美之间关系的联想。

杭州的雷峰塔非常著名,不仅因为有雷峰夕照的景观,更有鲁迅先生关于雷峰塔倒掉的杂文,加上很多年来,我们只能从故事和戏剧中追溯它的身影,这就更加激发人们对于缺憾美的想象。20世纪90年代末,杭州市政府决定重建现在这个雷峰塔。新的雷峰塔建立在旧的雷峰塔的原址上,实际上是做个铜钢结构的新塔套在旧雷峰塔的废墟上,所以,在新雷峰塔的底层是一个玻璃围住的大厅,里面是一米多高旧雷峰塔的残垣断壁。据说,当年的一把大火烧掉了塔外木质的飞檐后,当地蚕农相信能够镇住白娘娘的雷峰塔,它的砖也能镇住偷食蚕宝宝的蛇,于是他们就挖雷峰塔的砖不止,结果活活生生地将雷峰塔挖倒了。大厅里的残垣断壁不仅向游客诉说着历史的沧桑和凝重,更是像镇塔之宝那样,赋予现代化铜钢之塔传统文化的灵魂,以实现历史和现实的对接和传承。据说,这座塔的护栏、飞檐和瓦片都是铜制的,柱子等结构则是钢质的,总共用掉了260吨铜、1800吨钢,可以想象整个塔的豪华和气派了。当然,如果没有在塔中心的残垣断壁,这个豪华与气派也就因为没有文化的传承而失去意义了,至少会大为逊色。

坐上电梯可以直上第五层的塔顶,这也是个金碧辉煌的大厅。穹庐似的顶上刻着2002个佛龛,表明这座塔是在2002年完工的。每个佛龛中都有一座释迦牟尼的舍利塔,整个塔顶都镀上了一层金箔,耗费的黄金吨位相当可观。这座塔的尊贵还在于塔的每层都有各种非常精美的木雕、泥塑,介绍杭州城的发展演变和相关的美丽传说。最有价值的则是在旧塔的底座中清理出来的释迦牟尼的头发舍利子和供奉这个舍利子的塔,此外还有南越国王钱椒和他的妃子的腰带和铜镜等文物。望着这些已经覆盖了一层厚厚的历史尘埃的文物,你可以感觉到历史脉搏在那里跳动。雷锋夕照,这分明是历史的夕阳照在现代化伟岸挺拔的塔身上。

曾几何时,"破四旧,立四新"的狂飙,以"全无敌"的气势,砸烂和毁掉了几乎一切被人们发现的文物,绝大部分神佛和雕塑都陷入灭顶之灾,历史就此中断了,老祖宗留给我们的一切几乎都完蛋了,甚至整个历史都是丑陋的、不堪回首也不该回首的。现在,我们不仅堂堂正正地将这段历史发掘出来,而且斥巨资将其整理和包装好,捧给我们的族人和世人,甚至是千秋万代的族人和世人。其实,不仅是雷峰塔,我国在其他神庙上也投入了巨资,媒体上经常可以看到庙宇的重建、新建塑像的开光等消息。我们很难说这些投资是非常必要的和完全及时的,毕竟我们还有太多的贫困地区,有太多需要用钱的地方,但是,我们肯定可以说:"矫枉必须过正,非过正则不足以矫枉。"对神庙的过度否定需要以对它的加倍肯定来补偿,而十年动乱中流行最广、为大批判开路、打乱既定社会秩序的话用来对"文革"否定的否定则再贴切不过了。这就是历史的辩证法,只是这个辩证法的实现过程过于沉重了。

那天晚上正下着雨,我站在雷峰塔紫红色的护栏边上,一幅"凭栏处,潇潇雨歇,抬望眼"的景象,因为没有"怒发冲冠",所以也就没有"仰天长啸",我只是静静地感受和体会西湖美妙的夜景。在我们的东面是杭州市高楼大厦的不眠灯火,南面和北面都是精细雅致的山势,这正是杭州的三面环山一面水。南面山上有座新建的城隍阁,北面的山脚下,靠水之滨,隐约可以看到环绕的长长的苏堤和白堤,还有若干个很古雅的桥洞。在湖的中央有个湖心岛,好像三潭印月就在这个岛上,湖水非常宁静,波澜不起,整个画面像是将几座山放在一大块玻璃上似的。因为暮霭沉沉,山势都变得影影绰绰,但是,山上的建筑,从城隍阁到各个宾馆,都用灯光勾勒出它们的飞檐流丹,这些建筑既古典雅致又通体透明,影影绰绰的山势被衬托得格外的深沉和优雅。

第二天早上,我一个人打着雨伞,沿着西湖走了半个小时,雨淅淅沥沥地下着,脚下是非常干净、没有任何漂浮物的水,轻轻地拍打着湖岸,远处是一座翠绿的山,后面还有一座翠绿的山,"层峦叠翠"就是山势的重叠像是将翠绿色重叠起来了,没有身临其境,真无法想象这个词的优美。比较北方山势的平林漠漠、苍莽剽悍,西湖的山势本来就有些小巧精细,加上依傍着一泓清水,就更显得俊秀飘逸了。河堤上没有人,湖面上没有船,只是在远处有小船静静地开过。西湖岸边两棵杨柳夹一棵桃树,杨柳轻拂着堤岸,甚至在水面上划出涟漪,如果天气晴朗的话,一定会有个"杨柳岸,晓风残月"的美景。

人的记忆是个非常特殊的东西,我走在湖边,好像被溶化到环境中去了,所以根本没有想要背诵什么,可有些句子就是会在脑子里冒出来,像是"水光潋滟晴方好,山色空蒙雨亦奇"。中国文化就是天人感应的,置身这样的环境中,实在是上天将山水俊秀之灵气放在人的心坎中,人憋不住把这口气呼了出来,就成了诗词之美了。在这个意义上,保护环境至关重要,否则,我们呼出的将是污浊之气。没有芝兰之香,哪有诗词之美。值得庆幸的是,西湖比我28年前来的时候秀美多了,如果全国的环境都保护到这个分上,传统文化就有望再度得到振兴了。

2006年6月5日

仓促的灵隐寺之行

杭州是我的人生转折地，28年前，我们几个小伙伴就是在杭州下了考大学的决心，然后，当年的小铁匠变成了今天名牌高校的博导。世事沧桑，造化成全，现在故地重游，实在别有一番感慨在心头。

趁着去浙江工业大学管理学院讲座的间隙，他们副院长陪着我，漫步在修整得很好的山荫路上。灵隐寺的香客比当年多得多了，人流之密集几如过江之鲫，不是摩顶接踵，而是首尾相衔地行走着，山洞里、树荫下到处是人们的欢声笑语。置身在这样的环境中，尽管你会感到喧闹和嘈杂，没有神仙福地远离尘世的超凡和宁静，但是，你还是很有向神礼佛的心情。佛教的氛围不仅表现在神龛的佛像和庙宇的红瓦黄墙上，更是弥漫在这里的空气中，不管你平素有多么坚定的无神论信念，在这里却不能不生出一份敬畏之心。特别是我，才在温哥华爬过除了树木还是树木的大山，因而特别能够感受到"山不在高，有仙则名"，没有神仙庙宇，不管这山有多么高大宏伟、草木有多么稠密，都没有大山的"精、气、神"。在这个意义上，我们可以非常自豪地说，外国的大山比我们的差远了。

28年前，灵隐寺门外山路左侧山洞里的神佛像，几乎没有不缺脑袋少胳膊的，那场浩劫的满目疮痍至今令我记忆犹新。现在所有的塑像不仅都修复了，而且好像从来就没有被破坏过，塑像的许多部位都被祈福人的手抚摩得精光溜滑，可见祈福人的众多和佛教力量的强大，证券市场的羊群效应在这里得到最为充分的诠释。我也像别的游人一样，不由自主地伸出了虔诚的手。整个山上、洞里洞外几乎就是神佛的世界，眼光不经意地一扫，就会触及神态各异的大小佛像，置身在这样的世界，我们的心好像也变得不那么浮躁了。在那个一线天的洞里，站在当年那个位置上，仰面望去，可以看到高高的穹顶透出一线白光，今天却只剩下一点白光了，不知是山体运动，还是泥沙浮草的遮蔽，颇为奇妙的景观逊色了不少。

进入灵隐寺中，其格局与国内许多庙宇颇为相似，但气魄却要明显大得多了。首先进入的大殿供奉着主管雷电风雨的四大金刚，以及许多说不上名字的头陀。据说，在灵隐寺，这种塑像有一千八百多个，要历数这些塑像的渊源和含义，恐怕不是几个佛教专业的"博导"所能胜任的。然后进入的大殿就是大雄宝殿了，光芒四射的释迦牟尼佛端坐在那里，庄严和蔼地注视着每个朝拜的人。站在那里，你会感到自己格外渺小，不仅因为我们的身高不过他的一个手指，更因为我们的精神及忙忙碌碌为之奋斗的一切都那么的微不足道。确实，面对着无限生命的象征，我们有限生命的一切几乎没有不可笑的。比较起那些明知自己在做傻事却又不得不做的人，我们只是偶然在神面前看到自己的可笑，那还是很幸运的，因为在大多数情况下，我们还能保持自以为没做傻事的尊严。许多人都非常虔诚地跪拜在佛像前，我的举止虽然没有和他们一样，但内心实际上也在那里跪拜如仪，并敬上了三支没有点燃的清香（现在灵隐寺已经基本不让烧香了），表达对无限生命的敬仰，当然也奉上了我的祈祷，希望能得到佛的庇佑。

走出大雄宝殿，可以看到对面墙上的浮雕，说的是佛祖讲经，狮象虎豹都伏地倾听,好一派佛法无边,普度众生的景象。在这堵墙的上方,有个佛教的博物馆,那里陈列着许多名贵的墨宝,用整块的玉雕成的佛像,还有舍利子塔等名贵得超过我们想象的珍宝。走出珍宝馆,就是藏经楼,当然,这不是我们这些凡夫俗子所能进入的所在。所以,我们就在通道左侧,找个比较清静的石凳坐了下来,在古藤、老树、翠竹的环绕中,听着悠扬的梵乐,聊聊人生的得意和失意,发发生活的感慨和牢骚,虽然长不出古人的仙风道骨,却也很有些他们扪虱而谈的清风与飘逸。

　　两小时的灵隐寺之行很快结束了,朋友要求我,一定要把今天的感受写出来,就像我在温哥华旅游时一样,他等着读我的文章。我几乎有些沮丧地告诉他,这是很难做好的。因为温哥华的山山水水太简单了,你只要用稍微花哨的字眼作一个素描,就可以是一篇不赖的文章。但是,面对数千年中国文化的厚重和凝练在这里的表现,即便是被吹捧为如椽的巨笔也无法表达他的感受的万分之一,因为,谁都很难在一篇小文章中准确阐述大雄宝殿上的匾额"庄严异域"的渊源和含义,细致介绍乾隆来此题词漏掉的一点故事,还有苏东坡、白居易等文人骚士留下的那么多墨宝石刻,以及太多太多的风流佳话。尽管如此,我还是不能让朋友过于失望,当我努力用键盘敲进这篇文章的时候,我甚至觉得不用毛笔来表达这份感受,本身就几乎是对中国文化的一种亵渎。

　　中国文化要翻译成西方文字,一定会被屏蔽掉中国文化的神韵,有关灵隐寺的许多翻译足以证明这一点,藏经楼的"经"被译成了"text",大雄宝殿的"殿"被译成了"hall",一点没有表现出它们在中国文化中的神圣感。最可笑的是将"醉白楼"译成"Bai got drunk here",把这个话翻译过来,就是"白(居易)在这里喝醉了",

这哪里还有什么中国文化的美和内涵可言？当然，这不是翻译惹的祸，实在是文化的许多内涵根本就无法翻译。同样的情况也一定会发生在我们将西方经典的经济文献翻译过来的过程中，不管我们将其翻译得如何准确到位，都无法表达外国人固有的味。外国人无法体会中国文化的美，兹事不算很大。但中国人用并不符合外国人原意的理论指导经济活动，这南辕北辙的事就非常之大了。而这种情况却在我们的生活中天天发生着，这才是最令人担忧的。

2006年6月2日

兴旺鼎盛的雪窦寺

浙江奉化几乎是中国近代史最为著名的地方之一,重新游览这个地方,不仅深刻印象依然不变,而且还平添了许多对历史选择的感慨。特别是见证老蒋在大陆失败的雪窦寺,它原本与风雨如晦、青灯孤影联系在一起,现在经过扩建改造,展现出前所未有的兴旺鼎盛,正显示着改革开放后的繁华。

从山底下坐游览汽车,在曲折的山路上爬行20分钟后,我们到达了山顶的妙高台。这是座两层楼高的中西合璧的小楼,屋顶飞檐流丹的两边是一些飞鸟走兽的雕塑,一楼的平顶明显是西式的。顺着两侧的楼梯走上去,三大间房中布置着日常用品和通讯指挥器材,可以想象老蒋当年三次下野,却仍然能躲在这山清水秀的地方,翻动当年中原大地政治风云。楼下较大的房间想必是亲兵卫队的居所。从正门出去,是个小小的平台,离山脚有几百米之高,远处是层峦叠嶂、翠峰如簇,近处则有一泓清水波动在山峦之间。平台周边是一些高大的松柏,虽然杂乱,却也很显幽静、清凉。难怪老蒋要选择个风水这么好的地方,以韬光养晦,伺机而动。

走出妙高台,没有几步走高,就可拾级而下,中间是宽敞平整的阶梯,两边是杂乱的灌木大树,间或还能看到昨晚才下的稀疏白雪,更衬托这里绿色的青翠动人。走不多远,就到了千丈岩,水虽不大,但悬挂在那里,也有十几米之长,有点袖珍,却也很耐看。可以想象当年壮夫少妻,长衫西裙,相互扶携,漫步在这山间小道上,感受自然的风光。虽然没有"指点江山,激扬文字"的慷慨激越,却也一定不缺少"养怡之福,可得永年"的温馨。只是桃园虽好,非政治人物久居之地,一有风吹草动,他们就要重出山林,呼啸江湖。那天,这个山路上只有我们一行八九人,虽然没有林间小鸟欢快的啾啾声,但是,对习惯大都市喧嚣的我们,在一片寂静之中感受淅淅沥沥的雨声,还是别有一番情趣在心头。

在百丈岩的不远处就是雪窦寺,不知当年老蒋离开这个地方时苦雨凄风、溃败无奈是怎么一个场景,现在怎么也无法做这种联想,尽管我们是冲着这段历史去游览的。雪窦寺供奉着弥勒佛,神殿中的各个菩萨神态各异,有威武雄壮的"风""调""雨""顺"四大金刚,更有"笑脸常笑天下可笑之人"的弥勒菩萨。对于我们这些凡夫俗子来说,很难看出这里的神殿与别的地方的明显差异,但是,隔壁露天金光闪闪的弥勒还是别处看不到的。在一个很大的广场的北面坐着一个高度几乎超过这边屋顶的弥勒,两边也同样是金光闪闪的"风""调""雨""顺"大佛,虽然相形见低,但也巍峨壮观得惊人。其实,我们一进这大山,从许多不同的角度几乎都能看到这尊大铜佛,从广场边上的碎石上看得出,这大佛广场还没有最后完工,但是,它已经让游人感到强烈的震撼了。

现在全国几乎所有的庙宇都香火鼎盛,所有的菩萨都在重塑金身,所有的出家人都过得很滋润,这既表明随着物质生活的改善,人们越来越关注灵魂的需求,更突显"矫枉势必过正"的历史轮回。曾几何时,所有的菩萨庙宇被打翻在地,沦落在九地之下,现在则到处被人顶礼膜拜,高居在九天之上。面对伟大领袖的最高指示,红卫兵小将的六月天兵的全无敌,宗教居然能从被踩的千万只脚下如此迅速地得到翻身、崛起,这怎么不让弥勒佛发出穿越历史时空的微笑呢?而面对弥勒佛的微笑,人们又怎么不感到自己的僭妄与可悲呢?

山脚下的丰镐房和盐商的楼房今天还在,门前的路也修得非常整齐、气派,到处都可以看到非常商业化的千层饼,只是我们再也找不到当年郑三发子的足迹了。不知道是现代化的装修覆盖了郑三发子的一切,还是郑三发子本来就是杜撰出来丑化老蒋的人物。河对岸的民国大杂院很值得一看,那里不仅陈列着民国时代普通公众的许多日用物品,从碾磨到水车,从小孩的站桶到各种服饰,应有尽有,尽显上一代人的生活场景,还有国民党时的军服、军械、吉普车等,定格了一段不能跨越的历史。最有价值的是那里的许多珍贵照片,从孙中山到蒋介石,从民国时期的所有总统到新中国成立时的十大元帅,历史的真相在这里得到最大限度的还原。特别是在进门处的碑文上有对老蒋这样的评语:"是非无定论,褒贬有春秋"。这不仅推翻了以往宣传中对老蒋的否定,而且还留下将来重新评价的极大空间。尽管这样的评语是客观、公允和思想解放的,但是,我还是隐隐听到空中很多幽幽的叹息声:怎么给当年为理想和信念而牺牲的志士仁人一个交代、一个抚慰呢?

在民国大杂院中有很能代表中国文化特征的雕塑,从孔老夫子的讲学、道家的天元神像,到大小数百个佛教神像,占了大杂院很大一块面积,显示中国历史上三教合一的传统,也显示现在越来越多的人到宗教中去寻找精神寄托,这不能不反映出人们对现实生活许多缺失的不满。宗教原本可以给人无限生命的允诺,以彼岸世界的荣光来遏制此岸世界有限生命的欲望,这可以帮助人们作出与环境更加和谐、更有道德境界的选择。然而,出乎佛祖、教宗想象的是,现在很多人对宗教的信仰是期望用无限生命保佑有限生命的纵心竭欲,如此信仰方式不仅不能提升社会的道德水平,甚至还会加剧社会道德的沦丧。

在蒋母墓道下的停车场,我们遇到了一帮身份不明的人。他们许诺,能以较低的价格,带我们绕过旅游景点的关卡,到达雪窦寺外,被我们拒绝了。但我们也是急匆匆离开蒋母墓道下的停车场,甚至不敢去看望蒋母墓,因为我们很担心,一旦我们走开,他们在我们的车上做手脚就麻烦了。可见,即便在神灵的眼皮底下,宗教也不足以有效地遏制非道德行为,更不用说在远离神灵的滚滚红尘之中了。这就形成了目前的世事怪相,宗教的鼎盛与道德的沦丧并存,道德的期盼与悖德的嚣张同在。但愿这个时期不会持续太长,宗教能够充分发挥它净化灵魂的作用。

2010 年 2 月 4 日

平和公允看历史[*]

1998年我就去过台湾,那时有许多意识形态的限制,所以与他们的领导人相关的景点,我一个也没有去,尽管当时只是我一个人在台湾,党委书记则在香港等我。"所谓画地为牢,势不可入",在我身上得到最为充分的体现。后来发生了"去蒋化",我就更为错过机会而"扼腕叹息"了。这次台湾行,意识形态的"生态环境"大有改观,我可以很放松地去参观与历史人物相关的景点,这不仅弥补了我上次的缺憾,更可以让我换个视角,平和公允地对待中华民族的历史人物。

(一)

我去慈湖看蒋介石的棺椁。

停车场的正面是个平房,门楣上挂着"慈湖"的匾。左边有条小河,过了河有一大片绿地,那里竖立着很多蒋介石的塑像,有铜有石,有站有坐,有穿长衫,有着中山装,神态相似,基本都挂着文明棍。走在这样的塑像群中,感觉有些怪异,不像是我在回味历史,倒像是历史在俯视着我。据说在"去蒋化"时,蒋的塑像被截头、被腰宰、被卸八块到处乱扔。后来国民党的青年才俊朱立伦将

---

[*] 本文获得第三届两岸征文比赛优秀奖。

它们收拢起来,集中摆放在这里,形成特殊的景观。这既尊重了历史,又抚慰了蒋家后人的感情。如此三全齐美的操作足以证明朱立伦的政治才干和国民党的后继有人。

沿着河边走几十米,向右拐再走800米就能见到蒋公棺椁的停厝所在。两边的树木丛林郁郁葱葱,遮挡了夏日的骄阳。走过拐角,可以看见一个不大的湖泊。在青翠的丘陵环抱下,湖面特别平静,只有三两只黑色和白色的天鹅在那里游弋,更显环境的幽静清凉。过了小桥可以看见隐在绿树丛中的一个蓝顶白墙的四合院。门口站着两个士兵,他们穿着灰色的军服,戴着银白色的钢盔,手持步枪,佩戴着陆军的胸章。他们的腿略微站开,身体前倾,纹丝不动,眼皮也不眨,很有虎贲中郎将的气势。乍一看,我还以为他们是蜡像呢。走过两边长廊,对着正门的房间中间放着一个黑色大理石的棺椁,前面是个黄色花朵包着的巨大十字架,后面墙上挂着蒋介石的照片。桌上有两支蜡烛,两束白花,两边是青天白日旗。房间的布置谈不上庄严肃穆,却非常的简单朴实,就像一个穿长袍马褂的老先生对着子孙后代娓娓地叙说着家族的往事。

望着这张年轻时相当帅气、年老后颇为慈祥的脸,我非常感慨。他毕竟在中华民族危急存亡之秋,在抗日的正面战场上打得22场战役。他把台北的路名按照"四维八德"、"礼义廉耻"和"忠孝仁爱信义和平"来设置,然后才是各个省市的名字。他把传统文化、道德理念当做民族灵魂和治国关键,从根本上避免了世风道德的沦丧。同时,他也预料到台湾会有"去蒋化",所以把日记放在哈佛的图书馆,而不是蒋中正纪念堂中。当然,他也有败笔,如果不是对自己有太多的期许,他又怎么会听任个人崇拜的塑像在台湾泛滥成灾?

走出蒋公棺椁停厝的房间,我看到换岗的士兵正步走来,他们步伐整齐,动作孔武有力,钢盔被太阳照得闪闪发光,枪杆挥舞得令人眼花缭乱,经过一整套复杂的令人肃然起敬的仪式后,四个士兵互相敬礼,完成了交接班。新来的士兵替代原来的士兵,摆出一动不动但又虎虎生威的架势。他们交接班的仪式很辛苦,在烈日的暴晒下,他们的衣冠整齐、包裹严实,却丝毫不见流汗的狼狈,不仅衣服上没有汗渍,额角上也没有汗流下来。莫不是他们的功夫练到了眼皮不眨、汗也不流的地步?不管是不是如此,有一点可以肯定地说,无论他们怎么辛苦,里面躺着的人都值得他们的付出。

士兵的枪托撞击着地面"乒乓"作响,正步走和脚跟碰擦时靴子的橐橐声,还有那位长官大声拖着长音喊着"敬礼"和"礼毕",他们一点不顾忌这会惊醒里面躺着的老先生。我想也确实无须顾忌,因为老先生肯定还在做"铁马冰河""王师北定"的梦,梦里的枪炮声一定远远超过外面的嘈杂。他甚至会偏好这样的声音,因为尽管老先生为台湾的"训政"和"宪政"奠定了基础,但是,毕竟没有完成他"军政"的大业。不过,超过他老先生想象的是,"兄弟阋墙"的战争已经永远过去了,商场的合作与竞争、华人共同品牌的建设不仅能抚慰历史的创伤,甚至还能让下一代的感情再度水乳交融起来。

(二)

我又去了国父纪念馆和蒋中正纪念堂,那里给我留下了不完全一样的感慨,使我对台湾的治理思想有了进一步的认识,也终于明白中华民族的宿命,"天行有常,不为尧存,不为桀亡",个人品德在历史胜负成败上的作用甚至相当有限。

国父纪念馆像一顶巍峨的古代冠冕，前面的屋顶高高翘起，门面非常宽大，门匾写着"国父纪念馆"，跨上几级台阶就可以进入一个四五层楼高的大厅，正中有个孙中山的坐像，看上去是铜的。他要比普通人高大很多，也许蕴涵着他是个伟大的人物。这个铜像在一人多高的座基上。座基的两侧是两面国民党的青天白日旗，座基前面刻着一段由右向左的金色大字，估计是总理遗言。座基的两边有两盆芭蕉树，前面有一排花。座基的前面是一大块红地毯，两边站着两个与慈湖一样的士兵，他们也是孔武有力，眼皮不眨，纹丝不动。在大厅后面的白墙两边挂着两幅很大的画，看得出是在介绍孙先生的革命业绩。站在这个大厅中，很能感受孙先生建立民国的艰难和不易，还有三民主义建国理念的深刻和符合历史趋势，不管是"联俄、联共、扶助农工"，还是"军政、训政、宪政"。

大厅的两边是陈列室，讲的是抗日战争史，除了各种实物和照片外，最让我震撼的是所有战役的汇总，其中22场是国民党打的。其规模、歼敌数量、战争的惨烈程度都远远超过了我们的许多描绘，而我们只知道蒋介石不抗日。这不能不让我感叹国民党的宣传能力。台湾的朋友用恨铁不成钢的口吻说，就是呀，到现在还是这样，做了好事也说不清楚，所以才有民进党在选战中的得利。

我们从大忠门进入蒋中正纪念堂，这是个白墙蓝顶的建筑，下面是很高的墙面，没有门窗，上面盖着两层八角形蓝色琉璃瓦的飞檐，顶尖是黄颜色，下面有两层平台。正门两边的台阶很有气势，中间是有着雕刻的斜坡，与天安门金水河台阶中间的斜面很是相似。站在拱形大门前可以看见正面大门的牌坊，它有五座门，每座门上都有个蓝色琉璃瓦的飞檐，中间门最高大，门匾上写着自由广场。据说原本是正气门，与另外两个大忠门和大孝门遥相呼应，呵成一气。后来被阿扁改了,为了避免一有新长官就改来改去,只能听之任之了。这就可惜了原本与传统文化一体化的结构,真是被破坏得不伦不类了。进入牌坊,有两座黄顶红柱的古典式建筑,一是音乐厅,另一是展览馆。与蒋中正纪念堂组合在一起,加上一个很大的广场,形成了很有气势,甚至让人有些震撼的建筑群。

进入纪念堂后可以看见穿着长衫的蒋先生坐在那里,基座的两边是青天白日旗,下面也没有摆放花,只是在基座上刻着蒋先生的遗嘱:"自余束发以来……无时不以耶稣基督和总理信徒自居……"后面墙上自右往左镌刻着"伦理"、"民主"和"科学"六个大字,下面各有一段小字对之作出简要的阐述。看得出蒋先生特别注重传统道德,他老是穿长衫可能也是作为维护传统道统的象征。确实"伦理"应该为此三者之首,因为它关系个人的修行,而国家管理则需要"民主","科学"位列最后,因为前两者是价值观,而后者只关乎工具和手段。

纪念堂的屋顶是个巨大的青天白日,代表着蒋未竟的政治理想。与我们人民大会堂顶上的五角星相类似,有些遥相呼应,代表着中国人相同的思维模式,而无关两岸的政治理念有多大的差别。

在这个大厅的后面是蒋先生的纪念馆,里面摆放着蒋先生的用品,从饭碗到车辆,从照片到服装,从办公用品到书籍图画,各种各样,应有尽有。在最后一个大房间里,有个蒋先生的蜡像,他坐在一个很大的办公桌前办公,两排沙发是接待客人用的。这个很大的办公桌对着客人的一面也有抽屉和扶手,据讲解员说,是蒋先生为了缓解客人的紧张,让他们感觉在自己办公室一样而定制的。最令我惊讶的是两边橱窗里挂着的花卉国画都是宋美龄作的,据说很有名家的功底和才气,东方女性雍容华贵的气质隐约画上。

难怪在德黑兰的会议上,她赢得了罗斯福总统的很高评价,并极大地促进了美国的对华援助。只是非常遗憾的是,我们这厢也没有给她充分应有的评价。

从人品道德上讲,蒋一定有他的过人之处,至少追随蒋的人,哪怕是犯上作乱的都能得以善终,更不用说其他袍泽下属了。然而,蒋还是只能在小岛上了此一生,可见,个人品德未必是历史选择的主要依据。也许对个人的评价都会随着时间的推移而"雨打风吹去",但必须让平和公允永远存在,惟其如此,才能避免历史的悲剧重演。

2011 年 6 月 20 日

敦厚淳朴的台湾民风

早年大陆有关部门在对待高校的入台教育中,也是承认台湾的民风敦厚淳朴的。在我这么多年与台湾学生打交道中,也一直有这样强烈的感觉。这次台湾行,同样的感觉得到进一步的强化。

这次台湾媒体的朋友就问我,你对两岸的学生是怎样评价的。由于我与在上海交大就读的来自台湾的本科生、研究生、MBA学生、博士生都有很多接触,所以我说,大陆学生更聪明更灵活,台湾的学生更淳朴,更尊师重教。毕竟大陆学生是"千军万马过独木桥",百里甚至万里挑一选出来的,而台湾学生考试的条件相对要宽松很多。但是,台湾学生看到老师的恭敬程度要超过大陆的学生,但凡说"一日为师,终身为父"的十之八九是台湾学生。所以,两地学生各有长短,让他们坐在一起,畅谈中华民族的明天是"和平创富"最重要的前提和最根本的保障。

这次台湾行,不要说我们旺报接待的友好热忱和无微不至的关怀,即便是神旺商务酒店的服务也要比大陆强很多。给我把行李拿进房间的服务员,放好行李后,弯着腰倒退到门口,再打个招呼,退出房间。起床叫早,除了打电话外,还有服务员来敲门提醒。我之前在云南香格里拉宾馆,说好要叫早,电话却没响,更不用说是专人提醒了,两相比较,反差特别强烈。我们在台湾其他宾馆吃饭,服务员也都是敲门进入,弯腰退出。除了我以外,没有人注意她们,因为我们的台湾主人对之已经太习惯了。最难能可贵的是她们的微笑,只要你的眼光向她们扫过去,她们一定会迎上来,并报以真诚、甜美和发自肺腑的微笑,使人感到非常的温馨。在这种情况下,即便工作有什么瑕疵,顾客也不会有大的抱怨。对照大陆的同行,不要说服务规范相距太远,即便你迎上去,她们不但很少对你微笑,而且脸上还挂着一层厚厚的霜,就是明明白白地在说,走开,甭来烦我。所以,我很能理解大陆服务业的矛盾和冲突,很多都是服务太不到位,或者说话呛得人家喘不过气来造成的。更不用说我们还有太多有毒有害商品的生产和商业欺诈事情的发生了。所以,我们这次来台湾参会的会议主题太有道理了,"大陆动力,台湾创意,嫁接全球"。大陆的服务业要向台湾学习,其中一方面就是要把民风转移到敦厚淳朴上来,当然这是非常不容易的。

回来的飞机上,遇到一件事,更能证明台湾民风的敦厚淳朴,也给大陆"不要与陌生人说话"的文化沉重一击。登机时,台湾的航空警察把我介绍给一位李先生,我们交换了一下名片,他问我,到上海有没有车接,我说我打的,他说不用打的了,用我的车送你。我不好意思接受,但他很坚持。上机以后,我们各自落座。快要降落前,一位空姐过来给我一瓶 XO,说后面一位李先生把这瓶酒送给你。我问这酒是他带上来的,她说这是刚买的免税酒。我站起来回头对他作揖致谢,他对我挥手说,请不要在意。我问空姐,这酒要多少钱,她说不低于 2000 新台币,我更感受之有愧了。然后我查了下价目表,居然要 3190 新台币,110 美元,我更加无语了,这样做人的大气是我从来没有遇到过的,也是我所做不到的。在这个时点上,他甚至没有搞清楚我是何许人也,因为我名片上的字印得太小了,他眼睛老花了,可能都没看清楚。尽管后来我们在车上聊得很开心，我们有太多的渊源，他是我在台湾的小姨的朋友，也是我们学校的校董，所以他既是我的长辈，又是我的"长官"，我何德何能受此礼遇？当然，李先生的风范远远超过敦厚淳朴的范畴，但是，没有深厚的敦厚淳朴的民风绝对产生不了这样大气儒雅的长者。

在大陆我也有一些官场的朋友，有些一旦发达起来，多少有些鼻孔朝天。他们拥有的财富、社会地位和家世背景，远远不能与李先生相比，但是，他们的德行却常常让我感觉自己在"裸奔"，然后只能纳履而去，安往而不得吾之自在乎。当然，也怪不得那些朋友，他们也是在"不要与陌生人说话"的文化中长大，警惕、提防已经深入我们的骨髓，还有"无利不早起"的功利倾向，决定了我们很难对陌生人表示友好，更难以体会从这种友好中得到的满足。所以，改变官场风气，也要改变人与人之间的紧张关系，从重塑敦厚淳朴的民风做起。

当经过台北的仁爱路、忠义路……还有用"四维八德"命名的、处于城市核心地段的马路时，我终于理解当时施政者的苦心孤诣，道德伦理不仅是一个城市而且是整个社会的根基与核心。只有把道德感、价值观外化为城市无所不在的标识，内化为公众的纯洁感情，它才能抵御似是而非的口号的诱惑，促使一个国家、民族进入持续稳定的发展轨道。

2011 年 6 月 27 日

飞流激越虎跳峡

四年前我去过虎跳峡,这次旧地重游,对水流湍急、飞流激越的气势,感触不仅未有衰减,而且看着大块的水体对着虎跳石狠命撞去,凌空而起,分溅成喷瀑的水珠,更是感叹大自然的神功造化。要不是人类的僭妄,我们就会简单地效法自然,而不是盲目地追随未经检验的伟大理论,我们的社会一定能发展在更加规范有序的轨道上。

站在观景台上,从右边望去,两道高达千米的山脉,夹着一泓大水,缓缓向我们流淌过来。因为江面开阔,估计河床也比较平缓,所以水流非常平缓,平缓得像块大镜子,在太阳底下反射着光芒,熠熠生辉。这江水流淌了数千米之后,就不再那么平静了,因为右边山脉上有一大块山体崩坍下来,碎石堵住了一部分河道,使之变得狭窄了很多。水面波光粼粼,像是什么劲风乍起,吹皱了"镜面"。这江水又流动了数千米,遇到了我们脚下那块堵在江中硕大无朋的虎跳石。这块大石正卡在江中,堵江截流,据说当年有头老虎就是从金沙江的此岸,踏在此大石上,一跃而起,到达大江的彼岸,虎跳石由此得名。我向两头山脉望去,峡谷平整,没有明显缺失的部分,不能设想有山体突出部分的坠落,如果它不是天外来客,那非常可能是整个山头滚落下来产生的。

虎跳石的左边河床突然变低,远远低于右边的河床,水流过了虎跳石,就突然跌落下去。所以左边的河水缓缓流淌过来,尽管带有一些波纹,但还是块整体。接近虎跳石时,就像疯了一样,平静的黄褐色的水体突然翻动起泡沫,大声呼啸,不顾一切地向虎跳石扑去,巨石截流,惊涛裂岩,"卷起千堆雪"。这呼啸声像雷声一样,滚滚散开,响彻峡谷。最不可思议的是,这个水流来自天南地北、高山峡谷,走过千万山,好不容易汇聚在一起,又走过很长一段很平缓的路,到这里好像就是为了寻求被砸得粉碎,而且还是兴高采烈地、呼啸着接受这粉身碎骨。尽管水流激越,声势浩大,但是,水中那块虎跳石兀自挺立在那里,岿然不动。这黄褐色的水流或者从它两侧绕过去,或者从它上面奔腾喧嚣越过。说什么"滴水穿石",这分明是侥幸成功者的吹嘘,或者是无奈妥协者的借口。因为这块虎跳石拦截在这里,承受不下于数千万上亿年激流的冲击,却不仅毫无一点点松动的迹象,而且成为"谁能横刀跃马","唯我挺立在此"最为生动、最为震撼的写照。

水从高处流下,怎么会飞扬激越,"卷起千堆雪"呢?从虎跳石的左边望下去,一部分水帘向虎跳石漫过去,因为下降的速度不一样,水帘被撕裂了,前面的水帘掉下去溅了起来,后面的水掉在溅起来的水花之上,又往更高处飞溅。再后面第三块、第四块乃至无穷块撕裂的水帘都重复前面的过程,以至于水越溅越高,形成飞流激越,白雾蒙蒙的一片,疑是白云落人间。当然,白云只是静静地漂浮在那里,不会带来隆隆的雷声气势。我曾经看到过一个报道,说的是一群岩羊被猎人赶到悬崖边,靠每个岩羊的力量,它们无法跳到对面石崖逃生。这时岩羊分成老小两队,老岩羊奋力一跳,离对面山崖还有 1/3 的距离,小岩羊则在其后跳在老岩羊背上,再弹跳起来,达到对方山崖。老岩羊全部坠落峡谷,小岩羊则胜利大逃亡。老小岩羊弹跳计算的精准、老岩羊为延续群体的自我牺牲,都凝聚在小岩羊在老岩羊背上摄魂夺魄的一跳上。虎跳峡水的飞流激越正是这种延续生命方式的写照,谁能说水就一定没有生命,就一定没有生命的灵气呢?

晚上,导游邀我们去参加藏人家的活动,我们有一半人因为去过而不想再去。导游的表情立马就有变化,其实一路的服务都不敢恭维,此时表现得尤为明显了。我们问她哪里有卖吃的,她都冷漠地说没有。好像除参加藏人家活动外,没有晚饭可吃。晚上,我们就在附近随便找了家饭店,结果不仅吃得好、价格便宜,而且服务也很到位。这不能不令我喟然叹息。对导游来说,我们参加活动的人少,她们的收入就会下降,但服务差了会影响未来的收益,因而她们就不会随意降低服务质量。但如果未来收益的影响则要通过旅行社品牌效应的下降,迂回曲折地表现出来,那么未来不确定的回报将不足以约束现在的表现。饭店老板每笔生意都是他自己的,每个不良服务都是他下次收入的减少,而且他还要与其他饭店包括旅行社争客源。这同后面的水珠要落在前面的水花上再飞溅起来、小岩羊要从老岩羊的背上弹射出去是一个道理。旅行社要汇聚所有个体的利益与成本,所以,我付出未必能得到,你没有付出却未必得不到。大家汇聚在一起,就像一个庞大的水体,四平八稳,波澜不起。也像是一群岩羊在那里咀嚼着青草,悠然自得,心无旁骛。不把整体拆分成个体,就无法明晰每个个体的利益与成本,就无法将每个个体内在的动力和活力都召唤出来、激活起来。诚如水无澜则死,羊无惧则肥,整体的效率势必趋于下降。

大自然早就昭示了个体的优势和整体的局限,道法自然既简单,又有效。但我们却一直违逆而行,试图证明整体比个体更有优势,并用整体的牵制取代个体创造。我们走偏了道路,至今还没有走出错误的路径依赖。

2011年8月4日

深沉厚重的石佛寺

著名的云冈石窟就在石佛寺中,站在大门口就能望见里面,高高的土黄色石崖上,有三四层洞窟,中间的正面有着绿色琉璃瓦屋檐的牌楼,尽管琉璃瓦的颜色有些脱落,黄土地的土气与现代化华丽也相去甚远,可正是在一片斑驳之中透出历史的深沉与厚重。

进门就可以看到许许多多多的石窟,高低几层,延绵不下1000米。左右两边的石窟比较小,一人高一些,有的塑像只剩下一个朦胧的大概,眼睛鼻子都没有了,只剩下黄乎乎的造型。这些基本都是由民间开凿的。中间5—8号洞窟,也就是门口有着牌楼的,就很有皇家气势了。进去是个大厅,盘腿坐着个大佛,据说在这个脚上可以站一百三十几个人。还有尊特别精美的大佛,它坐在那里,右手作祈祷状,手腕下站着一尊小佛,它用双手托起大佛的手臂。看起来这尊小佛高不过1.5米,但实际上却不下1.8米。由此可以想象这些大佛的伟岸和大厅的宽敞了。大佛眼睛细长,耳垂很大,面目慈祥,俯视芸芸众生,显示它的悲悯仁慈。大佛原来在石雕的外面有一层泥塑,然后才是色彩和服饰。一千五百多年的时间流淌过去了,泥塑有很多脱落,露出里面石雕的线条,其刚劲、宏浑、简约和流畅,显现出北魏时期鲜卑族与汉族文化的交融。还有尊大佛胸前戴着条领带,与今天的领带并无二致,这可以算得上领带的老祖宗了。在那个时间,欧洲人还在那里茹毛饮血,我国的领带就已经搬上石雕了。我们的老祖宗确实太厉害了,这不能不引发我阿Q式的自豪感。只是可惜,今天这个领带却成了西装的典型性特征。

令人惊叹的是,那么漫长时光的流逝只是造成色彩的斑驳,却没完全抹去它的艳丽。那座托臂大佛的两个臂环蓝得庄严,小佛裙裤的红蓝相间也恰到好处。在大厅顶上的雕塑群中,还可以看到穿红裤子的宫廷乐队指挥,它留给我们有关"风吹仙乐处处闻""缓歌曼舞凝丝竹"的无边想象。在门廊、四壁墙上的神龛和大佛的背后还有一千多座雕塑,诉说着释迦牟尼的故事和神迹。他从摩耶夫人的右腋出生,作为王子尽享人间荣华富贵,在看见人间有生老病死四大苦难之后,毅然为普度众生,而出家修行。如此精神境界之高尚,足以让所有红尘中的人为之惭愧,无论我们如何提升精神境界,甚至不惜借助宣传拔高,到这里都会发现所有的标签、头衔,不管有多么的辉煌荣耀,都不过是黄土、尘埃和齑粉而已。

在皇家修建的几个大洞窟中,有几尊是以皇帝为真身的。据说北魏有位皇帝脚上有颗痣,大佛的脚上也有相同的表现。有位皇位继承人,因为去世早,未能正式登基,与他相关的石窟的地势就明显低许多。最意味深长的是以北魏武帝为真身的大佛,它穿着千层僧衣,上面刻着许多当初被他害死的僧人,他左手放在胸膛上,表示对当初决定的忏悔。据说,他原本也礼佛信佛,但是,后来他发现寺院里有兵器和女人,于是就走向另一个极端,大规模屠杀僧人,捣毁寺院。到了他的孙子魏孝文帝即位,在奶奶的扶持下,才一改国策,重新回到礼佛敬佛的轨道上。然后,才有如此辉煌的云冈石窟的开掘与流传后世。

面对如此宏伟的云冈石窟,我们不能不感叹,唯有国家才能集中力量办大事,但是,也唯有国家才能造成惨重的破坏,载舟覆舟,此之谓也。从礼佛敬佛到杀僧毁寺院,再回到大规模开凿石窟,其力度何其之大,掉头何其之骤,速度何其之快,但从历史的角度讲,这只能是折腾。因为它进一退二,然后再进二退三,每个阶段都作出了巨大的努力,也都不乏辉煌的成就,但是,加起来历史进步有限,甚至可以说有倒退之嫌。这不能不是我国几千年徘徊不前的一个写照。如果把许多事情都留给民间力量去做,也许它进展缓慢,不成气候,但是,它分散试错,及时调整,不走、少走或稍走弯路,不倒退就是最快的发展速度。所以,国家不仅应该从具体事务中退出,甚至也不宜提倡或否定一种价值观,特别是没有得到验证的,而应该让市场和社会去自然选择和自发选择。因为,政府的选择和普通人一样,都可能出错,但它错的力度太大,所以改起来只能"矫枉必须过正","非过正则不能矫枉",历史就可能回到它的起点上。即便政府作出正确的选择,甚至是若干次正确的选择,也非常可能因为一次失误就擦掉以往的所有成功。

  站在进口正门那座闻名遐迩、在所有图片介绍中都能见到的坐佛面前,望着它那高高的发髻、齐肩的大耳、慈祥的面容,我禁不住双手合十,倾听它如是说:信徒们啊,不要仅仅为你所见到的宏伟壮观所迷惑,更要参透先人在这些宏伟壮观背后所付出的代价,走过的弯路啊!

2010 年 8 月 10 日

巍然千年悬空寺

我很久以前就从 Discovery 频道看到过对悬空寺的介绍，它不仅让我们对老祖宗建造技艺的精妙击节叫好，还让我们对悬空寺的险峻等留下深刻的印象。但是，一旦站在悬空寺下，我发现所有的图片和视频，不管它们拍得多么生动、有特色，都无法表达我所感受震撼之万一。

我们的车在山路上盘旋了好久，突然一个拐弯，就看见对面的悬崖峭壁上紧贴着一座寺庙，它坐落在一片巨大的绝壁的半腰，上不着天，下不落地，悬在半空，从下面望去就是"凤阁龙楼连霄汉"，所以有悬空寺之名。悬空寺有三个主体建筑，一个是入口的门楼，还有两个是主体庙宇，它们都有四层，外面都有黄绿色琉璃瓦的飞檐流栈。主体建筑以一米宽的栈道相连，栈道的扶手也不过一米，要弯腰才能扶到。悬空寺的承重实际上是栈道型的，也就是把横梁打进山体，用与山体形成直角的横梁托住整个寺庙。原本寺庙的下面并没有支撑的柱子，由于旅游者担忧寺庙的承重力，于是管理部门在第二和第三个主体建筑之间加了十来根柱子。不过，据 Discovery 介绍，这柱子只是象征性地给人心理安慰，并不具有支撑作用。我拉着栏杆，小心翼翼地伸手过去，摇动这柱子，果然它们可以来回晃动。

从栈道往下望去，五十多米的垂直高度，腿肚子不能不有些哆嗦。据说在悬空寺修建之初,它距地面的高度是一百多米,后来河床泥沙淤积,抬高了地面,才有现在高度的下降。不能想象,站在当年的栈道上,扶着低矮的栏杆,望着相距一百多米的地面,纵然没有恐高症,也禁不住要有一段时间才能让魂魄归位,难怪李白到此要留下俊秀飘逸的"壮观"两字。

悬空寺在金龙峡的峭壁上巍然屹立1500年而不倒,其建筑技艺之精妙远远超过现代人的想象。且不说在这么长的时间中,悬空寺要经历多少风吹雨打和地震灾害,还有特别强烈的穿堂风的刮削。金龙峡是恒山的一条峡谷,东北西南向的穿堂风经久不息,呼啸而过。就是块突出的岩石,在这么长的时间内,也会被风刮得崩坍下来。所以,很难想象,一座木质庙宇居然能巍然挺立。

悬空寺的选址也非常巧妙,它建在峭壁略微有些凹进去的地方,这可以避免山石崩坍直接砸在悬空寺上。让我深感困惑的是,先人没有现代化的起重工具,如何将那么多材料运送到100多米高的峭壁?那些工匠如何知道木质建筑与洞窟山体可以构成统一的板块?他们又如何能在高空中避免头晕目眩,以及其他很多施工问题等?总之,我们先人建筑技艺之出神入化,怎么评价也不算过分。

悬空寺的神殿当然没有其他地方的大雄宝殿那么壮观宏伟,它们实际上是在悬崖上凿出一个空间,或者是扩大已有的洞窟,供奉各路神仙,所以难免有些局促狭小,但是,精神的包容性却广袤得多。因为,这里供奉的有孔子、老子和释迦牟尼,儒道佛共聚一室,实现不同教派最早的和谐共处。据说,正是因为这种精神的包容性决定了它历经多少朝代也不会被毁掉,因为当政者终究要信奉此三教中的一教,从而一定会保护悬空寺。可见,我们先人的政治智慧一点不亚于他们的建筑艺术。然而,百密一疏的是他们没有将马克思供奉在其中,以至于"文革"中,悬空寺差点被毁于红卫兵之手,至今一些雕塑的手腕和脖子上还留有被砍的痕迹。

悬空寺的精妙更在于建设者的理念,如果他们只是求得有限生命中效用最大化的理念,断不会将悬空寺建设得如此尽善尽美。因为他们为保证悬空寺的建设质量所作的投入在有限生命中得不到回报,他们既享受不到高质量带来的好处,也听不见后人的赞美。但是,他们仍然坚定不移地追求建设质量的完美,是因为信教之人心中有永恒。因为来世的回报更甚于今生的补偿,所以他们能为来世的回报承受今生的苦难。正是这种理念才是悬空寺历经千年而不倒的关键。我们今天科学技术的发展和建筑技艺的精进绝非悬空寺的建设者所能望及项背,但是,我们有太多的楼倒倒、桥脆脆的豆腐渣工程,平均建筑寿命也就二三十年而已。之所以如此,一个重要原因就在于我们是唯物主义者,只活一世,死后灰飞烟灭,凭什么为后世万代的福祉而承受今日的艰辛,甚至是苦难,而永远没有回报呢?!信教之人与唯物主义者一样追求他们的满足最大化,之所以有建筑质量的巨大差异,仅仅在于前者在无限生命中选择,而后者则在有限生命中选择。可见,无限生命的信念是弥补有限生命悖德的最好方法。

我仰望着悬空寺,就像仰望星空一样,尽管星空要深邃浩瀚得多。我为我们上一代人的僭妄而悲哀,他们的"金猴奋起千钧棒",横扫一切传统观念,制约了我们今天的路径依赖,我们还能有什么良方可以走出有限生命的局限呢?

2010 年 8 月 17 日

香火缭绕五台山

五台山位居五大佛教名山之首,也是文殊菩萨的道场,那里汇聚了一百五十多座著名寺庙,我们只是朝拜了其中的五爷庙、白塔寺、显通寺、菩萨顶和黛螺顶等,却已经生出天下寺庙已被吾观尽矣的感慨。尽管此感慨有如井蛙观天般的滑稽可笑,但却足以证明这些寺庙给人印象之深刻了。

我们先去五爷庙烧香,据说这是所有庙宇中最为灵验的。我们请了一炷高香后,就有柜台中的人带我们进入寺庙,那里的香火鼎盛,香炉里都装满了高香,只能到地上燃了。在寺庙的墙上挂满了各种"有求必应"的匾额,看得出是敬香求佛得到满足后来还愿挂上的。大家都在佛祖面前跪拜如仪,我也像他们一样,三跪九叩起来。我对佛教知之甚少,所以不是出于对佛教的理解和臣服,而是出于对不可知的敬畏。无法证实就无法否定,而不可知要比可知深刻广袤得多,所以对不可知应该比可知有更多的敬畏。带领我们的人说,跪拜时要默念自己的心愿。我已快知天命了,但是俗念还很多,要一一默祷,势必超出在三跪九叩的时间。于是,我只默念了一句感谢话。因为没有冥冥中力量的扶持,人怎么努力也不会有成效。走出五爷庙,望着远处的绿地成片、层峦叠翠,近处水泊石刻,还有寺庙的红墙、高高的白塔,更感觉个人实在是天地山水之间微不足道的沙粒而已。

白塔寺以白塔而著名，它是以汉白玉雕刻而成的实心塔，像个倒扣的摇铃。塔下有角的部分悬挂着许多风铃，在微风的吹拂下，发出微微的声响。从山顶望下来，在一片庙宇红墙黄瓦的飞檐流栈之中，矗立一座白塔，更显五台山的神佛气息。塔中供奉着释迦牟尼的舍利子，更增添了白塔的神圣和灵验。塔底部悬挂了124个转经筒，我们一行人心中都默祷着"唵嘛呢叭咪吽"，非常虔诚地转每个法轮6圈。在没有悬挂经筒的一面，有个神龛，其中供奉着一块石碑，上面镌刻着从印尼拓来的释迦牟尼的脚印。我们都虔诚地抚摸此脚印，然后把手抚过自己的额头、头发和耳朵，如此者再三，才心满意足地离开。

　　显通寺由文殊大殿、千钵文殊殿、无梁殿和铜殿构成。千钵殿供奉的文殊菩萨有一千个手臂，每个手中有一个钵，这是一个完全由木头制成的大殿。无梁殿是完全用砖头砌成，其中有座七层宝塔，边上坐着上百个披着红袈裟的石佛。乍一在比较暗的光线中看到影影绰绰的它们，不免有些凛然。在菩萨顶的铜殿，完全由铜所铸成，外面贴着金箔。最后神奇的是其中供奉着文殊菩萨显灵的照片，记不得是哪一年举行的法事，文殊菩萨在云端里现身了。这云端里的形象非常清晰，不需要想象力来弥补图像的欠缺。且此照片有三张，角度略有不同。哪怕是彻底的唯物主义者，见此照片也不能不对他的信念心存疑虑。

　　下午，我们用半个小时的时间跨越1080级台阶，登上了黛螺顶。在太阳的直射之下，我们都气喘吁吁、汗流浃背，艰难地行走在崎岖的小道上。同行中唯王老师一人长袖齐腕、纽扣不解，并无汗流浃背之狼狈，却有绅士泰然信步之悠闲。只是每每要追随女老师，而想弃我于不顾，尽管一路来他称我大哥之声不绝于耳。我只能变刘备之话而大声道：美女如手足，大哥如衣服，若为美女故，定将大哥抛。他才不得已而放慢脚步伴随着我。

从山顶向山下望去，在四面大山的环绕之中，有中间一片庙宇所在，一座白塔挺然其间。周边一片青葱碧绿，中间红墙黄瓦，再加上一点白色，也就是在一片莽莽苍苍之中，有一氤氲之气袅袅升起，若为望气者或风水先生，当对此有很多说法。我们凡夫俗子，只能感觉自己被融解在此美景之中，而不知神之所往。黛螺顶上还有一庙，其中有座五方文殊庙，供奉五台山五台的文殊菩萨。有座八角亭，画像特别精细、特别精美，叙说着与释迦牟尼出生修行得道等有关的神迹。还有棵菩提树，从一个树根中长出五根树干。据说乾隆皇帝来五台山进香，要走遍五个台，耗时久且很疲惫，所以想要在黛螺顶烧香，取到圣驾到达五台的效果。所以，和尚们在黛螺顶上建起五方文殊庙，请来五台的文殊菩萨；菩提树也体察圣意，长出代表五台的五根树干。这好像更证明皇帝为上天之子，因为他的诉求有神迹的应验。

五台山的神佛之气远甚于其他地方，至少对我来说，进过很多庙宇，却从来没有这么认真地磕过头，但是，我还是感到五台山正在被商业法则包围、侵袭和渗透。在五爷庙烧完香，那位引我们进庙的工作人员要带我们去拜我们的本命菩萨，然后，柜台里的工作人员做一点介绍，又要我们买东西。我们那位很虔诚的老师也单手作揖，口诵阿弥陀佛撤了下来。我就更逡巡不敢向前，因为我不想让这种市场营销伎俩玷污我们原本烧香的虔诚之心。在1080级台阶上，有各种各样的要饭的，有展示伤口的，有口宣佛号的，更有爬山磕头，身边放个不锈钢碗，礼佛要饭两不误的。导游说，五台山经过整治后已经非常规范有序了，实际上问题还是很不小。

在白塔寺的门口放着三张席子,有几个年轻人在那里高举双手,然后跪下来,腿脚伸直头叩地,再站起来重复。为了避免席子擦伤手、头和鼻子,他们戴着手套,胸前也垫着块毛巾。这种跪拜很耗体力,我们在里面呆了半个小时出来,那几个年轻人还在那里跪拜如仪,这很不容易。不过,比较起一位远方来的僧人的跪拜,这些年轻人的跪拜就成了优美的垫上体操了。这位僧人穿着前后都打着大块补丁的袈裟,走一步,叩一个五体投地头,手上没有任何保护,鼻子和额头都沾满了尘土。我们偶尔摔一跤,蹭一下就痛得钻心了。不能设想,赤裸的双手在沙土地上,蹭来蹭去有多么的瘆人。他用迷茫的眼神看着给他拍照的我们,好像很不理解我们的感动。毫无疑义,一定是佛祖在他心中给了他如此顽强毅力,坚持常人无法承受的朝拜方式。

毋庸讳言,现在信佛信教的人越来越多,但是,却没有止住社会道德水平的下降,人与人之间的关系仍然紧张。其重要原因不仅在于历史的惯性,更在于不少人的信与行是两股道上跑的车,各行其道,互不相关。佛教人谦恭、平和、友善,可他们照样张扬、偏激、怀有敌意。不是他们不虔诚,而是他们没有领悟到要用佛的精神来约束自己的行为。在这个意义上,毛主席对何叔衡的评价,"信其所行,行其所信"很值得深思。信固然重要,更重要的是要落实在行动上。而要达到这种状态,就不仅要闭关修炼,更要相互交流切磋学佛自我约束的体会。基督教每周的 Bible study 交流心得感触,就像我们当年学习毛主席著作小组一样,有助于约束信徒的道德行为,提升其道德水准,若将其引入作为佛教居家修行的方式,则将大大有助于教徒们的信行合一。

2010 年 8 月 24 日

遗了孤立平遥城

我去过一些古城,如上海七宝、朱家角古镇,还有丽江古城等,它们都给我留下了深刻的印象,但比较起平遥古城来,它们不能不逊色许多。难怪平遥古城"申遗"成功后,旅游人数暴涨。这固然证明了古城的价值,但也对它的保护提出了新的要求,并带来了严峻的挑战。

平遥古城有着高耸的城墙、深深的门洞,城墙上的骑楼高达四层,别的地方看到过的只有一二层而已。正面箭垛边有两门古炮,从城墙上伸出来。从城门向两边望去,看不到它们的拐角。城门口有两个高大、壮硕、古朴、提兵器的铁人。这两个铁人一定很有灵气,否则如何躲过大炼钢铁的浩劫?进入古城,我们坐上电瓶车,穿梭在明清时期的街道上。两边民居的砖墙都相当高,下部有许多被雨水腐蚀造成的缺损,屋顶都为飞檐青瓦,门洞里大都有门照,看得出当年的四合院现在基本变成了大杂院。个别院子里还有些老槐树,显示有年头的沧桑。胡同曲里八拐有些像诸葛亮的八卦阵,导游强调不能单独行动,否则一定会迷路。走在这样的街道上,感觉有如通过霍金的"虫洞",回到了明清时代。

平遥古城最有特色的是它的县衙,门口有个高高的鼓楼。进入大院,正面是县太爷审案的地方,两边的厢房是各类行政部门,从税政到牢狱的所在。我们顺着牢狱走进去,对黑牢有了真切的理解,其间没有窗户,光线只能从小门照进去,里面的大炕和刑具、破席等要放大瞳孔才能勉强辨别。在刑具的陈列室有木马、三人枷、夹板、凌迟的刀具等,令人毛骨悚然,古人摧残人的智慧也真发展得登峰造极。不过,他们也很有人性残留的一面。据说,死刑犯如果无后,则可允许老婆与之同居,直至老婆怀孕,然后才秋后问斩。当然,这也是要付钱的。

县衙审案的大堂如电影里经常看到的,上面是"明镜高悬"的匾额,后面墙上一轮红日从海浪中跳跃而出。好像太阳一出,"玉宇澄清万里埃",本老爷明察秋毫,既不放纵姑息,也不冤枉滥刑。文案上放着决定生死的衙签,两边是威武、肃静的牌子,还有衙役用来打犯人屁股的板子。最有特色而又不引人注目的是门口的对联:得一官不荣,失一官不辱,勿说一官无用,地方全靠一官;吃百姓之饭,穿百姓之衣,莫道百姓可欺,自己也是百姓。此对联要求当官的要站在百姓的立场,不欺压百姓,维护地方平安。不知此对联是朝廷的要求,还是哪个官员的自勉,总之境界之高不在于今天的"以民为本"之下。

在审案的刑事大堂后面,则是民事调解的二堂,它上方的匾额写着"思補堂",后面墙上画着松树,枝叶后面有一轮红日正冉冉升起,前面则是一群鹤翩翩起舞,引喉高亢。这大概隐喻县太爷的调解可以实现百姓的和谐欢快。在门口柱子上的对联是:期寸心无愧不负斯民,与百姓有缘才来到此。这两副对联都表明,封建时代对官吏的道德要求一点也不比我们今天差劲。只不过"普天之下莫非王臣,率土之滨莫非王土"的运行机制必然产生贪官污吏,体制外的道德挡不住体制内的腐败,道德说教早晚会沦落为遮羞布。至于如何让体制运行本身产生道德力量,这个问题我们至今也没有解决。

在县太爷起居室的楼上有供奉狐仙的神龛,也是县太爷存放官印的地方。一句"仙佑紫印仕途广"表明,多情、可爱、活泼的狐狸精在这里成了护卫县太爷官印的带刀行走,这肯定超过了蒲松龄的想象。也许,当时县太爷千里做官不能带家眷,所以就期盼有个狐狸精,既能保官印,又能奉箕帚,岂不美哉。站在这个平台上,四面望去,都是古朴的砖墙青瓦,屋顶两面斜坡,屋脊上翘,两端有走兽雕饰。围墙上方砖块有规则地减持,留有相应的空隙,既可降低成本,又增加了美感。如此特征好像仅为山西院墙所独有,在别的地方未曾有见。

我在为平遥古城的风貌所折服的同时,不敢矫情地说,悲从中来,但肯定可以说,有很多遗憾涌上心头。遥想梁思成当年,为北京城墙的拆毁而号啕痛哭。如果当政者能听他的建议,保留北京城的古色古香,另建一个现代化的北京城,则轮不到平遥城今日的独领风骚了,因为北京古城要比平遥不知壮观多少倍。那么多年过去了,我们才领会到梁思成痛哭之深意。他所痛者,不仅是北京的城墙和建筑的毁损,更是中国文化面临的破坏,也许他已经看到中国文化将要遭遇的浩劫了。但凡有超越时代眼光者,绝不敢轻易说出他真正的顾虑与担忧,所以只能假借建筑被毁而长叹息,痛流涕。记不得哪里读过这样的诗,用来形容平遥城很是适当:"北方有佳人,绝世而独立。一顾倾人城,再顾倾人国。宁不知倾城与倾国,佳人难再得"。无有能与平遥古城匹配者,可谓"绝世而独立","申遗"成功正是倾城国色,不会再有第二个古城者,则可谓"佳人难再得"矣。

在我们为仅存的宝贝叫好时,千万不要忘记被我们毁掉的宝贝,如此才不会有继续愧对祖宗的毁灭。

2010 年 9 月 1 日

未得其时票号业

平遥最著名的要算钱庄票号,它们是中国金融业甚至也可以算是世界金融业的先驱。作为金融专业的学人,我带着麦加朝圣的心情去看日升昌票号的所在地。看到日升昌的成就和辉煌,我不能不为中国人的聪明而自豪,更为中国金融业"起个大早,赶个晚集"而遗憾。

日升昌是明清街的一个四合院,进门的两侧是票号营业的地方。铺面不大,也就六七十平米,室内左侧有一排柜台,上有栅栏作为间隔。柜台上仍摆着毛笔砚台,还有文书印鉴、汇兑专用章,以及写着道光八年八月的会券,显示持有此会券的人可以到江苏扬州取六万六千两白银。柜台后面坐着一个蜡人,穿着清朝的服饰,拿着毛笔写字,好像还在做汇兑业务。柜台后面不远的地上,有个栅栏围起来的入口,下面是钱庄的银库。这说明大清的社会治安还真不错,放到今天,一定会引来蟊贼挖地道,盗取银两。柜台对面的墙上挂着的镜框,镶着用毛笔写的周行银色歌和防假密押。前者表示对许多地方银两的鉴别,包括天津、云川、湘潭和金陵等当时所有大城市。后者则是按照不同的字符表示银两的多少,各地票号分号核对密押无误,将银两交付给持票人。为保证密押的可靠性,在200年中,密押要转化130套,差不多一年多改变一次。正是得益于这样的制度设置,保障了在钱庄票号的历史上,从未有持假票而骗走资金的事。即便今天有电报、电传和电脑等设备和技术，也还不能杜绝持假票骗资金的事，而他们当年仅靠一支毛笔、一套口诀，竟能如此之安全高效，这不能不令今人为之叹服。

他们的风险防范不仅仅是在密押层面上，而是全方位、全系统的。他们招人不要三爷，即舅爷、少爷、姑爷，这就能避免祸起萧墙，管理层内部发生问题。所选学徒要在13—15岁之间，家里祖辈和亲戚中都没有行为不当之人。这个年龄段的年轻人，混沌未开，非常单纯，亲属中没人给他不良影响，进入钱庄票号后，加强管教，有助于形成相应的诚信文化。在客户填表签押房墙上的镜框里，镶着这样的对联：堂前翁姑即神仙，头上青天为父母。也就是要善待客户，不欺昧良心。如此无所不在的灌输和渗透，既保障了诚信，也保障了服务质量。加上钱庄票号员工的收入很高，学徒的收入就有5—10两，出师后的收入更多，掌柜的收入连县太爷都不能望其项背（县太爷年收入45两银子，要给师爷30两，剩下属自己的只有15两），员工们因此有很强的自豪感，也非常珍惜这份工作。更重要的是，他们的所有权和经营权的分离也很有特色，作为出资人的东家，不能干预柜面业务；作为总经理的掌柜，全权负责柜上的工作。所有员工都可以入股，包括金钱入股和人力入干股。所有员工都成了股东，他们有很强的归属感，也就一定与钱庄票号荣辱与共，存亡一体了。在这样的制度安排下，发生问题的概率就很小。我们现在的银行员工都挑自本科生和研究生，其技能水平绝非当年学徒所能比拟，但是，有关制度设置和道德保障却未必超过那个时期。

当年日升昌只是个做颜料生意的企业，它在北京分号的掌柜发现，商人们带着银两做生意，既费劲又不安全。如果在北京收下银两,让商人到平遥去取,这就既便利商人,又可自己赚钱。于是,他们停止颜料生意,专做汇通四海、汇通天下的交易。平遥钱庄票号的业务发展得很大,根据嘉靖二十五年的资料绘制的平遥票号分号图,可以看到这些分号密密麻麻地分布于国内各大城市,还延伸到国外,北到库仑、恰克苏,南到加德满都,我还看到资料有到南洋诸国的。中国金融业最辉煌的时候,西方国家还不过刚刚立国,哪有什么华尔街、伦敦金融城,更不用说东京和新加坡了。另外,平遥当时不仅已经在搞股份制,而且是全体员工都入股的人民资本主义。德国大众汽车公司为缓解劳资矛盾而提出类似的做法是二战以后的事。中国金融业起步遥遥领先于世界,由此可见一斑。

平遥钱庄票号的繁荣使得山西商人富可敌国,且不说慈禧太后逃难,就是靠山西商人筹集银两,才"天旋地转回龙驭",就说现在留下的乔家大院也让人叹为观止。我们只是看了其中六个大院中的三个,即大夫第、敦品第和中宪第等。每一第都有个很气派的门楣,高挂着相应的匾额。进入后都有可以供奉土地公公的门照。两侧厢房也很宽敞气派,屋檐下挂着一排排大红灯笼。正面二层楼的正房和廊台更为气派,那屋檐下挂着大红灯笼更让人联想,乔家那些先人站在那里挥斥方遒,指点着他们的白银帝国。最后,还有个后花园,如果不是因为太多的游人,那里也应该是个幽静的去处。水泊镜台,垂柳依依,杂花生树,亭台楼阁,怪石假山,一定演绎过很多"暗香浮动","人约黄昏后"的香艳故事。据说,乔家大院不是最大的,薛家大院要气派得多。钱庄票号老板们的"竞豪奢"足见中国早期金融业的辉煌之一斑。

平遥走下坡路的重要原因之一是太平天国起义,打烂了江浙一带,汇兑商路不通,贷款收不回来①。可见,农民起义和农民战争,不仅没有推动历史进步,反而造成了历史的大倒退。如果没有外力打断平遥的发展,我们的股份制可能发展得很成熟,我们的金融业也可能傲视华尔街、伦敦金融城。所以,我国金融业起个大早,赶个晚集。关键在于没有理顺思想观念和政治体制,就像枝干没有长好,或者出了问题,股份制和金融业的花朵开得无论怎么艳丽,最终也难免香销玉殒。在这个意义上,我们今天的股份制改革和金融中心建设早晚也会受到前提缺失的制约,并面对先天不足的挑战。

2010 年 8 月 19 日

---

① 按照我们教科书的阐述,钱庄票号只有汇兑,没有贷款,但是,日升昌的讲解员说,它也发放贷款,我也看到过资料,钱庄票号有贷款,也许规模不算大。

匆匆走在黄土高原上

应兰州大学管理学院的邀请,我去给他们的学术月添两个讲座,尽管对我这个懒得外出的人来说,兰州确实有些遥远,但是,它与丝绸之路相关的神秘还是打破了我蜗居不动的怠惰。两天的逗留,真正走走看看的也只有半天,但是,我还是感受到了与东南沿海截然不同的黄土高原风情。

兰州飞机场离兰州市有六十多公里的路,我们奔驰在宽阔平坦、几乎还是簇新的公路上,望着公路两边的景象,有着非常矛盾的感觉:一方面,因为这高速公路太现代化了,车辆奔驰得如行云流水,一点也不颠簸,你简直分不清它与通往拉斯维加斯的公路有什么不同。另一方面,公路上的车辆很少,常常走上好几分钟,才会遇到一辆。这实在会引发些许"前不见古人,后不见来者"的联想与惆怅。同时,放眼望去,蓝天之下,黄乎乎的一望无际,还真有"千山鸟飞绝""万径人踪灭"的苍凉和寂寥。由此可见西部经济比东南沿海的落后之一斑。高速公路宽阔平坦足以见证凯恩斯理论影响的深远,在经济起步的初期,修路至关重要,特别是在商贸不够发达、总需求比较有限的西部,修路无疑是拉动总需求的有效方式。尽管今天兰州的经济还不能与沿海地区相比,但是,有这样的公路作铺垫,缩短与沿海地区的差距还是非常可能的。因为,沿海地区的车水马龙在提高商务成本,西部一溜烟快跑则保持着后发优势。

公路两边都是高低起伏、沟沟壑壑、延绵不断的黄土高坡,尽管这种景象并不陌生,我们在电影电视中都看到过,但是,置身画面之外,看到的只是色彩和图案,可一旦身处这种画面之中,颜色和图案都向后隐退了,黄土高坡的气势扑面而来。这种气势如万马奔腾,擂鼓喧天;如旌旗蔽日,尘埃飞扬;如龙蛇图腾,敦煌飞天。尽管我什么也没有看到,什么也没有听见,但是,我就是感觉到,只有在这样的黄土地上,才能产生"大风起兮云飞扬""风萧萧兮易水寒"的张扬、决绝与悲壮。黄土地文化的雄壮、激越和气概绝对可以压倒海洋文化的理性和思辨,不管西方的绅士能够多么优雅地创造很高的生产力,他们的个人气质的单薄怎么也不能与黄土地的"暗呜则山岳崩颓,叱咤则风云变色"相比,但是,海洋文化理性的长期影响则容不得黄土地文化小觑和掉以轻心。

公路两边长着比较低矮的并不能覆盖全部地面的灌木,间或也有些大树,看得出是人工造林存活下来的特别顽强者。偶然也可以看到小块的高粱地,比较东南沿海的大片庄稼地,这样的高粱地简直像是"绝世而独立",因为这里没有河湖水塘,也没有飞鸟,甚至没法想象种这块地的人从哪来。远处的黄土高坡像是无数个随意摆放的高粱窝窝,黄乎乎一大片,与深邃的蓝天联成一气,再加上天空飘着的白云,也有一番特别的景色。因为黄土高坡几乎寸草不长,所以它与南方丘陵的翠峰如簇和北方崇山峻岭的莽莽苍苍都有根本的不同,裸露的黄土地可以唱出悠扬的信天游和仰天长啸的黄河谣,也给我们留下为之焦虑的黄颜色,如此生态不仅制约了经济发展,甚至可能不太适宜人类居住。政府为改变黄土高原的地貌已经做出了极大的努力,在沿途的一些高坡上居然安

匆匆走在黄土高原上

装着自动喷水的装置,据说是引黄河水浇灌这里的植被,确实公路两边的植被已经有了明显的改善。但是,要根本解决问题,其路漫漫兮。

进入兰州市区以后,车行也是一步三停,马路也非常拥挤,两边的高楼林立,中间的绿化带和草坪与沿海地区没有什么差别,只是向这些绿色望过去,总觉得有些似有若无的黄颜色。兰州市的南北有两座大山,从南北向望去,好些高楼都依傍这大山,很有些气势。兰州市海拔1400米,位于河西走廊的东部,是个东西走向的狭长城市,它夹在两座山的中间,沿黄河两岸修建,黄河的水滋润了这块土地,长出这里公园的青葱翠绿。这里的黄河并不很宽,特别是在母亲河塑像的这一段,水流平缓,水位也比较浅,中间有个河心洲,上面长满了芦苇之类的植物,看得出这里的水已经很久没有淹没河心洲了。这一段的黄河水泥沙的含量并不很高,它的颜色与上海黄浦江差不多。向左边望去,那里有座铁桥,与上海的外白渡桥很相像,据说是德国人造的,很有些文物价值,所以不能通车,只能步行了。往左望去,有座现代化的桥,当然比不上上海的徐浦、卢浦等大桥那么高大气派,但还是发挥了这个城市一条主干道的作用。

站在黄河堤上,往两边的大山望去,还是有些光秃秃的、灰蒙蒙的。陪同的女学生告诉我,现在的灰沙已经少多了。她们读中学的时候,下午三四点钟,漫天灰沙,天就黑了下来,老师提前下课,同学们赶紧回家,这种情况已经多年不见了。我在黄河边上漫步时,天正下着雨,而且已经下了一个晚上,直到这天下午才停了下来。据说近些年的雨水明显增加。尽管雨点不大,与上海黄梅天的雨差不多,但是,它还是能说明生态环境的明显改善。我祈祷着西部地区能够经常地、大面积地下一些稀稀拉拉的雨,届时黄土高坡也一定能够披上绿装,中国人的生存状况就能有明显的改善。

母亲河的雕塑是一个斜躺着的母亲抱着一个孩子,线条酣畅圆润、古朴浑厚,隐喻着黄河像母亲一样,抚育了古老的中华民族。据说,作者原本默默无闻,这个雕塑使他一炮打响,享有很高的国际声誉。他的成功固然在于这个雕塑的艺术价值,更在于世界在关注中国,在期盼这古老丝绸之路的起点城市焕发出青春。

特别值得一提的是兰州非常出色的服务,我住的宾馆硬件不算很好,但是,服务绝对一流。我在吃早饭时,需要一点酱油,我刚对一个服务员表达了这个意思,另一个服务员就将酱油递了过来,要知道这个放酱油的桌子离我还是有几步路的。晚上我的电脑上网有些障碍,他们的工作人员马上来帮我的忙,因为有些不顺利,第二天又找了个专职人员一起来解决,尽管我需要解决的问题已经超过他们的工作范围,但他们还是非常热忱认真地想办法。我住过很多宾馆,从来没有感觉过如此温暖,这次破天荒地写了许多感谢话。我相信这种良好的服务一定与黄土高原的人文环境之间有某种神秘的联系,终有一天,这种人文环境可以成为兰州赶上东南沿海的重要支撑。

2006 年 10 月 6 日

东方明珠一瞥

曾经在网上看到过这样的调侃文字,东方明珠像根巨大的男根,昂然挺立于繁荣的陆家嘴金融贸易区。当时感觉这样的比喻实在是不登大雅之堂。前不久,到那里去登高一望,特别是参观了底楼的博物馆,突然发现这个比喻竟然再贴切不过了,因为东方明珠确实可以反映上海这个城市雄壮与创造生命的活力。

在东方明珠一位领导的带领下,我们一行四人乘坐电梯直接登上了东方明珠最高的圆球。电梯小姐告诉我们,这就是太空舱,它的高度是350米,差不多有100层楼高,可以说是上海的最高点了。电梯上升得很快,我们有些耳鸣,像是坐飞机爬高的感觉。太空舱其实也不大,不过百余平米,但是,向窗外望去,真有"会当凌绝顶,一览众'楼'小"的感觉。所有那些我们平素非得抬起头,不掉下帽子则不能仰视的大楼几乎都在我们的脚下。往东望去,就是紧靠着外滩的大楼和大街,其气势和洋派足以证明,当年被称为"东方巴黎"绝非浪得虚名。向远处望去,到处都是高楼,那天有些多云,我们无法看得很远,这些大楼好像有些在云雾环绕之中。带领我们参观的朋友说,如果天气好的话,往东可以一眼望到崇明岛。在外滩大楼的左后方,可以看到一群白墙黑瓦有些古色古香的建筑,据说是上海的豫园,在云雾缭绕之下,还真有"凤阁龙楼连霄汉"的味道。往下可以看见陆家嘴好大一片绿地和分割得错落有致的网球场,夹杂着现代化的楼群和宽阔的马路,以及非常密集的车流,其现代化的程度几乎可以和任何世界著名的大都市媲美。最漂亮的是环绕着东方明珠的黄浦江,因为东方明珠坐落在陆家嘴突出的嘴上,黄浦江环绕着这个嘴,也就环绕了东方明珠,这种环绕很容易使人联想到环绕飞天中美女的飘带。我们见过太多因为河床裸露而显得瘦骨嶙峋的大河小溪,黄浦江水的充盈更使人感觉贵妇人的丰腴和仪态万方。有些泛绿的土黄色的黄浦江上面干净得没有任何漂浮物,比较四五年前的黑黄色漂亮多了,只是苏州河与黄浦江交界的地方仍有条比较明显的分界线,苏州河水的颜色还是要深一些,可见环保工作的持久战还得打下去。很难想象,十年前陆家嘴这块地方还是一片滩涂和庄稼地,就在弹指一挥间,整个儿旧貌变了新颜了。

进入底楼的博物馆,就像走进了上海的历史,它会勾起上海人很强的、很浓厚的、怎么也调不开化不解的怀旧情怀。甚至可以毫不夸张地说,没有参观过这个博物馆的人,即便他生在上海、长在上海,都算不上真正的上海人。因为真正的上海人应该了解上海开埠以来的历史和风土人情,而这个博物馆则浓缩了相关的一切。在博物馆进门处摆着位居第一的镇馆之宝,它是20世纪初制作的一顶花轿,雕刻得非常精美,简直无法描述,并且用当时绝无仅有的蓄电池点灯。据说是位老板为他病歪歪的儿子冲喜制作的,只可惜,这么好的花轿加非常美的媳妇还是没能延长他儿子的寿命。解放后,这老板很明智地把这个花轿捐给了国家,否则经历那么多运动,我们只能在传说中缅怀它美丽的倩影了。

再往前走,我们的脚就踩在好像是湿漉漉的,但实际上是干的弹硌路上,这是石块铺就的路,车轮滚在上面一颠一颠的,又弹又硌,是以感觉命名。我们小时候还见过很多这样的路,现在几乎都没有了,据说这里的弹硌路是好不容易在嘉定发现,然后整体挖出铺到这里来的。这里还有石库门的房子,有用油漆刷在墙上的招牌,什么诊所、律师事务所等,还有烟杂店、杂货铺、卖鱼干海鲜的,有弹棉花的,有普通民居家里的梳妆台、客堂间,以及小孩子站在里面不会摔倒的踏等,另外还有用投影、激光等组合起来,显示着过年时节小八腊子放爆竹吵吵闹闹的欢快景象。走在这条路上,不仅有久违的感觉,更有孩提时代的亲切。难怪有许多上了年纪的海外上海人"到此踌躇不忍去"。他们带着放大镜,接连几天,一个一个模型非常仔细地端详着。如果我有时间,我也一定与他们一起,在那里寻找孩提时代失落的梦。

那里有个20世纪30年代外滩的大型模型,虽然当时马路没有今天的宽敞,但是,汇丰银行、花旗银行等大楼的气派依旧,还有比现在更漂亮的绿化、一顶顶太阳伞、一个个休闲桌椅。可以想象,在这样的路上,走着几个提着斯迪克、戴着高帽子的绅士和撑着阳伞、长裙裾地的淑女,这个外滩将更显优雅,特别是在马路上车辆很少,一眼望出去没有几个人的情况下。这种美的意境绝非文字和画笔所能表现。那里还有许多和真人一样大小的蜡像,既有洋人与中国官员一起审案,又有文化人如泰戈尔、徐志摩、聂耳、赵丹和冼星海等一起开会交流,还有外国洋行的办公场景,里间的老板在商量决策,外间的秘书则在打字。我曾经站在费城的蜡像馆里,惊叹他们蜡像的栩栩如生,现在我则为上海这些蜡像的逼真和惟妙惟肖而击节叫好,因为它还表现出了上海文化的多元和十里洋场的繁华。

表现十里洋场的繁华的还有马勒公寓、张学良公馆、宋庆龄故居、佘山的和徐家汇的大教堂,以及许多我也记不住名字的经典建筑的模型,它们的洋气和壮观表明上海不是吸取某一国建筑的特色,而是博采世界各国家建筑之长,并汇聚熔炼于一炉。更重要的是,与这些建筑一起舶来的是各国的文化,它们在这些楼群中澎湃冲撞、激越回荡,形成独具特色的海派文化。这种文化不仅孕育了一大批20世纪30年代的文化人,也推出了好些个昙花一现的"文革"弄潮儿,还有一大批对中国政治经济文化产生深远影响的领导人。与这些经典建筑并存的是上海当年的滚地龙的模型,我小时候还看到过这些房子,墙面是在竹篱笆上抹上黄泥,屋顶则是茅草铺就。有几个面露菜色的衣衫褴褛者在那里叹息,但是,可以肯定他们中也有一些人最终走进了繁华,并把他们的背影留给了这里破败的滚地龙与无奈的叹息声。

反映旧上海风貌的还有上海证券交易所内人头攒动的交易、大世界的哈哈镜、茶馆店的滑稽、大舞台共舞台的古装戏、福州路报业街的红火,还有四马路的小姐的涂脂抹粉等,虽然这一切都没有声音,但是,我还是仿佛听见了交易所内买进卖出的鼎沸人声,票友们为喜欢的角热烈鼓掌,大声叫好,白相人在茶馆里讲斤头、谈尺码,报童们"新民晚报,夜饭吃饱"的吆喝,还有小姐们拉客的嗲声嗲气⋯⋯尽管我们不能说这一切都是合理的,但是,我们肯定可以说,这里包含的生机和活力奠定了今天上海发展的基础,甚至可以说,它们已经凝固在上海的高楼大厦和像环龙像飘带一样的高架之中,凝固在上海今天的发展之中了。

如果说,新的雷峰塔建立在旧的雷峰塔的废墟上,可以提升现代雷峰塔的文化底蕴,那么,东方明珠的博物馆则赋予了球状高塔上海的精、气、神,使得东方明珠体现出上海的雄浑实力、蓬勃生气和无限活力,所以它能"刺破青天锷未残",并且化腐朽为神奇,将不雅的比喻转变成东方明珠特色最生动的写照。

2006 年 8 月 22 日

对农耕文明辉煌的凭吊

到过很多地方旅游,这次青岛、蓬莱和烟台之行却使我突然领悟到,在中国大地上旅游,竟然包含着对农业文明辉煌的凭吊,这个话说起来有点儿沉重,但是,咂巴咂巴它的味道,却还真不能不认这个理。

我对崂山的了解是从《聊斋志异》中那个想穿墙入户的崂山学道者开始的,所以,我很希望在崂山看到《聊斋志异》中描述的道观。可惜,我们走的是条新开发的路,根本就看不到庙宇道观。在道路的两边,以及远近山头松柏苍翠,尽管比黄山的松涛林海差远了,却也能表现崂山的钟秀灵气。只是看不到庙宇道观,这山的精、气、神好像有些散乱。九水十八潭等景点上镌刻的小篆和卜卦符号与老祖宗留下的几乎一模一样,但是,没有历史文脉的传承,它们的美有些空空落落。在我们走向山顶的潮音瀑的途中,一边是潺潺溪水,顺流而下,水很清澈,只是水流较小,细细地、平静地沿着大小鹅卵石的缝隙往下流动,到了得鱼潭、得意潭、潮音瀑那里,才汇聚几十到百余平米不等的一泓清水,荧荧发蓝,晶晶透绿,煞是好看,许多游人都在那里洗脸洗脚,戏水玩乐。在潭旁边的大石块上,用小篆和卜卦镌刻着这个潭的名字。最为壮观的是在一块很大的鹅卵石上切割出一人多见方的平面,镌刻着洋洋千余字的《崂泉铭》,写的是骈体文,四六对句,工整对仗,落款却好像是

2006年。

类似给点历史的阳光,就有现代化景观灿烂的现象一路都可以看到。在秦始皇东巡尽头的成山头更是如此,入口处那很有气势的牌楼——东天门,一看就是"近代古董"。左边有个道观,供奉着秦始皇的塑像,他相貌平常,看不出有并吞八荒、横扫六合的气概。秦始皇的一边是李斯和徐福,另一边是龙王和财神,有些不伦不类。李斯是秦始皇的忠臣和重臣,为秦始皇的统一立下了汗马功劳;徐福则欺骗了秦始皇,带着3000童男童女一去不复返了。为什么把他们并列在一起呢?在这个小殿的隔壁,供奉着邓世昌的塑像,他英姿勃勃,端着佩剑,很有气概地坐在那里,值得中华民族永远的祭祀。为什么要把他和秦始皇放在一起呢?为什么不能独立出来,另建一座庙宇呢?毕竟这两个人的历史地位是很不相同的。

道观的隔壁是座庙堂,它的大小与道观差不多,人气却非常悬殊。道士赚香火钱的本事比和尚高明多了,他们先说你很幸运,正好遇上来自远方很有法力的道士,你可以进去跪拜一下,然后,他又从跪拜者中选几个人说是有资格进一炷100元的高香。被选中的人还以为自己前世修行,今生有福呢。我们同行的老师,也被选中为进香者,但是,她却悄悄地避开了进香,并告诉我,这是他们上课讲得最多、最经典的市场营销手段。隔壁庙宇的门庭明显冷落,有个和尚在说,上一炷香只要10元钱,支持一下宗教事业吧,像是在喃喃自语。人气的差别也体现在他们的服装和神气上,道士服的布料比和尚袈裟光鲜,道士的神气也比和尚滋润。这恐怕不是修行得道,吐纳天地元阳正气的差别,而是钱的多少闹的,有钱就能买好的布料,就能有更好的饮食质量。

在庙门口很大的斜坡上,是个很生动的雕塑群,中间端坐着如来在讲经,前面有十八罗汉在倾听。这群雕塑好像是汉白玉的,雕刻得还很精细。如来佛像最大,微笑着,一拈花指点着天空,好像对罗汉们讲解天机的玄妙。罗汉们也有真人大小,他们神态各异,不乏调皮和逗趣。在这个群雕的背后是松柏苍翠的山坡,与草地上、绿树旁的雕塑配搭,也很赏心悦目,给人美的享受。不过,它们也都是这几年的作品。

往东走上1000米就是我国大陆最东边的海,在海边的平台上有块特大的礁石,过去上面刻着的字是"天尽头",表示天到这里是尽头。实际上,这并不恰当,地到这里是尽头才说得过去,所以现在这里的字改成了乾隆写的"天无尽头",但愿这一改动能有官运国祚的绵绵长久的效应。面对大海,左边有着康熙和他两个重臣的雕塑,后面还有一些历史题材的壁雕。正面则是乾隆和他的大臣的雕塑,它们都有两米以上,很有帝王的气势,在那里指点江山。我们的历史不缺乏伟大人物,只可惜他们始终没有解决江山一统,国祚传至后世以至于无穷的问题,他们实现了一时的稳定,却给我们留下了永远周期性震荡和波动的隐疼。

现在旅游景点的人流像大海的波涛一样,一浪高过一浪,汹涌澎湃,越是有历史文化传承的地方越是如此。如此匆匆来匆匆去,游人只能看见风景画面,却无法体会其中的意境和情调,更不用说采撷天地锺秀之灵气了。道士和尚在这种喧闹地方的修行效果肯定要大打折扣,菩萨仙人也非得另找人迹罕至的去处不可。可见,由工业文明带动和创造的人流正在摧毁可以产生农耕文明辉煌的根基,因为诗词篆刻需要悠然自得、清静无为、采菊东篱、倒骑青牛、"醉后何妨死便埋",然后才有脍炙人口、永世流传的佳句绝句。

还有，工业文明的速度与效率也把农耕文明逼近了死旮旯里，既然电脑可以在短短几秒钟写出名人的字、画出坐在前面人的肖像，写字和临摹的技艺只能走到尽头了。但是，工业文明造不出唐诗宋词那样美的句子，我们要描绘风景之美、赞美意境之高，只能到古人的句子中去寻找，因为所有最美的句子都被古人写完了，我们怎么也写不出比古人更美的句子了。

最为诡异的是，工业文明在摧毁农耕文明根基的同时，却又对农耕文明顶礼膜拜，借一点点历史题材，仿古造现代景观就是个证明。尽管借题发挥，大造现代景观公园原本无可厚非，但是，它还是在把中国的旅游异化成对农耕文明辉煌的凭吊，使我感受到一种文明吞噬另一种文明的悲凉。

2007 年 8 月 19 日

"中学为体,西学为用"依然灿烂

刘公岛是烟台最著名的景点,它的吸引力不在于它的风景秀丽,不在于文人雅士的题词墨宝,而在于它见证了北洋水师的建立与全军覆没,在于它留给了我们至今仍需深入思考的问题:什么是"中学为体,西学为用",以及它在今天的价值。

从烟台坐船一刻钟就到了刘公岛的码头。它的左边是北洋水师博物馆,门口是古色古香的衙门,飞檐吊斗旗牌,配上北洋水师的青龙旗,很有特色,也很有气概。右边是邓世昌的巨大石雕,他举着望远镜在向远处眺望,好像还在与日舰吉野决战,他的石雕斗篷被风吹成笔直一条线,配上粗犷质朴的线条,气概非凡。这个雕像的下面是个海军博物馆,只是因为整修,而中止开放。在邓世昌雕像的对面是刘公岛博物馆,博物馆门口竖立着巨大的定海神针,有四条小龙被压在下面,它们嘴里喷着水,形成颇有气势的喷泉,象征着风平浪静和国泰民安。博物馆内端坐着刘公和他夫人的塑像,两边的墙面上,有着巨大的彩色的玉石壁雕,上面刻了上千个人物,描绘作为东汉皇室的遗腹子刘公逃到这个小岛的过程。因为他终生为渔民点灯引航,渔民为纪念他,把这个岛称为刘公岛。后来,这个岛又以它的地理位置,被选作北洋水师的指挥中心。

刘公岛博物馆中有个演播室,它的银幕非常宽,超过我见过的所有银幕。因为屋顶、扶手、拐角等都装点着船上的锚、缆绳和舵盘,坐在这里看北洋水师建立到全军覆没的历史短篇,有点像是坐在军舰上看甲午风云,确实有些气势磅礴。只是非常可惜,这个影片的剧情有些让人摸不着头脑,一支亚洲一流的舰队怎么会一战而覆灭呢?影片说是定远舰的弹药有假,但这并不能说明那么多军舰的沉没都出于同样的原因。以前的教科书说是慈禧太后挪用海军军费造颐和园,宣告洋务运动"中学为体,西学为用"的失败,这个说法现在听不到了,那到底是什么原因造成这场战争的失败呢?连我们都看得一头雾水,真不知道我们的小孩子如何得到爱国主义的教育。要知道,爱国主义不仅需要献身的激情,但更需要逻辑推导的理性。

刘公岛上还有一个很值得一看的北洋水师博物馆,这次我们没有安排去,上次我去过。那里陈列着定远、致远等军舰的锚、机舱、烟囱和大炮。我站在这些打捞起来的、巨大的舰艇残体面前,感到强烈的震撼。我想象不出100年前的科技怎么就能达到这么高的水平,更没法想象如此威武雄壮的舰队却一战而覆灭了,其原因呢?这是我最不满意现行解释的地方。

下午参观了烟台张裕葡萄酒的总部。据说它的创始人张弼士筹集了300万两白银,经李鸿章批准,在1892年建造了这个大楼和远东第一的大酒窖。大厅里的酒具、发展历史和酿造过程的雕塑和现代化酒厂的气势,还有许多名人的题字、礼品和世界级的奖品已经给我们足够强烈的视觉震撼了,可一旦我们走到了地下,地面的一切就算不上什么了。从窄窄的只容一个人通过的旋转楼梯走下去,下面豁然开朗,这哪里是地下酒窖,而整个儿就是个地下宫殿。它的穹顶至少有我们普通居室的两三层高,我们走在中间可以开一辆小车的通道上,两边铁栅栏的后面还有着深深的、要远比这个走道还要宽敞的空间,里面整齐地排列着数也数不清的、直径都将近一人高的酒桶。最后,当我走到4个直径有我两个高,容量可达16吨的酒桶面前的时候,我深深地为张裕酒的创始人的眼光和气魄所震撼,这个酒桶放在这里已经有100多年的历史了,它上面还挂着100周年纪念的红绶带。如果说这个世界上有酒仙酒神酒圣的话,这大酒桶,乃至站在这大酒桶背后的创业者应当之无愧受此封号。

可以肯定,能够在中国工业发展史上留下浓彩重墨一笔的人一定有着对国家民族的拳拳之忠,他们绝不会出于掠夺剩余价值这种卑劣的动机,承受创办企业的风险和艰辛,因为他们已经有了几辈子都吃用不尽的财富,可我们曾经义正词严地批判"他们除了剥削以外什么都不干"。站在这个大酒桶面前,我不仅为这一代企业家遭遇的不公而扼腕叹息,更为前几十年国家经济遭受的破坏而感到痛心疾首。狂妄的批判不仅会制造被批判者的冤枉,更会使批判者自己傻掉、疯掉、退化掉,几代人的思维都难以回到正常轨道的零起点上。

北洋水师和张裕酒都与李鸿章有关,都是"中学为体,西学为用"的洋务运动的产物。我们也批判过洋务运动,说它的失败在于试图保持大清帝国的政治制度,而师夷之长技以制夷。这种批判好像也挺能说得过去,不解决制度问题,科学技术发挥不了应有的作用。但是,大清的政治制度只是中学中很小很小的一块,儒、释、道才是它的主体部分。中学讲向内修身养性,讲阴阳五行八卦,讲顿悟,讲神来之笔;西学讲向外占领征服,讲登月下海克隆,讲技术分析,讲推导证明。中学讲熟读唐诗300首,不会作诗也会吟,它说不清记忆的过程,却能将记忆转变成创造力;西学把所有的记忆都变成二进位制,信息的储藏调用一清二楚,但是,电脑不会吟诗,即便有一天二进位制也能产生一个像诗一样的东西,但也只能在形式上再现中国文化的智慧,却无法具有这种智慧的神韵。在这个意义上,非"中学为体,西学为用",则不足以推动社会经济文化的可持续发展,这大概也是现代西方社会越来越要从中国哲学中寻找人类出路的一个重要原因。只可惜我们的教育却有些倒了过来,计算机、外语、数学,甚至模型玩得越来越溜、越来越顺畅,可思想的启迪呢,电光石火的顿悟呢?没有苹果掉在头上的顿悟,哪有万有引力技术证明?所以,教育的重点应该是启迪思想。当然,不是用苹果砸自己或别人的脑袋。

2007 年 8 月 21 日

大陆最东边的海

青岛、烟台和蓬莱之行看得最多的就是海,是中国大陆最东边的海,它们有的在阳光普照之下,有的在薄雾浓云之中,有的一望无垠,有的则惊涛裂岸。对于长期蜗居在大都市中只占有拥挤狭小空间的人,看到这些海,不仅有心旷神怡之感,更有拓宽心灵的功效。

我们是在下午到达青岛的五四广场的,广场不大,中间有个抽象派的红色火炬状雕塑,象征着当年五四运动与青岛割让的历史渊源。广场背对着市政府大楼等,面朝一望无垠的大海。沿着五四广场朝右走上百余米就到了音乐广场,这个广场不大,但是由于有贝多芬、聂耳、冼星海的雕像,加上船帆状尖顶的表演场地,因而多了许多艺术的气息。

向大海的远处望去,蓝色的海水与蓝色的天连在一起,但并没有水天一线的景象,因为天水之间有段宽宽的朦胧的连接,这也许是因为太阳当头,水汽蒸发的作用。海面上很空旷,偶尔有快艇掠过,在海面上留下长长的水道。水很清澈,一眼望去,有好些鱼在底下非常潇洒地游动着,岸上也有好些人在钓鱼。这里不是海边浴场,但是还是有些人在游泳。水太清了,连我也憋不住想跳将下去,一洗身上的尘埃和都市生活的浮躁。不知道今天的鱼是不是进化得忒适宜在清水中游泳,老祖宗的话"水至清则无鱼"明显不灵验了。但愿后面的话,"人至察则无徒"也能进化成"人至察也有徒",否则,我们的生活理念和管理思想都会遇到太多的麻烦了。

曾经有不少文章说,渤海湾养殖业开发过度,海水严重污染、富氧化,然而,在青岛的这个位置上看到的海,却丝毫没有这个迹象,但愿它不仅仅是迎接奥运会"相会在北京,扬帆在青岛"的结果,否则,这种生态的好转只是一次性的,而不是根本性的,是局部的,而不是全局性的。

坐船出海到小青岛的方向逛一圈,一边是城市的高楼、市政府的大厦、港口的军舰、栈桥回澜阁顶的金光闪闪、小青岛的郁郁葱葱,一派现代城市的繁华摩登;另一边则是浩渺无际的大海,天水连成一气,影影绰绰的远处好像还有一些岛屿。在艳阳高照之下,我们夹在"烟波浩渺"和"繁华竞逐"之间,介乎世俗与超凡的边缘,特别感慨天海之浩瀚、人类之微渺和生命之如白驹过隙。

栈桥是青岛的一大景观,不仅因为它已经有了一百多年的历史,与大清水师、德国的占领联在一起,更因为它经过多次整修,现在已经比历史上的两百多米延长了一倍多,桥面也更为宽畅,更有气势了。站在栈桥上,看人们在海中戏水,把海星鱼虾贝类放在盛满清澈海水的铁桶中,比在岸边有更为亲近大海的感觉。桥面上游人如织,熙熙攘攘,显示着生活的富足和悠闲,只可惜有好些个残疾人在桥面上艰难地爬行着乞讨,"良辰美景"虽未"虚设",却也大打折扣了。比较起新加坡的不准乞讨和没有失业,我们旅游业的发展,非得从完善社会保障做起,否则,游人的雅兴就达不到应有的高度。

成山头在秦始皇东巡尽头,它是中国大陆最早见到太阳的地方,那里的海也是浩瀚无涯、一望无际。从"天无尽头"的石碑沿着海边的小路可以走回门口的东天门,一路上看到的海,与城市岸边的景象有很大不同。海边多嶙峋怪石,有的比我们个头大得多,夹在大海与小路的中间,好像为我们遮风挡浪;大多则横七竖八地躺在那里,一直延伸到被海水浸没,成为海和岸之间的过渡。当时正在涨潮,只见远处的海浪一个接着一个,不算很高,夹着风声,泛着白色的浪花,一阵一阵地赶到岸边,狠狠地砸在礁石上,哗啦啦碎成白花花的一片,后面的浪头又赶了上来,继续狠狠地砸在礁石上。它们不可能砸烂礁石,却有着"知其不可为而为之"的气势,这是海滩上的涨潮所见不到的。尽管海滩上涨潮也是一浪高过一浪,但它只是静静地淹没裸露的海滩,然后留下一点海藻贝壳就稀里哗啦地退去了,没有礁石上的海浪那么坚定不移、义无反顾。只有苏轼老先生描写赤壁浪头的话语才能形容这里的海浪,"乱石穿空,惊涛拍岸,卷起千堆雪"。

  蓬莱阁的海则是另一番气象,因为我们是登高临远,不像在青岛,在成山头是在海的平面上看海,因为蓬莱阁建造在临海的山坡上,比海平面要高上十几二十米,所以海平面显得更加开阔。蓬莱阁一带的海水可能蒸发得特别厉害,尽管艳阳高照,万里晴空,但是,仍然能感觉到其中的薄雾浓云将远处天海的连接渲染得朦胧和迷离,好像那里还有些什么,却又看不清是什么,难怪白居易要说"山在虚无缥缈间"。这就更引发人们对"楼阁玲珑五云起,其中绰约多仙子"的期盼,亦真亦幻的感觉更增添蓬莱阁的神秘,也吸引了更多游人。据说有两位中央台的记者在这里守候两年,没有拍到海市蜃楼,另一位当地记者却不知前世怎么修的,居然在不经意间拍到了,其他人都没有这样幸运。不过,我们站在蓬莱阁下来的炮台上,望着左边依山而上、紧靠海边的楼阁飞檐和迎风猎猎、古朴的、三角的杏黄旗,以及正面和右边连接在一起的蓝天蓝海,加上那份朦胧和迷离,我们还是非常相信,那个为唐明皇找杨贵妃的临邛道士一定是在这里"排空驭气奔如电……上穷碧落下黄泉"。

不知雨果当年是不是在海边写下这样的话,"比海洋更宽广的是天空,比天空更宽广的是人的心灵",反正多在海边走走,虽然不至于超凡入圣,却一定会开阔心灵,使人从世俗琐务的计较和摩擦中解脱出来,融入无边的海洋和天空中去。

2007 年 8 月 28 日

新疆是个好地方

我是听《新疆是个好地方》这首歌长大的,这次的新疆行让我对这个好地方有了新的感触、新的理解。尽管我们走过的地方比较有限,但是,就是这有限的地方已经给了我们非常深刻的感受。

我们从乌鲁木齐去吐鲁番,一路上高天滚滚、大漠苍苍、群山莽莽,近处偶尔有些小草,远处则是一望无际的大漠和群山,寸草不长,好一派雄阔苍凉。新疆没有"江南草长,杂花生树,群莺乱飞"的秀丽,但能生长出"关西大汉,铜琵琶,铁棹板,唱大江东去"的人文气概。在江南,我们根本无法放眼望去,无论哪个角度,我们的视线立马会被大桥、高楼、树木、电线杆,还有人和牛羊反弹回来。特别是在大城市的拥挤逼仄的环境中,虽然能生长出很多门槛和精细来,但却怎么也不会有慷慨豪迈的人文精神。这是我在与新疆人交流中屡屡得到的强烈感受。对于见惯了江南旖旎清秀的我来说,望着天苍苍,野茫茫,不见绿草,没有牛羊,则别有一番苍凉和气势在心头。

远远看到的达坂城风力发电厂有很多大风车,高大的白柱子上有个巨大的叶片在那里转动。它们没有《格林童话》里风车的小巧,也没有被堂吉诃德挑战的风车的古朴,但是,数十上百架风车矗立在一起,给人不仅仅是视觉的震撼。这个风力发电厂只有四架风车是黑色,这是为了纪念一对德国夫妇,他们最先发现这里是全球风力发电最好的地方,并自费买了设备来安装,后来不幸遭遇车祸。两个外国人不远万里来到中国,这是什么精神？这是世界公民的精神,是把地球当做自己的家园,超越国家界限,都要精心呵护的精神。在吐乌大高等级公路这一带的风资源丰富到甚至会吹翻火车,这里有着别的地方看不到的交通标识:"小心有横风"。晚上我们回来时,外面风的咆哮声甚至压倒了车内的马达声,幸亏我们乘坐的是很强势的悍马。几个小时的路,只看到三四辆小车,我们很为它们在强风中的单薄而捏把汗。

交河古城是吐鲁番的一个景点,它坐落在一个土坡上,那个平面形状很像艘航空母舰,周围有两条河环绕,所以被称为交河古城。进入古城只有一条小道,四周是三十多米深的悬崖,所以很有一夫当关,万夫莫开的气势。这既显示古人选址这里建城的智慧,更显示他们连年征战,生存环境的艰难。非常可能因为缺水的缘故,这个建立在两千多年前的古城,在公元13世纪时被废弃了,只留下了许多残垣断壁,在浅吟低唱当年的繁荣。导游指点着当年的皇宫、城墙、古堡、市场,以及寺庙、民宅和墓地,引导着我们对先民生活的想象。在特别耀眼的阳光、浩瀚的高天白云下,望着远处无垠的大漠和苍茫的山脉,看着近处被时光碾磨得面目不清的建筑,我们禁不住要仰天长啸,念天地之悠悠,惜时光之易逝,叹岁月之苍凉。

新疆的坎儿井闻名于世,它逶迤长达六十多公里,从地底下将天山水引入吐鲁番。也就是在大戈壁上,每隔五十米挖个坎儿井,在底下再横挖洞把坎儿井连接起来。天山水走地下可以避免在地面受风沙泥土的污染,保证水的清纯甘冽。我们在坎儿井中灌了一瓶,喝起来的感觉确实非比寻常,难怪维族的百岁老人特别地多。尽管我们享受的繁华和便利远远超过他们,但是,比较他们吃喝的和呼吸的,我们背离自然太远了。两千多年前,没有现代化工具,没有 GPS 导航,硬是靠轳辘、铁锤和凿子,在地下将坎儿井连接起来,这是非常不容易的,且不说戈壁滩都是坚硬的岩石,比在泥土上打洞困难得多。而洞与洞之间要挖得不左不右、不高不低才能连接起来,这就更困难了。先民们就是靠悬挂的木棍和两盏油灯来定位导航,这不能不令人佩服他们的智慧与坚韧不拔的毅力。尽管因为自然条件的变化,有些坎儿井断流了,但是,还是有很多坎儿井的流水在淙淙地流淌着,它们欢快地唱着两千多年前的歌。

火焰山的名气很大,但并不如《西游记》所说的是冒火的山,要借铁扇公主的神扇才能将火熄灭,而是整块硕大无朋的红褐色石头,延绵百十公里,高度不清,与旁边的天山山脉比肩,寸草不长。当然,也很有可能正是因为被神扇扇灭了火才成了今天这幅模样。火焰山的名气固然与《西游记》有关,更因为这里的温度很高,我们去的时候气温 42 度,地表温度则达 69 度。那里有个地下的西游记博物馆,中间的空地竖着一根巨大的金箍棒,实际上也是全球最大的气温表,只可惜我们去的那天,天气热得将气温表也烧坏了。在博物馆外面、火焰山的前面有块碑,刻着"火焰山"三个大字,这块碑的造型就像是跳跃的火焰。顺着这个石碑望去,在一片荒凉之中,走着三两匹骆驼,更衬托出不远处火焰山山势纹理如云霭霭、如烟蒙蒙,更如海浪滚滚而来。

在西游记博物馆内墙面上刻满了各种菩萨,以及唐僧师徒降服牛魔王和铁扇公主的故事的浮雕,还陈列着从唐僧到林则徐等历史人物的塑像。我在唐僧的塑像前肃立良久。他自愿选择了艰苦的取经之路,我们坐着悍马都深感这条路的不容易,所以根本无法想象,他当年是怎样在如此高温的环境中,带着沉重的经文与有限的水和食品,生生用两条腿走过来的。所谓妖魔鬼怪,实际上是取经路上艰难困苦的生动表达。宗教和信仰力量的强大真是怎么评价也不算过分,没有这种力量的支撑,没有人能够承受这种几乎是无边的艰难困苦。

中午在葡萄沟吃饭,感受着葡萄架下的阴凉,特别是经历了刚才太阳的暴晒之后,望着悬挂在哪里可以随意摘采的串串葡萄,一面大快朵颐,一面欣赏着维族的歌舞,领略着大都市饭店所没有的西域风情,感觉特别的好。原本对敦煌壁画中美女的"风吹仙袂飘飘举"很不理解,心想哪来那么大的风,能把袖管、衣裙、飘带都吹得荡漾起来,这次那个做拉面片的维族小伙子给我解了这个谜,他可以把很细很薄的面片拉得像根飘带,围着他上下左右前后飘荡,活脱脱就是敦煌美女的飘带。我终于明白这风不是来自外界的,而是来自人的体能和令人叹服的艺术。

新疆的资源特别丰富,尽管只有有水有坎儿井的地方才适合人的居处,但是,风能、太阳能几乎取之不尽,用之不竭,还有煤炭、石油、稀有金属等。我们遇到的新疆人,不管是维族人、汉人,还是其他民族,不管是新移民,还是老移民的后裔,他们都为新疆是个好地方而自豪。现在,中央政府对新疆的投资力度超过了历史上的任何时期,新疆定将迎来前所未有的大发展,这就对利益分配机制提出更高的要求,贫穷兄弟好相处,富裕手足易阋墙,所以必须让全体人民共享改革的成果,才能保障改革深化、拓展和可持续。

2010 年 7 月 23 日

心中沟壑，跌宕见清澈

民主实践与民主管理

我们境外的校友会闹矛盾,双方都找我投诉,作为 MBA 项目的负责人,我比较巧妙灵活地协调解决双方的矛盾。记下这个过程,既是为了总结以便提高工作能力,更是佐证我们的民主化实践并非易事,校友会选举便是一例。

某地校友会原会长的能力、气度和人望颇有不足,校友和理事们啧有烦言,这次全体会员大会投票人数不多,当选票数不高,又在理事会上与另一位理事说话冲撞,这就引起大多数理事的不满,于是理事会改选,另选了一位能力、气度和人望都更高的会长。他当然不服,认为自己是全体会员大会选出来的,理事会不能将他选下去。12 人的理事会中另有 3 人也认为,理事会选会长不符合校友会章程;另外 8 位理事则认为理事会选会长并无不妥,他们一致拥护新会长。两派相持不下,谁都不承认对方的会长,还在网上大打口水仗。这帮哥们姐们运用"文革"语言之炉火纯青,足以令达尔文大跌眼镜,因为他们大多出生在"文革"之后,没有经历过这个时代,却能对这个时代的语言驾轻就熟,可见隔代遗传并非只是生物现象,它在社会生活中也有着非常充分的表现。

我到了该地之后,两派都请我吃饭,都希望我支持他们。我赫然成了当年共产国际的要员,我支持哪派,哪派就占据主导地位,哪位会长就正统合法;我否定哪派,哪派就只能退出校友会的舞台,哪个会长的使命就到此为止。但是,一旦我作出了决定,就一定深深地得罪了另一派。尽管有胜利一派的支持,但失败一派的不满还会引起很多麻烦。这不符合帕累托最优的原则,也是我这个受过经济学严格训练的人所必须努力规避的。所以我饭归饭吃,吃完了对双方说,要我支持任何一派都是不可能的,我只能支持民主的原则。既然你们双方都互不承认前两次选举,那就只有在我的眼皮底下进行第三次选举。

为了保证选举过程的简洁、明了和结果的平和,为大家接受,我在选举之前先做了一个讲演,设定可能有的非议,想出充分的理由,将那些无谓的非议封死在尚未说出之前。为了让理事们从摩擦的萎靡中走出来,振奋精神,我强调这次摩擦表明大家对校友会的重视,以及民主意识的觉醒,这是别的学校校友会所不具备的。尽管摩擦不是件好事,但是比较亚洲国家和地区走向民主化过程中的大打出手,我们这种摩擦还是很文明很克制的,但不能持续下去,否则负面效应将越来越大,最后一定损害学校的声誉,这是绝对不能容忍的。为了摆脱传统扭曲的民主认识,我强调,民主不是谁说了算,不是谁当家作主,也不是选出代表哪派利益的人。民主是大多数人决定,是大家按规则谈判、协商和妥协,不管选出来的是什么人,不管他能否代表我的利益,甚至不管他是不是乌龟王八蛋,我们也都只能接受选举的结果,这才是真正的民主。按这种规则行事才谈得上民主意识和民主风范。为了不让人强调校友会所在国的特殊性而另起事端,我重申我们学校的校友会既要遵守所在国的法律,更要尊重我们学校的意见,否则就不是我们学校的校友会。为了不让网上再出现互相攻击的文字,我强调网络要"火烛小心",群发只能发通知,不能发表观点和意见,谁发谁错,不管理由和先后。

如此选举,多数派胜出没有悬念,我重申,我并不认为今天选出的会长就是最优秀的,但是,这符合多数人决定的原则。多数人也不是不会犯错误,而只是犯错误的概率比少数人小,所以尊重大多数人选择是合理的和明智的。今天的少数人如能够争取到足够多数的支持,下次另选会长,我也将给予充分肯定和全力支持。说实在话,我与少数派的渊源要比多数派深得多,多数派的许多人我都是初次见面,少数派的好些人我不仅以前与之有合作,甚至我还欠他们一些情分。如前会长与一位女理事发生矛盾后不久,他余怒未消地给我打电话,我劝他大度些,对那位理事表示歉意。但他咽不下这口气。我说你是大哥,为什么不可以对弟妹们有更多的宽容。最后,他居然向这位理事表示歉意了。要知道如果一开始他就能这么做,后面的改选不会发生。所以他这么做很不容易,不仅有助于我们的工作,更是给了我个人很大一个面子,我很想在关键的时候还他一个人情,但是,我不能亵渎多数人决定这个民主的原则。

少数派不甘心他们的落选,特别是一位女生,校友会的工作做得最多,贡献也算得上很大,但是,却失去了副会长资格,所以她非常不满。我多次打电话安抚她,指出他们一开始的立论错误决定了他们最终的失败,因为她坚持理事会选会长违法,可实际上校友会章程只说明会员大会选举包括会长在内的理事会,却没有说理事会不能选会长。而没有明确禁止的事就是可以做的。她居然不理解现代社会的这个基本规则,在没有看懂和仔细推敲这份英文章程前就发起挑战,这无论如何是草率的和幼稚的。此外,她说话做事都过于情绪化,失去理事会多数人以及我的支持是她最大的失策。所以要想卷土重来,就必须从收拾人心做起。作为利益的损失者,无论我的劝说巧舌如簧、安抚如何情真意切,她怎么都"到底意难平"。

为了安抚少数派的另外两位男性成员,我在电话和伊妹儿中毫不客气地说,当校友会会长纯属做义工,又不能挣几百万,犯得着这么较真吗?校友会选举结果让你们满意,你们多支持些,不能让你们满意,你们就少做些,犯不着对选举结果说三道四。你们帮那位女生的忙,给足了她面子,却置我这位老师和学校于何地?两位男生也不再发表不满了,其中一位还给我回伊妹儿说,尽管他并不完全赞同我的做法,但是,他认为我仍然永远是他最好的老师。看了他的回复,我禁不住有些"无语凝噎"。

第二天,我让校友会赶紧写一个理事会改选简报,并亲自捉刀重写,然后,发给学院领导,也发给全体校友。院长给了我对新会长表示祝贺的邮件,这就让新会长名正言顺地坐稳位置。几天后,那位女生又做了个很不明智、很不得体的动作,未经允许把别的同学给我的伊妹儿公布在网上,其中有些批评理事会选举的话语,这不仅有悖我开会的约定,甚至还有些侵犯人家的通信权。她的做法让我心头掠过了毛主席的词:"……嗡嗡叫,几声凄厉,几声抽泣",尽管想起这句词对那位校友有大不敬,但真的只有这句词才能作为当时境况的最好写照。

在处置这件事的过程中,我还无意识地作了项比较成功的决策,那就是没有直接向院领导请示和汇报工作,而只是将我讲演的PPT传给助手,并由她向院领导汇报。这样做,可以说是我的组织观念不强,更可以说是领导一直对我的高度信任使然,否则,我可不敢在外面大胆妄为。通过助手汇报的客观效果是使我最大限度地获得了"将在外,君命有所不受"的自主权。因为境内境外信息不对称,领导在远处的判断非常可能与我在近处的判断不一样。如果我每件事都向领导请示,一旦领导的意见与我不同,我不听则目无领导,听了则可能处置失当。现在中间夹上个人,我没按领导意思办,可以让她为我抵挡招架一下。领导也不会说我目无领导,因为我已经通过助手作了汇报了。然而,这个很妙的安排并不是我事先有意识的安排,而实在是"瞎猫逮住了死耗子"。

回来以后,领导给了我很高的评价,说我处理得体,有理有节。但是,我心里却有些许惆怅,因为处理重大的历史事件,如辅佐什么人站稳脚跟等所需的也是差不多的智慧,而我只能在小事情上发挥作用,没几个人知道,很快会被忘却。哇,我终于很能体会辛弃疾的心情了,"使李将军,遇高皇帝,万户侯何足道哉"。

2010 年 5 月 23 日

白毛女与鲍西娅比较的思考

在人类历史上,制约野蛮、残酷和霸道的方式至少有两种,一种是以我国戏剧《白毛女》中的喜儿为代表,另一种是以莎士比亚剧本《威尼斯商人》中鲍西亚为代表,两种不同方式对于社会的稳定发展具有截然不同的意义。尽管历史不能假设,但是,我们还是可以从两种方式的比较中看出鲍西亚的方式更有利于一个国家进入长期规范有序的发展轨道。

保护私有财产至关重要

在白毛女的故事中,黄世仁与杨白劳签订高利贷契约,到年底杨白劳不能还债,就要用女儿喜儿作丫环抵债。大年三十黄世仁要逼债上门,杨白劳还不上债,又不愿意看着喜儿进入火坑,只能喝盐卤自杀。喜儿被黄世仁抢去后不久,受尽欺凌,后来逃进了深山老林,成了白毛女。最后来了共产党,打倒了地主黄世仁及其走狗,大春救出了喜儿,穷苦人翻身得解放。

这个故事的结果既令人感叹欷歔,又让人担心忧虑,因为,打倒了黄世仁,正义得到伸张,坏人受到惩处,好人得到了保护,这确实令人宽慰。但是,好人惩处坏人的方式本身可能使好人走向反面,社会发展相应陷入周期性震荡之中,这就令人担忧了。因为打倒黄世仁,社会权力由黄世仁为代表的坏人转移到以大春为代表的好人手中,如果好人永远是好人,那么社会正义和公理可以永远得到维护,社会也就不会陷入周期性震荡之中。问题是一旦好人拥有了很大的权力,并且不受限制,他们非常可能被权力所腐蚀,然后走向自己的反面。中国历史上许多次农民起义,从陈胜吴广,到张献忠、李自成和洪秀全等,他们都是从"替天行道",反抗暴政开始,到腐化堕落、贪赃枉法结束。不能说反抗暴政的他们在开始时就不是好人,但是好人会在权力的腐蚀下变成坏人,朝代由此更迭,社会相应震荡。可见,以剥夺剥夺者的方式实现对正义的诉求,只能是短期的,换一批人拥有权力还是会使新的社会矛盾再度积累起来,最后到了不可收拾的地步,革命就再度爆发,社会因此陷入到大乱大治,再大乱再大治的"黄宗羲怪圈"之中。

打倒黄世仁还表明借债可以不还,契约无须尊重,私有财产可以侵犯,产权无须明晰。在这个基础上,从坏人那里剥夺过来的财产在理论上为全体人民所有,但在实践上却归各级干部管理使用,他们很难在长期中将其所管辖部门的利益完全当做自己的利益,不管怎样加强政治思想教育,都难以消除和弥合两种利益的背离。各级干部对部门财产效用的评价一定低于自己的财产,这就一定扭曲以商品效用与货币效用之比为价格的信号,造成价值和效用低的商品有高价,而价值和效用高的商品则为低价,这就会误导资源配置,造成社会急需的商品生产滞缓,而社会需求有限的商品却有泛滥之势。在这种情况下,每个人追求自己的利益的行为,不仅无法像亚当·斯密所说的那样促进社会的利益,而是会损害社会的利益。

为了扭转这种情况,拨正扭曲的资源配置,理顺产业结构,管理层只能用行政手段进行干预,限制经济主体追求自己的利益,规定资金的流向和企业的定价,这就又会损害私有产权,加剧产权的不明晰,损害契约制度的严肃性。这就是说,行政干预在缓解短期资源错配的同时,又加剧了长期的产业结构不合理。政府也陷入在不想行政干预却又不得不进行行政干预的无奈之中。

显然,只要不完善契约制度,保障私有产权,不管为了怎样崇高的正义诉求,都难以实现社会的持续稳定,即便坚持无产阶级专政下继续革命,革革命的命,都无法根本解决问题。同时,在这个基础上的政府对经济运行的管理调控也都不能不损害私有产权和契约制度,这就难以建立真正的市场经济,更不用说保障它规范有序的运行了。

保护私有财产的合适选择

莎士比亚的《威尼斯商人》提供了另一条解决社会矛盾的思路,也就是以维护契约制度和私有财产的不可侵犯为出发点。同样是惩罚无良商人,但是采取了另一种方式,则能使社会进入持续稳定发展的轨道。

在《威尼斯商人》中,安东尼奥为了帮助他的朋友巴萨尼奥,向犹太商人夏洛克借高利贷,夏洛克起草的合同规定,如果安东尼奥不能按期还钱,则要割去他胸口一磅肉。合同到期后,巴萨尼奥资金周转不灵,安东尼奥履约无望,与夏洛克闹上了法庭。巴萨尼奥的梦中情人鲍西亚假扮律师,为安东尼奥辩护,她同意夏洛克按照契约规定割下安东尼奥的一磅肉,但是夏洛克必须严格遵守契约,不能多割,不能少割,不能流一滴血,更不能伤及安东尼奥的性命。夏洛克无法做到,只能放弃对一磅肉的要求。鲍西亚却不依不饶,坚持要求履约,否则要按违约重罚夏洛克。经过法庭审理进一步认定,夏洛克的合同是无法履行的、具有欺骗性和恶意性的合同,所以夏洛克必须接受几近破产倒闭的重罚。

夏洛克的合同与黄世仁的合同一样野蛮、残酷和霸道,甚至更加残忍,因为血淋淋的割肉比抵债作丫环更为恐怖。按照东方的逻辑,这种合同更应被废除,夏洛克更该被打倒,但是,西方人则选择了另一条道路,他们不是简单地打倒夏洛克,剥夺他的财产,废除不合理的合同,而是要求严格履行合同,保护私有财产,打击无良商人。

这样的庭审辩论表明,所有人都必须根据法律规范行事,权利不是由坏人手中转移到好人手中,而是在法律规范、确定和约束下,属于每一个人,谁也不能凌驾于法律之上剥夺他人的权利,不管他是好人还是坏人,也不管以怎样神圣的名义。在这样的法律保护和约束下,坏人不敢做坏事,好人也不容易走向自己的反面。这就不容易积累和积聚新的社会矛盾,社会就有希望走出周期性震荡的怪圈。

严肃了契约制度,就是保障了私有产权,就是明确所有资产的归属,一般不会发生产权虚置、归属不明的情况。于是经济主体只能运用自己的或者视同自己的资产进行运作,这就不会发生对自己的资产与产权不明晰资产效用评价的背离,由此决定的商品价格可以正确反映商品的价值和效用,并能根据商品的需求程度配置资源。这时每个人追求自己的利益,就有望如亚当·斯密所言,促进社会的利益。政府就有条件进行经济干预,而无须依靠太多行政干预,这就能从根本上摆脱对私有产权的侵犯,从而奠定市场经济规范有序发展的基础。

保护私有财产正当其时

认为鲍西娅的道路比白毛女的道路更有利于社会稳定和可持续发展,就会提出为何不走鲍西娅道路的质疑,这与晋惠帝司马衷奇怪饥民"何不食肉糜"一样荒诞。因为,白毛女不具有走鲍西娅道路的条件和可能。在当时的中国农村,主要靠熟读圣贤书的乡绅来进行管理,而鲜有法庭和律师制度。一旦乡绅变异成土豪劣绅,他们就会为所欲为,农民很难与他们打官司,更不用说维护契约的严肃、私有财产的神圣了。所以,在当时的农村,打倒土豪劣绅不仅必要,而且合理。问题是打倒之后,一定要建立和完善契约制度乃至司法体系,保护私有财产。只可惜当时的领导人并没有如此考虑,居马上而得之,继马上而治之,斗争不已,经济也走到崩溃的边缘。现在党和国家的思路已经调整到保护私有财产,健全法律制度上来了,尽管还有很长很艰难的路要走,但是只要明确了方向和道路,并且坚持不懈地努力,就一定能有非常辉煌的明天。

2010 年 7 月 15 日

我越来越怀念的工友

时间已经过去了三十多年,我的这位工友已经离开了人世,但是他的形象不仅没有在我的记忆中褪色,而且变得越来越清晰,越来越生动饱满。因为,我不只是在怀念他一个人,更是怀念他们那一代人,怀念我们这个民族曾经有过并且遭遇不公的美德。可悲的是像我这样怀念他的人已经不多了,不反思把美德踩到泥淖里去的历史,就很难期盼美德的归去来兮,不管我们作出多大的努力。

大概是在1969年左右,我开始与刘士英一起打铁,当年我17岁,他大概50岁左右。长得胖乎乎的,有张圆圆的脸,双眼皮加上狮子鼻,中等身材,年轻时一定是条英俊的汉子。他的勤恳踏实之程度现在已经很难见到了。他每天基本都要提前15分钟进入车间,然后领钢材,找模具,改造钳子等等。这工作不是他的名分账,也没有人要求他这么做,但是,在我与他一起打铁的5年间,他是我们这个班组8—10个人中唯一自觉坚持这么做的。能够做到这个份上是非常不容易的,因为每件钢材的重量由几公斤到上百公斤不等,总量加在一起往往有好几吨,把它们从材料堆场搬到炉灶边,虽然只有短短十几步路,也往往会累得气喘吁吁、汗流浃背,特别是在夏季,只有两个篮球场大的车间里,七八个很大的锻造炉像魔鬼一样吐着一米多长的火舌,地上到处都是一堆一堆通红的锻件,车间温度之高,怎么想象也不算过分。在这种环境中,坚持多年如一日的勤恳踏实,这绝非今天的人所能想象、所能望其项背的。

锻工干活有间歇时间,因为锻件要放在炉子里加热到一定的温度才能锻打,这个加热的时间就是工友们聚在一起烤火、乘凉、讲故事、打闹玩乐的时间,此时也只有他一个人还在那里忙忙碌碌,做下一道工序的准备工作。只要汽锤声一响,他大多会站在汽锤的下风口拿模具,因为上风口有鼓风机,对着下风口吹,以分散上手师傅面对的锻件灼热,同时也把通红的氧化皮吹到下风口的人的脸上、脖子里,站在下风口的人被烫伤的事难免经常发生。所有人都不想站在这个岗位上,只有他不拒绝这个最不显眼、最艰苦的位置。有时候,不需要有人在下风口拿模具,他也会主动地找活干,即便只需要一个人干,其他人都闲着的时候,他也会拿个扫把,浸了水替你抵挡锻件的灼热。平时只要我还在干活,他就一定会紧跟在旁边,做好配角和助手,特别是在烧电焊的时候,我还可以用面罩挡着,他却只能扭着头,承受着光电和高温的刺激,替我扶住这需要焊接的模具。后来我换了几家工厂当工长,再也没有遇到像他这样勤恳踏实,让我感到非常可靠、踏实和放心的工友了。

像刘士英那样勤恳踏实的不只是他一个人,而是他们的这一代人,在我的记忆中还有华顺宝、薛崇朴、徐鸿庆,以及很多我已忘记了名字的人,当时他们的年龄都已经60岁左右,主要从事钣金工和模具管理工作。他们的工作没人监管,完全自主决定,但是,无论什么时候,他们总是在那里不停地干活,从来没有歇息的时候,哪怕你跟他们说什么,他们的手也不会停下来。尽管他们的工作比我们锻工轻一些,但是,比较今天白领们坐写字间,那个活又是很重很累很脏的了。

尽管他们都是些非常出色的老人,但是,他们还是要挨批斗,因为他们是小业主,在我刚进厂时,就看见他们低着脑袋站在台前。我们喊着把他们一个一个都打倒,并踩上一只脚,让他们永世不得翻身的口号,他们也垂头丧气举起手,喊着打倒自己的口号。老刘也被斗过几次,但是,他很快就恢复了过来,用一种丑角逗笑的方式,来保护受伤的尊严。谁要是找他点麻烦,他马上就点头哈腰,又是立正又是作揖的,弄得人家忍俊不禁,这时再严肃地批判也进行不下去了。后来,他变得更加狡黠了,只要有人对他吆五喝六,指挥他干这干那,他就说,要经过他的师傅的同意,他的师傅就是我,我当时虽然年纪很轻,但却是工友中的老大,工友们不能不给我面子。刘士英读书不多,他未必有意识地借钟馗打鬼,但是实际效果就是如此,他得到了最大限度的解脱。同时,他在我面前表现得更加毕恭毕敬,我的虚荣心得到了很大的满足,也就更乐意充当他的保护伞了。

更为荒诞的是,我们在批判这些勤恳踏实的人的同时,却又在表彰不好好干活的人,我刚进厂所跟的师傅就是个例子,他因为发明了多宝炉而作为先进工人,照片登在《支部生活》上。据说这个烧煤的炉子既省煤,又没有烟。但是,很多人告诉我,这个炉子根本没有这个优点,在人家来参观时,他叫大家把风门打开,车间里没有了烟,锻件却烧不红了。参观的人一走,就关上风门,锻件烧红了,车间里却浓烟滚滚。我进厂时,锻造炉已经改烧煤气了,所以没有亲眼看到这个可疑的多宝炉。但是,我还是很相信人家告诉我的话,因为我见过他发明的据说是非常省煤气的喷嘴,通常煤气喷嘴都是圆的,以利于煤气与空气的旋转混合通过,他却搞了个方形的,很难想象方形能比圆形能有更好的效果,更能节约煤气。正是依据这种可疑的发明,他用不着好好干活。在我跟着他的一年中,他很少来上班,即便偶尔来一次,也只是象征性地干一会儿,他的工作服永远是那么的干净。这是我离开他,离开比锻工轻松得多的砌炉工岗位,并且傻乎乎地当上锻工的主要原因。

  在我认识的工友中,小业主的勤恳踏实要远远超过普通工人,也许正是凭借这个优点,他们从工人中走了出来,也因为他们还没有步入资产阶级队伍,他们身上沉淀着劳动者太多的美德。照理,他们应该成为推动我国经济上升的中坚力量,他们的美德更应成为我们民族最为宝贵的精神财富,而得到子孙后代永远的供奉和祭祀。然而,我们却让小业主和他们的美德长期蒙受奇耻大辱,不仅从来没有做过最起码的道歉,甚至要将这段历史整个儿从民族记忆的深处给抹去了。批判小业主,忘却他们的被侮辱和被损害这都不重要,重要的是,他们所代表的精神品德被打翻在地,如果不能正本清源,从错误的起点上深刻反思,美德就翻身无望。

  我师傅的可疑炉子和喷嘴其实都怨不得我师傅,在全社会都以阶级划线决定是非对错,《人民日报》都对全世界造假,编造土法炼钢、亩产上万斤的神话时,这就不是我的师傅要生产这种可疑的炉子和喷嘴,而是社会要求他、鼓励他制造可疑的炉子和喷嘴,并以此说事,大做文章。我师傅就此沾了些不必好好干活的好处,这也不重要,重要的是以我师傅那时所代表的怠惰造假得到了社会的肯定,至今也没有人深入、系统地批评和否定怠惰和造假,并挖掘产生怠惰和造假的思想和体制原因,这种怠惰和造假就会生生不息,现在一些知识分子的学术造假其实可以在我的师傅身上找到影子和基因。

"文革"那个时代的许多破坏现在已经修复得不留一点痕迹,从被挖得七零八落的曲阜孔陵,到灵隐寺边上小山上的神龛佛像,还有很多很多这种代表着中华文化的鼎盛辉煌,却又被破坏到惨不忍睹地步的物件,现在都被修葺得比没有破坏过的还要好。但是,我们民族灵魂上的伤痕却不仅没有修复,而且依然袒露在那里滴血流脓。因为精神灵魂最有路径依赖,如果我们不回到错误的起点上,就像列车不回到走岔的道口,我们就只能沿着错误的方向越走越远,而无法进入正确的轨道。如果我们不能从历史的源头上认识批判美德、褒奖劣习的原因,我们的社会道德就不仅不会提升,而且还会进一步下滑,无论我们怎样呼唤美德兮归来,都无济于事。

之所以我越来越怀念我那位工友,正是为了这个已经被大多数人忘却了的记忆。

2006 年 7 月 1 日

从明嘉靖的"改稻为桑"看政府干预的必要

在电视连续剧《大明王朝》中,有一个官府直接决定农田价格的情节,它看起来有悖新古典经济学的不能轻易干预市场论断,实际上却在更深层次上证明,转轨经济的价格并非市场经济中的价格,不完全为市场决定的价格不仅需要,甚至离不开政府的积极干预。在这个意义上,我们要谨慎地运用外国的论断和模型分析解决我国的问题。

明嘉靖年间财政亏空,朝廷要推行"改稻为桑"的政策,就是将稻田改为桑田,养蚕织绸,以丝绸的收益摆脱财政困境。贪官严世蕃、郑必昌和何茂才等想借机低价买进稻田,中饱私囊,他们趁天降大雨,毁堤淹了淳安、建德两县的田,人为造成灾荒和粮价上涨,农民为渡过灾年,只能低价卖出稻田,致使丰年值四五十石稻子一亩的田,跌到十石一亩。江浙总督胡宗宪告诫将往杭州任知县的高文翰,一定要以较高的价格收购农田,否则就会富了贪官,穷了百姓,甚至逼民造反。胡宗宪的主张于情绝对必要和正确,于经济学的理论却很有令人困惑的地方。因为越来越多的经济学家认为,市场是个精巧的仪器,任何对市场的干预都很可能导致市场的紊乱。

确实,对市场的干预非常可能造成市场的紊乱,因为为市场供求相等决定的均衡价格能够有效地调节市场供求,而一旦遭遇政府干预,实际价格就会偏离均衡价格,这就会给市场一个错误的信号,误导资源配置。当然,在短期中,这种干预可以提高效率和维护公平,但在长期中则一定会遭遇障碍,甚至造成生产力的破坏。改革开放前,我们用行政手段实行低房租政策,短期中让贫困家庭住上廉租房,这好像是对他们公平。长期中房屋生产者得不到应有的补偿,生产积极性遭到挫伤,一座座城市因此失去应有的活力和繁荣,甚至沦落破败到前几十年的水平。然而,用市场手段进行干预,其结果虽然比行政手段好,但仍然会留下扰乱资源配置的麻烦。譬如,农业丰收,农产品价格下跌,政府增加对农产品的收购,在短期中可以避免谷贱伤农,长期中还是要误导资源配置。因为,粮价下跌表明粮食供给太多,也就是配置在粮食生产上的土地太多,听任价格下跌,减少粮食产量,则可以将土地转移到其他短缺产品的生产上去,这就能实现土地资源的合理配置。而政府购买,抬高粮价,则会给市场一个继续多产粮食的信号,有限土地将仍然配置在供给已经过剩的粮食上。同时,只要政府继续维持农产品的高价,则需要买入的粮食越来越多,直至财政不堪重负。可见,只要干预市场价格,使之背离均衡价格,都一定会对经济造成负面影响,所以新古典经济学派认为,对价格最好的管理就是不要管理。

正是根据这样的论断,我国学人认为,我国政府应该尽可能减少对市场价格的干预,让市场机制充分发挥作用。实际情况却并非如此,我国的价格是往往非管不可。这不是新古典经济学派的逻辑出了问题,而是我国的价格与他们的价格有根本不同,所以不能简单地套用他们的论断。明嘉靖"改稻为桑"时的稻田价格就是个证明,因为稻田价格的上升不为正常的市场力量所决定,而为贪官污吏的"毁堤淹田"所造成。听任这样的价格发挥作用,则会帮助少数贪官污吏对中小土地所有者的野蛮掠夺,造成土地资源的不合理配置。在这种情况下,只有官府的干预才有希望最大限度地纠正市场的局限,阻止贪官污吏阴谋的得逞。在这种情况下,坚持不干预的经济学论断,则一定会酿成经济甚至是政治的紊乱。尽管像"毁堤淹田"这样无耻扭曲价格的案例在我们的生活中并不多见,但由于其他原因造成价格扭曲的情况几乎屡见不鲜,所以只有消除扭曲价格的力量,使得价格真正为市场力量所决定,这才能像新古典经济学派那样,实行不干预价格政策。而在价格机制没有理顺之前,那就非干预不可了。

正是在这个意义上,我国管理层不仅不能不干预汇率与利率,而且非要强化对这两者的干预不可,因为我国决定这两者背后的变量还远远没有理顺。尽管我国目前大多数商品的价格都已经放开,但是,放开的价格并未完全为市场力量所决定,因为,我国劳动力价格偏低,能源价格扭曲,环境成本没有充分表现出来,这就造成我国出口商品价格偏低,国际收支持续顺差,人民币升值的压力很大,这样的汇率决定肯定不同于新古典经济学派认定的价格,如果听任这样的市场机制决定汇率,则一定会造成我国经济运行的紊乱。不仅于此,国际收支持续顺差,人民币一定会投放过多,市场利率就有下降的压力,这就会加剧经济过热,所以央行一定要进行干预。政府干预的结果是造成利率的非市场化,这又反过来使得商品的价格背离新古典经济学派所假定的价格。这样的价格既不能充分反映市场的供求,也不能有效调节资源配置,对这种价格的干预就是在违背新古典经济学派的不干预论断的地方,再度找到并恪守不干预的精神。

国内学人比较偏好以既定的价格为前提,然后把模型工具用得出神入化,也就是在把我们的价格看做人家的价格的基础上,运用人家的理论,得出与我国经济运行相去甚远的结论,这正是我们常常大呼中国经济看不懂的一个重要原因。实际上,因为我国价格远非外国理论所认定的价格,甚至在我国劳动力、能源和环境等价格没有调整到位之前,所有放开的商品价格都与外国的价格不是一回事,如此前提的失之毫厘,难免使有关论断谬之千里。在这个意义上,研究有关价格的前端即决定价格的机制,甚至要远比研究价格的后端即各种模型要重要得多。

2008 年 8 月 5 日

对 MBA 学生的告诫与讽喻

套用经济学关于生产什么、怎样生产和为谁生产的问题,对 MBA 学生的告诫和讽喻也可以归纳成这样四个问题:为何学习、学些什么、怎样学以及学成什么。

为 何 学

有不少人带着挣大钱的期望来读 MBA。这个动机无可厚非,但又明显缺乏高度。所谓志存高远,就是要胸怀大志,表现在读 MBA 上,就是要成为"稀有生产要素"。市场经济按生产要素的贡献进行分配,稀有生产要素的贡献最大,得到的报酬也就最大,只要成为稀有生产要素,不想要大钱也很难。所以,MBA 学生应该把目标定位在成为稀有生产要素上,而把挣大钱留给市场。就像"书中自有黄金屋"的关键是"自有",而不是"黄金屋",因为只要读好书,就"自有黄金屋",所以只要读好书,而不必关注"黄金屋"。

如果把学习目标定位在成为稀有生产要素上,这就不仅能得到金钱,更能得到理想、朝气和大气。如果仅以金钱为目标,则难免有些俗气和小家子气,甚至还只能挣些小钱。所以,金钱可以是衡量学习效果的一个指标,但绝不能成为学习的一个目标。

学 什 么

许多人都想学些有用的知识。这固然有道理,却也有局限。因为作为学生的知识结构还不足以判断有用或无用,甚至很有学识的人,在走到生命尽头,回首往事之前,也难以回答什么有用、什么无用。所以,我们不能用这个只有上帝才能回答的问题来引导或困扰我们的学习。说实话,人类最伟大的发现,如日心说、地心说甚至相对论等在提出的时候几乎没有几个人搞得懂,更不用说有用了。如果只学习有用的知识,那就肯定不会学这些搞不清楚的知识,于是我们就一定会与人类最伟大的发现失之交臂。

学习的目的主要不是掌握知识,而是启迪思想。真正的力量是思想,而不是知识。赵括、马谡有倒背兵书如流的知识,却没有用活用好知识的思想,结果兵败身死,贻笑千古。甚至可以说,学习的主要目的也不是启迪思想,而是在大学的环境中耳濡目染,接受大学文化的熏陶、浸淫和洗礼,从而得到灵魂的升华,成为精神健全、对世界充满好奇、拥有非常睿智大脑和灵敏神经网络系统的人,而不仅仅是别人手和脚的延伸。

怎 样 学

好学生都会说,要勤奋努力,抓紧每一分钟地学。但是这还不够,还需要在MBA文化指导下学,遵守规则地学,非常快乐地学。

(1) 按照MBA文化要求地学

哈佛校训是以"苏格拉底为友、亚里士多德为友,但更要以真理为友"。哈佛校训与功利无关,甚至有些不食人间烟火,但是却使哈佛成为国际一流名校。MBA教育在商言商,不能不讲功利,但

更要有理想主义,所以中国 MBA 的文化应该是:

> 集古今之智慧,养天地之正气,长世上之财富,济人间之急需。

> 以晋商之坚忍、徽商之儒雅、闽商之扬帆四海、浙商之浪迹天涯,搏击今日之商海。

有这样的文化导向,MBA 学生不仅有挣大钱的能耐,更有用此大钱回报社会的心态。

- (2) 遵守学校规则地学

MBA 学生大多边工作边学习,他们难免因工作压力大,而将学校的规则边缘化,这实际上是种短视的选择。如果大家遵守学校的规则,就能形成良好、振奋、蓬勃向上的学风,就不仅能提高学习的效率,更能充实 MBA 学生的自豪感,提升学校的品牌,使得将来考生更多、学费更贵,而 MBA 证书的含金量也更高。反过来,大家不太在意学校的规则,学习效率、自豪感和学校的品牌都会下降,将来的考生少、学费便宜,文凭也将贬值。可见,今天轻视规则所得到的便利都会被明天文凭的贬值所抹去;而今天遵守规则所承受的压力也将在明天文凭的升值上得到足够的补偿,两相权衡,遵守规则才是理性的选择。

(3) 享受过程地学

所谓快快乐乐地学,就是要带着好奇心,体会和享受过程快乐的学习。传统文化中,"头悬梁,锥刺骨"地学,"学海无涯苦作舟"地学,实在不敢恭维,因为过程太痛苦,了无生趣,所以只能用学习结果的"黄金屋"、"颜如玉"来平衡,这就势必制约创新能力的形成和发挥。而快快乐乐地学,则能将对结果的企盼转移到过程的享受中去。如果将学习作为满足好奇心的方式、作为一种智力游戏、作为战胜别人更战胜自己的过程,过程的快乐就能远远压倒结果的得失,并使结果变得超乎想象的成功。

学成什么

学成被大家普遍认可,发展前景看好的 MBA。具体要有专、通、雅、爱这四项基本素质:

专:就是要有经营管理的专业知识、思路构架和锐利眼光,了解中外著名企业的盛衰。也就是学有专长,术有专攻,人有专才。

通:就是触类旁通,了解时事政治、政策法规、大国盛衰、科技前沿、航天技术、电子信息,以及生命科学和环保生态等等。

雅:就是要熟悉唐诗宋词、音乐绘画、中外文学简史、经典影视剧,以及佛教、基督教和伊斯兰教等基本思想。也就是要举止文雅、谈吐风雅、品味高雅。

爱:爱学业、爱朋友、爱家人、爱学校、爱祖国。爱是绅士(或 Madam)的高贵感情,是道德的核心和最高表现。爱可以化付出为得到,化腐朽为神奇,化干戈为玉帛,化艰辛为享受,化低效为出神入化,化最后的句号为怎么也想象不到的大红包。

只要有上述心态和素质,"粪土当年万户侯",金钱就是一条狗,你越不把它当回事,它越跟着你跳跃撒欢;而一旦你想追上它,它一定飞快地离你而去。

2009 年 8 月 20 日

道德选择需要无限生命的框架

目前我国的道德风险已经普遍表现在一切领域和所有的交易环节上,通常我们把这种现象归于当事人的个人品行不端、制度缺损和执法不严等,却很少讨论有限生命选择的局限。笔者认为,一旦确定人们追求最大化满足的正当合理和值得尊重,无限生命框架就会成为绕不过去的坎,因为所有的道德问题几乎都滋生于短期行为与有限生命的选择。

彼岸世界文化的无所不在

2005年,我在加拿大哥伦比亚大学做了半年访问学者,我的任务是研究加拿大的利率走廊和零准备金制度,但是,那里的生活环境和文化氛围却使我意外发现,我们对于经济学方法的运用必须由给定的理论前提延伸到彼岸世界文化,否则,在短期和有限生命中追求效用最大化,则难免只管眼前的和自己活着时的效用最大化,而不管将来乃至人类的永远,这就难免会造成世风日下和道德沦丧。

在温哥华的生活小区,无论朝哪个方向走上15分钟,都会有一座教堂。打开电视机,在总数远远少于我国的频道中,有一家成天专门传经布道的。学生中也有一些学《圣经》的小组,他们每周组织活动,向大家宣讲他们读《圣经》的感受。我也去过几次不同教派的教堂,有的仪式非常庄严神圣,也有的简便得就像是社区联谊会,但是,他们对上帝虔诚、谦恭和感恩得几乎就像是亲眼见过上帝一样。他们对上帝的崇拜就是从娃娃抓起,我见过很多家庭带着孩子来教堂,有的还抱在怀里。唱诗班的都是十二三岁的少男少女。我也参加过两次"家庭圣经学习小组"(Bible study),其方式与我们当年毛著学习小组差不多,念上《圣经》中的几段话,唱几首赞美诗,然后各人谈自己的学习体会,有些讨论还很有些哲学深度。所有这些表达一个共同的主题是赞美上帝的荣光和恩宠,感叹人类智慧的原罪和生命的无限。其中很多内容,特别是死而复活,对我们无神论者来说,是非常可笑和不可思议的,但是,我们还是不能低估思考智慧的原罪和无限生命的意义,特别是在运用经济学原理的时候。

可以想象,在这样的氛围中发展起来的经济学一定带有宗教思想的深刻烙印,也一定会渗透到经济学有关选择的思考中去①,尽管在经济学有关利润最大化和效用最大化的讨论中,都没有涉及生命的有限或无限问题,但是,在彼岸世界的文化中讨论这个话题,实际上就是将无限生命作为讨论的隐含前提,至少没有排除在无限生命中选择的可能。因为这个前提是不言自明、无须论证和理所当然的,所以,也就没有必要专门强调这个前提。然而,在完全没有这个文化环境的我国讨论同样的问题,则非引入无限生命的框架不可,否则,人们追求有限生命中的利润或效用最大化,则一定会造成严重的道德问题。

---

① 马克斯·韦伯的《新教伦理与资本主义精神》可以证明宗教思想对于经济学思考的重要影响。

有限生命中的效用最大化

改革开放前,我们把不道德和罪错等都归于追求和实现自己的欲望,也就是经济学所说的追求效用最大化,所以要斗私批修,批判资产阶级思想。现在我们已经意识到实现这个追求的无可非议和值得尊重,人们实现自己欲望的热情也前所未有地高涨起来,没承想却伴随着社会道德水平的下降和潜规则的嚣张。需要指出的是,这样的先后关系并非因果关系,世风日下不是追求效用最大化,而是在有限生命中追求效用最大化的必然结果。

按照经济学的说法,理性人都要追求和实现他一生的效用最大化。表现在我国目前市场经济的发展阶段,大多数人还比较关注物质的和生理的欲望的满足,心理的和精神的欲望仍处于相对较高的一个层次,所以,效用最大化基本上与财富的增长成正相关。因为人们在时间序列中追求效用最大化,这就决定了时间长度对效用最大化的实现有着至关重要的影响,短期的和有限生命中的效用最大化选择很可能面对道德的挑战,无限生命中的选择则往往能够与道德的要求相一致。

因为有限生命中的效用最大化是把人一生中每个时点上的效用加总起来,也就是将今天(短期)和明天(长期)所能得到的效用加总起来。如果不讨论其他变量,每个时点可以获得收入加总的最大,就是有限生命中的效用最大。如果每个时点上的收入增长是稳定的,那么生命周期越长,则能获得的效用越多;反之,则越少。如果人们只顾今天的收入增长而不择手段,那就有遭受惩处,失去明天收入的风险。特别是在今天不择手段的收入小于明天可能失去的收入的情况下,不择手段就无法实现有限生命中的效用最大化。如果明天以后的时间越长,不择手段的机会成本将越大,也就越能遏制人们今天的不择手段。如果没有明天,今天的效用最大化就是一生的效用最大化,人们就要最大限度地实现今天的效用最大化,甚至不择手段,尽管不择手段是透支明天,但是没有明天,也就无所谓透支了,不择手段也就成了理性的选择。可见,明天的期盼决定了人们今天的道德选择,失去明天的期盼,今天的道德水平很可能下降;有了明天的期盼,今天的道德水平则很可能提高,至少不容易下降。这就决定了只要走到职业生命、政治生命和生理生命的尽头,人都会面对严峻的道德挑战。坚持道德选择,效用就无法进一步提高;背弃道德原则,效用还能上升。理性人或经济人难免会为效用的增加而放弃道德的选择。如果永远有明天,人们有希望永远遏制今天的欲望,也就能够坚持道德的选择,从这里可以看出无限生命的框架对于道德选择的重要意义。

正是按照有限生命对于道德选择的制约,我们可以理解宗教认为智慧的原罪和上帝要把吃了智慧果子的亚当和夏娃赶出伊甸园的原因,因为权衡利弊和趋利避害是智慧的重要部分,但是在短期和有限生命中运用智慧,则难免只顾眼前的痛快,而不管未来的代价,只顾活着时的效用最大化,而不顾死后的洪水滔天。这就一定会造成道德沦丧、物种灭绝、环境生态破坏,上帝当然要用洪水来筛选他的子民,荡涤人的灵魂。这个解释未必符合上帝旨意,但基本可以符合经济学的逻辑。

这里的讨论只是建立在收入与效用正相关的基础上,而不涉及价值观念对收入与效用关系的干扰,如果加入价值观念的影响,收入与效用的关系将变得非常的不确定,问题的讨论将复杂得多。另外,对大多数人来说,在目前这个经济发展阶段上,收入与效用之间确实在很大程度上有着正相关关系。

延长有限生命,提高道德水平

按照道德选择与生命周期关系的分析,摆脱社会道德水平下降的出路不仅在于政治思想教育和严刑峻法,更在于要有延长有限生命的制度安排,甚至可以说,延长有限生命的制度安排至关重要。

目前我们几乎所有不道德行为,从商场的假冒伪劣、考场的偷看作弊,到官场的阴谋诡计和环境资源的滥用污染等,无不与短期的制度安排和有限生命有关。在土地和企业承包以及职务委任等都是短期的情况下,继任与前任没有感情和利益上的联系,他们没有理由为继任收益的增加而自己承担成本,而有理由为实现自己利益的最大化,让继任承担成本。具体表现在土地承包快到期时,前任与其努力改善土质,不如将地力消耗殆尽,让继任承担土质恶化的成本,自己却享有产量提高的好处。另外,在企业的承包快到期时,前任与其努力提高信誉品牌,不如听任信誉品牌的下降,自己享有信誉品牌的收益,让继任承担品牌信誉下降的成本;在职务任期将满时,与其努力工作,为继任奠定良好发展的基础,不如少做不做,但求无过,让继任辛苦地收拾原本可以避免的混乱局面。还有,愈演愈烈的"59岁现象"也出自同样的原因,反正明天没有职务了,不如今天尽可能地捞上一把,以实现效用最大化。此外,对于那些性能不够确定,几十年后可能发生负面影响的产品,有人会迫不及待地推向市场,因为现在可以得到的利润属于我,待将来的负面影响表现出来时,我可能已经不在这个世界上了。许多破坏环境的行为几乎都出自这种有限生命的选择。可见,只有短期和有限生命的选择,一定会引发道德风险,它的危害怎么评价也不算过分。

摆脱这种状况的出路,首先是变短期的为长期的制度安排,把短期的承包变成长期的资产所有,有恒产者有恒心,只有资产明确归他所有,并且可以传给与他有血缘关系的后代,他就愿意承担前人栽树后人乘凉的成本。另外,把董事会和委员会与总经理和一把手的关系提升到无限生命与有限生命的关系上来,并且充分发挥机构对个人的监管作用,因为机构每个成员的任期都是短期的,但是,他们的交替退出决定了机构存在的永恒,用机构的无限生命制约总经理和一把手的有限生命,可以使他们在任期终了之前也不敢小有懈怠,更不用说滥用职权了,这就有望将有限生命的不道德选择降低到最低限度。

仅有制度安排还不够,还需要有无限生命的文化的支撑,即便无限生命是虚拟的也有必要。因为相信无限生命的存在并不重要,重要的是对无限生命存在的相信。有了这个相信就可以在无限生命中作出道德的选择,尽管这种相信可能子虚乌有;没有这个相信,则很难在有限生命中作出道德的选择。拿破仑从罗马教皇手中夺过王冠自行戴上,并宣布天主教是国教的动作可以是这里论断的最有趣诠释,拿破仑很难有这个信仰,否则怎么敢夺过教皇手中的王冠?但是,他一定认为这个信仰有用,要不,他怎么宣布天主教是国教呢?!

2007 年 12 月 5 日

时光如梭,春水碧于天

从铁匠到博导
——看不见的手的推动

作为上海电视大学资源建设委员会的副主任和上海交通大学的教授、博导,我身上肯定也有学者的儒雅,可是,说起来令人难以置信,我这个教授不是由好孩子起步,从学校逐级升上来的,而是从鲁莽、剽悍的小铁匠起步,在工厂里跌打滚爬了十一年才回到学校里的。我不相信这是个人努力的结果,因为比我努力的人不知有多少,但是,能够完成铁匠到教授的跨越的人毕竟鲜有所闻。所以,我感谢上苍,如果冥冥中没有一双看不见的手在那儿推动,我怎么也走不到今天这一步。当然,没有我的努力,上苍也不会如此眷顾我,所以,我们既要脚踏实地持续不断地努力,又要像康德那样,仰望和敬畏头顶浩瀚深邃的星空。

好孩子,坏孩子?

在我16岁进工厂当铁匠的时候,我的表现可不是由好孩子或坏孩子所能够概括的,或者说,我身上同时兼有好孩子和坏孩子的许多品德。如果说,热爱劳动和认真学习是好孩子的美德,那么我的这个美德的高度甚至是一般好孩子所达不到的,如果说不听话、捣蛋是坏孩子的表现,那么我的不良表现也超过了一般的坏孩子。

我是怀着非常虔诚的心情,进入工厂接受工人阶级的再教育的,因为家庭出身不好,我很想用汗水来洗刷上一代人给我留下的耻辱。所以,我每天都提前一个小时进入车间,做好班前的各种准备工作。因为早班7点上班,所以我要6点到厂,离家时5:30。夏天做到这一点问题还不大,冬天的早晨就很不容易了,可当时的我竟然走得那么雄赳赳,气昂昂。

锻工,即便在当时的情况下也是最艰苦的工种。我们一年四季赤膊穿着厚厚硬硬的白帆布工作服,冬天外面再套一件棉袄,但仍不足以御寒,我们就像烙饼那样站在炉灶面前,转来转去烤火。一旦开锤锻打,我们就要把棉袄脱掉,后面还要打开一个很大的鼓风机,然后,就是"火烤胸前暖,风吹背后寒"。夏天车间的温度不止50度,我们不是流了几身的汗,而是整个儿泡在汗水中,下班后必须用开水浸泡工作服,否则,第二天,这工作服就像蛇皮一样,穿在身上又滑又凉又臭。我的很多工友,包括我都发过像赤豆一样大的痱子。锻工的艰苦还在于它的繁重和危险,我们经常要将百多公斤的铁搬到炉灶里,烧红后再翻来覆去地锻打,我们做的每一个动作几乎都要咬紧牙关,用出吃奶的力气,所以一天活干下来,最酸的居然是腮帮子。锻打时锻件表面的氧化皮会飞溅起来,像小指甲那样大通红的氧化皮常常会钻到我们的领子里和鞋子里,空气中会弥漫着一股人肉烧焦的味道,与猪肉的味道还真差不多,这时我们还得咬着牙挺住。如果此时我们放下钳子去处理这氧化皮,在汽锤的锻击下,失控的锻件就会弹跳起来造成更大的危害,所以我的脖子、肚子和脚上至今还留着许多烫伤的疤痕。

我们在工作的时候要戴上长筒的猪皮手套,里面还要衬上一幅纱手套,我的工友还要用一把浸湿的扫帚挡在锻件和手之间。尽管如此隔热保护,我们的手上、膝盖还常常会被锻件烘烤出比蚕豆还要大的水泡,这种水泡不是瞬间烫出来的,而是在几分钟内慢慢地炙烤形成的,其痛苦之程度远超过瞬间的烫伤。这些皮肉烫伤还不算事故,真正的事故是要伤筋动骨的,我们一起进厂的小伙伴,有手指头打掉的,腮帮子打穿的,脚骨头压断的,我几乎是最后一个出工伤的。在我工作第五年的时候,一位师傅的锤子打偏了,铁末子飞了出来,打断了我太阳穴上的小血管,鲜血涌了出来,捂都捂不住,半件工作服都湿透了。尽管如此,我还是自己选择了当锻工,因为我进厂时被分配当轻松和安全得多的砌炉工,但是,我更喜欢汽锤的轰鸣、锻工的豪爽、集体操作的痛快和干净利落,然后想方设法当上了锻工,为此许多人都笑我是个大戆徒。

我真的对锻工职业很有感情,这不仅表现在我当年自主的职业选择上,而且反映在我以后的生活中。有一年我和太太出去玩,经过一家锻铁厂,汽锤的喷气和打击声竟然使得我气血翻腾、血脉贲张,我在这个车间门口驻足良久,太太叫了我好半天,我都不肯离去。我还要把儿子带到锻工车间去,让他看看上一代人对待艰难困苦的气概,以及从艰难困苦中走出来的历程。二十多年过去了,在我梦中出现最多的竟然是我还在车间内打铁,我还是那个满脸油腻、一身臭汗的小铁匠,在那汽锤轰鸣声中,欢快地和吆五喝六地锻打着烧得通红、柔软得像面团一样的锻件。当然,我没有陆游、辛弃疾那样"梦回吹角联营"和"铁马冰河入梦来"的气概,但是铁匠生涯入梦的豪迈却颇有相似之处。

19岁时我担任了生产组长,或者叫上手师傅,指挥12个工友进行生产,我的技术和速度直接关系到工友们的工作效率,这就是后来工厂不同意我考大学的主要原因所在。我们还时常进行社会主义劳动竞赛,最长的劳动时间是从星期四下午三时上班,一直干到星期六下午三时交班,连续48小时,没有休息,也不睡觉。在此期间,我的工作往往是没有人替换的,因为以我为主每分钟可以锻打4个法兰圈,换一个人可能连一件也打不下来。所以干得最紧张的时候,我在不停地干,旁边有专人给我喂水喂食物。前不久,我们几个工友聚会,有个工友回忆说,有一次你站在那里喝水时睡着了,水顺着嘴角淌在胸口上,湿了一大片。她是笑着说的,我的眼眶却有些湿热起来,不知是因为可怜当年的我,还是为自己当年的革命干劲所感动。当时,这样努力工作的不是我一个人,而是我们这个群体,今天的年轻人可能不会理解,我们这代人竟然能淳朴、憨厚,不计名利到这种程度,我们当时这样忘我地工作都是义务的,除了有值两毛七分的一顿夜餐以外,一无所有。

我当时不仅干活干得热火朝天,读书也读得废寝忘食,我们那些年轻人不知从哪里搞来许多禁书,然后相互借阅。我当时读过如《战争与和平》、《猎人日记》、《上尉的女儿》、《夏倍上校》、《基督山恩仇记》、《拿破仑传》、《鲁迅全集》前后十卷、《九评苏共中央公开信》、党内高干读的《文史资料》、《赫鲁晓夫主义》等等,许多书都是反复研读的。工余时间我还将《古文辞类纂》、《中华活页文选》中的文章抄在纸上,然后趁着锻件加热的时间,仔细阅读和反复背诵。其中一些名篇、名诗词至今还能背得上来,可以肯定地说,我今天的文学功底就是当年在打铁的时候积累的。

除了读书以外,我还每天写上七八百字的文章,记下读书的感想,写下对各种事情的感慨,甚至议论时政。大概很多人年轻时都这样做过,但是,能够坚持写上十年,一天不断的人则比较少见,而我恰恰是这不多见的人中的一个,即便在我非常忙碌的加班加点期间,我也一定会在第二天或第三天把没有写的文章补上。说起这个习惯的开始也非常好笑,因为我当时少不更事,自恃伶牙俐齿,老是在嘴巴上"寻衅滋事",每每将人家说得一愣一愣的,在人家还没反应过来时,就摇头摆尾,扬长而去了。有一位比我年长的工友说,你只是嘴巴老,会写文章吗?我试了一下,果然不行,于是下决心写了起来,而且一直没有中断。后来,我的朋友受到了冲击,事情都与我有关。我准备同大家一起与当时的领导抗争,为了不给人家落下把柄,我把写了整整十年的十多本黑面抄练习本丢到炉灶里烧掉,并且下决心"金盆洗手"不写了。因为当时许多"反革命集团"的罪证就是从日记中找出来的。大概有一个多月的时间没写,我的手又痒得厉害,为了自我保护,我选择了写读《三国演义》的笔记来,谈古不论今以免找麻烦。偶然朋友看见,他们赞不绝口,我又骨头轻了起来,一发不可收拾写了六七万字。考上大学以后,我的这本《三国演义》笔记被复旦新闻系的朋友借去,并在他们系里流传了好几个月,追讨了很多次才收了回来。正是当年这样持之以恒地锤炼文字,极大地有益于我今天科研论文的写作。

  如果仅仅从工作和学习上判断,大概比我更好的孩子不多了,即便作为"可以教育好的子女"也应该得到领导的信任和提拔,可我却一直是个"利用对象",不能入团入党,只能当基干民兵,不能推荐上大学。当时,我也感到非常委屈、愤懑,总觉得领导待我不公,是他们没有很好地执行"给出路"的政策。现在回过来想想,这种看法也有失偏颇,领导也是人,他们不会喜欢像我这样捣蛋和不听话的孩子。即便我生于"红五类"家庭,根正苗红,工作学习很好,也很难得到领导的赏识和器重,因为我确实做了一些令领导很头痛、令大人很不放心的事。

  有一次我从一个朋友那儿借到一本手抄本《第二次握手》,尽管这本书今天看起来不怎么地,但在当时则无疑是文化沙漠里的一朵小花,我在感动之余,让一个朋友又抄了一本,并且还写了一篇后记《狗尾续貂》。传抄手抄本在当时是很犯忌的,不小心就有牢狱之灾,我不仅敢抄、敢传,甚至还敢写,这就足以说明我在其他方面的大胆和孟浪了,这也正是领导要把我当做"另类"的重要原因所在。不过,平心而论,我的这篇《狗尾续貂》还真写得非常漂亮,许多人读完这本手抄本时没有掉泪,读了《狗尾续貂》后眼泪却掉了下来。有几位女工对我这么说时,一开始我还默不作声,内心却得意得很,终于有一天,我实在憋不住了,得意地说,这篇文章是我写的,她们怪我骗了她们的眼泪,竟然要联起粉拳来"教训"我。

一年后公安部开始查手抄本,《第二次握手》名列反动书的第一本,我这本手抄本引起了宝山区公安局的关注,我们工厂建立了专案组,很快就查出源头在我这儿,当时的定调还比较客气,只要我把来龙去脉讲清楚,就没有我的事了。可我不能这么做,因为借手抄本给我的朋友在争取"工农兵推荐"上大学,如果我把他交代出来,他的前途可能就完了。所以,我对专案组说,手抄本是我捡来的,后来丢失了。我想对专案组来个死不认账。当时的专案组并不受"无罪推定"的约束,他们不需要我认账,就宣布将我和替我抄书的朋友隔离审查,我也非常张狂地对专案组说:我要把你们隔离室的底坐穿,看你们能奈我何。在以后隔离的两天内,我一方面心里非常担心和紧张,因为,我再不交代就有可能升级为拘留;另一方面,我仍然态度强硬,我不仅争取到我的看守的同情,还当着全厂领导的面,将另一位看守臭骂了一顿,因为,他对我那位抄手抄本的朋友很不客气。我本来对我那位朋友说,你把我交代出来,你就可以解脱了。他说不行,要坐牢,一起去。我不能不臭骂那位看守,以给代我受过的朋友些许抚慰。

我当时在工友中很有影响,别的工厂调来的,比我年龄大得多的工人甚至以结识我为荣,他们会送我年历片等小礼品,在我隔离审查时,也有很多工友送我各种吃的。隔离我这样的"人物"对生产秩序的打击非常大,到了第三天全厂实际上停工了。此时专案组找我谈,我说,首先解除隔离审查,其他都免谈。其实向我提供手抄本的朋友已经给我来信,告诉我他已经被追查到了,我们把他交代出来已无大碍。但是,我们当时年轻,还很要争面子,于是把事情搞大了。厂领导承受着完成生产任务的压力,不得不解除对我们的隔离。在我们两个人走出隔离室时,许多工友正坐在一个民兵训练用的模型坦克上纳凉,看见我们走出来,他们都站了起来,用当时一个家喻户晓的电影《创业》中的台词欢呼道:总的感觉是解放了。我们也挥起手来,好像变成了很了不起的人一样。

在这一瞬间,我几乎达到了人生辉煌的顶点。在我以后的人生道路上,爬上过比这个显赫得多的"山峰",譬如考上大学、博士毕业、评上博导,但是,我的成就感都没有超过那个瞬间。这大概可以说明,我很有些独立个性,甚至很有些草莽气质,尽管我一直在读书学习,改造世界观,但是,这并不能从根本上改变我的秉性。不管我怎样夹紧尾巴,有尾巴就一定要暴露出来,这就使我很不为当时以听话和顺从为主的领导所接受和容纳。

回归正道求学路

读大学一直是我的强烈愿望,有一次我去上海交通大学听报告,看见几个年轻人在校园里读书,我就想如果今生能够上大学,就没什么遗憾了。可是,以我当时的家庭背景,加上我的秉性,不管怎样努力也无法获得工农兵推荐上大学的资格,所以我只能扼腕叹息,徒唤奈何。但是,令人想不到的是,二十多年以后,我会以教授的身份再次走进这所梦寐以求的名牌大学。

1977年恢复高考后,我刚开始做的大学梦就被粉碎了,因为我这个手抄本事件上了机电一局党委的简报,我的档案里有这麻烦的纪录,当时的问题还没有说清楚,所以错过了报考的机会。1978年,我又犹豫不决,一怕年纪大了,学校不会要26岁的人了;二怕考不上大学丢份,因为工友们认为我很行,如果考不取的话,很容易被人家说成是浪得虚名。1978年的考试使得我身边许多朋友变成了大学生,我的压力越来越大了。最后,我的一位工友约我一起考大学,于是我拿起了复习课本。尽管如此,我还是很心神不定,有许多人劝我不要考,说像我这种秉性的人在大学里很可能成为"右派",毕业后也会被分配到外地去。车间领导怕我走后最大的一台设备会停下来,所以也劝我不要考,并给我2%的加工资名额。

这时工厂对锻工进行高温体格检查,我被查出患有心肌炎后遗症,已经不再适合当锻工了,于是车间主任对工会主席说,我们这里已经靠不上他了,让他去考吧。同时,我收到一位南京朋友的来信,他说,你是我们朋友中最优秀的,你不下决心考大学,连我都感到耻辱。这么一来,我的退路被切断了,争强好胜的习气也被激发了出来,我终于定下神来认真读书了。当时我住在厂里,每天6点起床,读书到7:30吃早饭上班,做好准备工作后,在炉灶锻件加热的时候,继续读书和做作业。尽管当时车间领导已经不安排我打铁了,但我看到不会干活的人在那里折腾,比自己挨揍还难受;再加上我的心脏确实很特殊,不汗流浃背、精疲力竭就感到压抑和难受,所以我仍然是实际上的生产组长,于是,我的相当一部分复习是在工作的间隙完成的。那年夏天,厂团委的一位女孩子找我去开会,我正光着膀子,甩掉鞋子在做作业,她的小辫子在窗前闪过,我赶紧起身找鞋子、穿衣服,别提有多狼狈了。考试前车间领导给了我一个星期的假期,实际上就是3天复习、3天考试,我在整个考试期间也就用了这3天的停产复习时间。前不久我在整理旧物时,发现我居然还有不止一个月的调休单,如果当时把调休全部用掉的话,我的考试成绩可能会更好些。

在我复习迎考期间,就有位识字不多的老师傅预言我一定会考取,我对自己都毫无把握,他居然言之凿凿,非常肯定。他的故事在我调到石化总厂那天就听他说过了。有一天晚上,他在值夜班,抓住了一只海滩上迷路的海鸥。第二天早上这只海鸥逃掉了,接着却有个海鸥来报到。他说,那个飞掉的海鸥说明这个海鸥会考上大学,离开金山。我知道这位老师傅的话是无稽之谈,但有时姑妄听之,居然也会增加一点信心。终于考试成绩揭晓了,我的成绩不仅超过了普通大学的录取线,甚至远远超过了重点大学的录取线。我打电话给我母亲,她是高中毕业班的班主任,她在电话中说,这怎么可能呢?我的学生一直在读书,没几个考取的,你有十多年没读书了,怎么能考取呢?但是,不可能的事就这么发生了。

1983年我从上海财经大学毕业,被分配在电大工作,这时我意识到,没有研究生学历,当个大学教师会有问题的,所以,我又开始准备研究生考试。在这两年中,我既要熟悉电大的工作,又要给学生上课,还要结婚生子,忙得不亦乐乎。值得庆幸的是,我的研究生考试也一次通过。研究生毕业后,我想去美国留学,所以准备托福、GRE的考试,最后我得到了美国经济学院的邀请,去该校做访问学者。我在美领馆门前等签证的时候,一起排队的人都说,你的签证不会有问题的,我好像也底气很足,没想到签证官却说,我的那张 IVP-66 的表过时了,只要换张新表就签给我。可美国经济学院只剩下这最后一张表,且没有新表可换。美国学校的移民官都说,这种情况是不可能发生的,但它偏偏落在我的身上,我进行了三年的出国努力都永付东流了。

  当时,电大几乎只有我一个研究生,所以,我尽管在上课和写文章,但也缺乏进一步努力的动力,我也不知道下一步该朝哪个方向努力。这时,先后有两位博导对我发出了召唤,这才使我意识到考博士的重要性,并且下决心参加博士生的入学考试。当时,我的导师对我说,学生在找好老师,老师也在找好学生。我并没有意识到这话的意义,直到我自己当博导找学生的时候,我才领悟到老师的话的深刻。我曾经在面试我的博士研究生的时候,看中一位在《金融研究》上发表过一篇文章的学生,可惜他没有考上分数线。我的导师看中我的时候,我已经在《金融研究》上发表了五六篇文章,难怪导师很把我当回事了。我也给老师争气,不仅在读书期间继续发表很多论文,而且毕业答辩得到了答辩委员会的很高评价,这个委员会对学生的要求之严格在上海学术界是非常出名的,他们的学生有 8 年才毕业的。所以,我得到的评价弥足珍贵,而且我读书时摔折了腿,病休了半年,实际读书时间只有 2.5 年。

  我在发表论文方面一直比较顺利,记得我第一次写文章,就不知天高地厚地投给了《金融研究》,这是我们这个专业最高级别的杂志。我的一位师兄说,你不认识人就贸然投稿,命中的可能性不大,他说等退稿回来,他帮我在省市级的杂志上发表。我沮丧地把这件事丢到了脑后,没想到过了一个月,用稿通知来了,我的文章标题还用黑体字标出,一期杂志二十几篇文章中只有三五篇文章才能得此殊荣。首战告捷,我的信心大增,以后我就不断地写文章,不断地向各类杂志投稿,几乎没有退稿的。我不知道第一位选中我文章的编辑是谁,但是,我由衷地感谢他,没有他第一次选中我的文章,我写文章的积极性肯定没有那么高,我的文章也不会发得那么多。所以,不管那位编辑能否看到我现在这段文字,我都衷心地祝愿他万事顺心、健康长寿。

1998年在上海财经大学获得博士学位后,我继续在电大工作和学习,但是,我并不知道下一步的奋斗目标在哪里。这时浦发银行的一位经理建议我到上海交通大学去工作,并请交大研究生院来考核我,我很顺利地通过了考核,但是,我提出在交大当个兼职博导,交大不同意,我也就把这件事搁在了一边。过了一年多,我的朋友旧话重提,我的脑袋也松动了许多,最后顺利进交大工作。在这一过程中,我非常感谢电大领导的理解和支持,因为当时人才的流动还不像今天这样自由,如果电大领导坚持不放行,我要走也没有那么容易。如果拖一拖的话,形势就会有很大的变化,现在交大虚位以待海龟,我这个土鳖就没有那么容易进入,并占据一席之地了。我在调入交大之前,已经参加了上海市教委的教授资格的答辩,到了交大以后三个月,教授资格证书下达,报交大校学术委员会审核,很快获得了硕士生和博士生导师的资格。

脚踏实地,持之以恒

1983年我大学毕业后就被分配到电大,一直到现在,我也没有完全离开电大。我对自己的发展从来没有具体的规划,但是,因为我一直比较务实,注重日常的积累,所以在机会来临的时候,能够比较方便地作出新的跳跃。

我对电大教学投入了很大的精力,这在提高电大教学质量的同时,也提高了自己的教学水平,为日后在交大的教学声誉奠定了基础。因为我主持的主要是《经济学》和《货币银行学》等理论课,这类课程比较抽象难懂,要讲到学生愿意听和听得懂并非易事,我在这条路上也走得相当坎坷。记得我有一次给直属班上《货币银行学》,上到后来这个班的学生越来越少,有一天到了6:45,一个学生也没有到,我想到了7:00没人来,我就打道回府。到了6:55终于来了一个人,但他不是这个班的学生,而是别的学校来旁听的。于是我对着他一个人一直上到9:15。对着一个学生上课,这肯定是种挫折,因为老师的信心和成就感与学生的数量成正比,如果因为只有一个学生而把这堂课放掉,那么挫折就可能变成失败。但对着一个人将课上完,挫折就变成了际遇和锻炼,有过这样经历的人,不管面对怎样的班级和学生都能从容应对,应付裕如。这是我在电大教学中得到的最为宝贵的财富之一。

电大成人在职学习的特殊性,要求老师不仅自己要吃透、消化理论的精髓,并能从不同的角度作出解释,甚至还要分析出未必属于作者的原意,但在逻辑上没有破绽的新意来,就好像从《红楼梦》的"吊膀子"中读出阶级斗争来一样。此外,还要以明快幽默的语言、生动鲜活的案例调节课堂气氛,寓教于乐,帮助学生理解和接受。我在电大的教学过程中一直朝着这个目标努力,也确实收到了比较明显的效果,得到了学生普遍的认可。电大学生的特定要求,使得我像绑着沙袋锻炼一样,去掉沙袋之后则能健步如飞,所以我能在交大取得比电大更好的教学效果。

我在交大主要承担硕士生和MBA学生的教学,对MBA学生的教学,要比对本科生和硕士生更有难度,因为,他们有比较丰富的实践经验,不满足于纯理论的推导,希望得到经验实证。最后,我不仅得到他们的肯定,更获得了领导的信任。只要发生相关课程的教学问题,领导就会要我"临危受命"。有个国际班对美国老师授课有意见,领导把我调过去。才上了两次课,该班的学生即便知道美国老师已经让他们的成绩顺利过关后,却仍坚持要我把课上完,这就多加了36节没有学分的课。如果教学内容和质量不够到位,谁也不会来上与学分毫无关系的课。还有一次五一放假,学校允许我们放掉3次课,但是,同学们不同意,他们要求我的课一节不能少,于是,在所有的班级都已经放假的情况下,只有我这个班在高温中还补了整整两天的课。可以肯定地说,没有电大的教学经验,就无法取得在交大的教学效果,不管我毕业于什么名牌大学,取得怎样高的学位。

1998年上海电大得到国家教委的许可,在全国电大率先进行金融学专业开放式专升本教学,电大领导要我来主持这项工作。在我们金融外贸系同志的共同努力下,我们率先完成了所有教学课程的网上教学,并用多媒体手段配套,缩短了面授辅导的时间,使学生能够在任何时间、任何地点,按照自己的意愿进行自主学习,基本实现了以教师为主向以学生为主的教学模式的转换。当时,我们的多媒体技术运用在上海处于比较领先的地位,所以,我们据以申报上海市教学模式改革的二等奖,没想到市教委批给我们的却是一等奖。我为这项教学模式改革所付出的努力得到了丰厚的回报。不仅因为我获得了宝钢奖和上海市先进教师的荣誉,更因为我在多媒体技术的运用方面有了非常大的长进。

在我一开始从事远程教学工作时,我对多媒体技术知之甚少,也不会网上搜索操作,甚至没有时间和心思参加有关的学习和培训。记得我与当时的刘副校长还有过这样的讨论,他要我先学会使用电脑,我则要他先配电脑给我,最后还是电大先给我创造了条件,并将我推到了从事这项工作的风口浪尖,使得我在游泳中学会游泳,结果我比我的博士同学们更早地将计算机技术与博士论文的写作结合在一起。当我第一次将博士论文装载在3寸盘中的时候,我因为不再需要将厚厚的稿纸带来带去而充满着新鲜、好奇,甚至是自豪感。当我将许多网址作为参考书目时,我的同学还在怀疑这样做是否符合写论文的规范。至今我的多媒体技术运用还超过我的一些博士生,特别是在作图和PPT方面,他们认为在我这个年龄段上,能达到这个水平是不多的。确实,我也去听过一些老师的课,他们的PPT往往是助教做的,上课时还要助教在一边帮忙,我却完全由自己完成。正是因为计算机技术的帮助,我资料的收集更快,积累更丰富,搜索领域更广泛,教学效果更好。我在电大远程教学的过程中深切地体会到,我们发展了网络,网络也发展了我们,因为它把我们的思想触角延伸至未知的空间,并使我们能够根据需要,在某种程度上变动和弯曲已知的时空。

  我在交大工作的收获也很大,特别是在科研方面。在我给博士生开题答辩时,我不仅从学生那里获得专业思想的启迪,更从其他博导那里感受到他们学术的深厚、广博和功力的精湛。在我多次参加甚至主持重要的国际和国内学术会议时,这样的工作定位也给了我极大的锻炼,使得我能够在这样的大场合中找到自信,学会潇洒应对。在我与国外的诺奖得主、国内一流学者切磋交流、同桌共饮的时候,我更加感受到眼界的开拓、学术思想的升华,所有这些都不是普通的院校所能够提供的,也绝不是个人勤奋所能够收获的,没有在特别优越环境和氛围中的浸淫和历练就无法获得我现在得到的长进。

思考与感悟

从铁匠到博导，其间的距离甚至用光年来度量都是不够的，但是，我却跨越了。按照传统的宣传思路，这肯定是个人努力的结果，所谓天道酬勤，成功在于勤奋；或者是同志们的帮助、领导的培养等。当然，这样的分析都有道理，但是，其中另有一些不在上述讨论所包括的变量和力量的作用。

在铁匠到博导之间有许多因果链，其中任何一个环节的缺失都不足以完成这个角色的转化，个人的努力只是这因果链中的一节，甚至是最微不足道的一节。固然缺少这一节，这个角色的转换不会成功；可仅有这一节，而没有其他因果链的配套，它的存在也没有实际意义。大而言之，可以说没有恢复高考，没有改革开放的进一步深化，我无论怎样努力，都不会有读大学、读硕士和博士的机会，更不会有以后的发展。反过来，许多人都像我一样遭遇改革开放的大气候、大环境，但是他们缺乏平时努力的积累，白白地错过了这个发展的良机。当然，即便是非常努力甚至远远超过我的人，他们没有其他机缘和际遇的配套，也无法完成像我这样的角色转化。远的不说，我们当时就有位志存高远的工友，他的手不释卷已经到了常人无法企及的地步，一本《九评苏共中央公开信》差不多给他翻烂了，但在关键时刻没有人约他、督促他参加高考，他现在已经退休回家了。此外，如果没有博士生导师对我发出召唤，我也可能停顿在硕士学历上蹉跎岁月，而不会寻求进一步的发展。我认识很多人，他们在本科和硕士学习期间都比我出色得多，因为没有人推动他们进一步发展，他们也就徘徊不前了。还有，如果没有浦发银行的那位老总坚持要我到交大去,我可能满足于在电大的发展,而不会成为名牌大学的博导。当然,没有《金融研究》的那位编辑,我发表的论文数量和质量肯定都达不到今天的水平,即便我有很好的朋友介绍我进交大,交大也不会接受我。话又说回来,如果我不是一直在认真努力,他们的召唤和推动对我就没有任何实际意义,甚至根本就不会来召唤和推动我。可见,个人努力只是成功的必要条件,却不是充分条件;努力不一定会成功,但不努力则一定不会成功,所以,我们在任何情况下都要保持非常积极努力的人生态度。但是,必须记住,即便获得了成功,也千万不要以为这是你自己的本事,而应该清楚地认识到这是命运特别的眷顾。

这里我还要非常感谢那些对我没有好感,甚至给我设置坎坎绊绊的人们,他们也对我的进步和发展起着不可替代和不可或缺的作用。因为朋友的帮助可以使我比较方便地实现自己期望的目标,如果我的目标是正确的,朋友帮助的意义就至关重要。如果我的目标有问题,朋友的帮助可能会使我朝着不适当的方向走得太远,其效果往往是负面的。那些讨厌我的人在阻断我实现合理目标的同时,也阻断了我实现有问题的目标。当时谁也看不清目标的对错,所以我对阻断我实现期望目标的人心怀不满,今天回过头来根据结果判断,则不难发现讨厌我的人对我的帮助一点也不比朋友小。譬如,当年我也想当工宣队员,成为工农兵大学生,走仕途,做生意,还想实现许多等而下之的目标,但多因许多反对而功败垂成,如果当时成功了,我就会走上与今天截然不同的道路,而其他道路的价值远远不能与我今天走的道路相比,所以我真诚地感谢那些讨厌我的人。可以说,冥冥中某种意志的实现需要通过左右两个方向的力量来实现,而朋友和非朋友一起帮助和造就了我。

据说,有位女记者冒昧地问《时间简史》的作者斯蒂芬·霍金:"卢珈雷病已经将你永远地固定在轮椅上,你不认为命运让你失去太多了吗?"霍金丝毫不以此话为忤,他的脸庞依然充满恬静的微笑,他用还能活动的手指,艰难地叩动着键盘,用计算机的合成音缓慢而又坚定地回答说:"我的手指还能活动,我的大脑还能思维,我有终生追求的理性,有我爱和爱我的亲人和朋友,对了,我还有一颗感恩的心……"像霍金这样处于艰难困厄之中,不能说话,不能走路,全身只有一个手指还能动弹的人仍然对命运有一颗感恩的心,我们这些比他活得自在和潇洒得多的人,还有什么理由不怀着感激和敬畏的心情,享有命运给予的厚爱呢?!我们还有什么理由小有成就就忘乎所以,以为自己有多大的本事和能耐呢?!

除了对命运怀有感激和敬畏的心情以外,我们还应该培养对所从事职业的感情,没有比将马克思年轻时候说过的一段话转化后更能表达我的意思了:只要我们培养起职业的感情,我们就不会为任何重负所压倒,因为我们为许多人作出贡献,这时我们感到的不是一点点可怜而又自私的欢乐,职业的成就属于许多人,我们的职业未必显赫一时,但将永远存在。①

2009 年 1 月 7 日

---

① 马克思在 17 岁时所作的论文《青年在选择职业时的考虑》中说:如果我们选择了最能为人类福利而劳动的职业,那么,我们就不会被任何重负所压倒,因为这是为全人类所作出的牺牲;那时,我们感到的将不是一点点自私而可怜的欢乐,我们的幸福将属于千百万人。我们的事业并不显赫一时,但将永远存在,而面对我们的骨灰,高尚的人们将洒下热泪!